グラスランの経済学

18世紀における
主観価値理論の先駆者

山本英子
Eiko Yamamoto

早稲田大学エウプラクシス叢書——048

早稲田大学出版部

Graslin's economic theory and thought
An eighteenth-century forerunner in the subjective theory of value

YAMAMOTO Eiko, PhD, is Part-time Lecturer at Seikei University and Meiji Gakuin University.

First published in 2024 by
Waseda University Press Co., Ltd.
1-9-12 Nishiwaseda
Shinjuku-ku, Tokyo 169-0051
www.waseda-up.co.jp

© 2024 by Eiko Yamamoto

All rights reserved. Except for short extracts used for academic purposes or book reviews, no part of this publication may be reproduced, stored in a retrieval system or transmitted in any form whatsoever—electronic, mechanical, photocopying or otherwise—without the prior and written permission of the publisher.

ISBN978-4-657-24805-3

Printed in Japan

目　次

凡　例　v

序　章　　　　　　　　　　　　　　　　　　　　　　001
第 1 節　グラスランが受けるべき再評価をめざして　　001
第 2 節　先行研究　010
第 3 節　本書の構成　017

第1章▶グラスランの生涯 ……………………………… 019
第 1 節　ナントの総徴税官就任まで　　020
第 2 節　経済学理論の時代　026
第 3 節　ナント開発の時代　029
第 4 節　グラスランの著作　035

第2章▶グラスランの発展的土地所有公益論
「ペテルブルグ論文」の再評価 ……………………… 039
第 1 節　はじめに　039
第 2 節　論文公募の目的　040
第 3 節　3 つの経済モデル　044
第 4 節　農民の所有権獲得による社会的効果　057
第 5 節　懐古的平等主義か　060
第 6 節　商業社会への誘い　062

第3章▶チュルゴとグラスランの主観価値理論
チュルゴの価値概念の変化の要因 ······························· 065

第1節　はじめに　065

第2節　チュルゴの主観価値理論　068

第3節　グラスランの主観価値理論　075

第4節　チュルゴとグラスランの関連性　086

第5節　グラスランからチュルゴとメンガーへのつながり　098

第4章▶グラスランとボードーの価値論争
『書簡集』に見るフィジオクラシーへの熱狂と批判 ················ 101

第1節　はじめに　101

第2節　フィジオクラートの動向　104

第3節　加工業の価値をめぐる対立　106

第4節　「不生産的」労働概念の反証―費用価値 vs. 主観価値　114

第5節　費用価値と主観価値それぞれの継承　120

第5章▶水とダイヤモンドのパラドックス
フォルボネとグラスランの1767年における「到達度」············· 123

第1節　はじめに　123

第2節　「水とダイヤモンドのパラドックス」をめぐる変遷　124

第3節　フォルボネとグラスランの富・序列・価値　130

第4節　1767年の「水とダイヤモンドのパラドックス」　136

第5節　フォルボネとグラスランの「到達度」の評価　140

目 次　iii

第6章▶グラスランの累進的消費税論
消費の規範性と担税能力 ··· 145

第1節　はじめに　145

第2節　土地単一税と累進的消費税　150

第3節　カンティロンの循環論とマブリの思想　160

第4節　累進的消費税と関税の効果　165

第5節　税の四原則と消費税　170

第7章▶グラスランの貿易論
穀物輸出をめぐるフィジオクラシー批判 ························· 173

第1節　はじめに　173

第2節　「経済表」以外の論稿から見るケネーの経済思想　176

第3節　ケネーの理念的交易論　180

第4節　グラスランの現実的交易論　194

第5節　機械論をもとにした2つの市場像　208

終　章　　　　　　　　　　　　　　　211

あとがき　221

参考文献　227

索　引　235

英文要旨　239

v

凡　　例

1. 引用については，おおむね3行以内の場合は文中の「　」内に示し，3行を超えるものについては改行してまとめた。
2. 引用元ならびに参照元は各末尾の（　）に示した。
3. 引用元の旧字体は現代かなづかいと当用漢字に直した。
4. 本文および引用文中の〔　〕は筆者による補足ないし注釈である。
5. 用語等の原語と人名の場合の生没年は（　）に示した。

グラスラン肖像画（ナント歴史博物館蔵）

序　章

第 *1* 節　グラスランが受けるべき再評価を目指して

　本書は，経済学を学問として認識した18世紀後半のフランスにおいて，その活発な議論の中に重要な論客として関わっていた経済学者グラスラン（Jean-Joseph-Louis Graslin 1727-90）の，主観価値理論，土地所有公益論，累進的消費税案の3点について，彼の先見的な経済思想を検証するものである。特に，彼の主観価値理論が100年後の限界革命期の新古典派理論の萌芽を提示していたことをその中心に据えることで，経済学史上のグラスランの貢献を顕在化させていく。

　なお，本書で論じる経済学者グラスラン（Graslin）は，本来「グララン」と表記されるべきであり，今後「グララン」と表記される機会が増えることが予想されるが，本書では日本国内の先行研究における表記に従い，「グラスラン」と示す。

　さて，経済学の父とされるアダム・スミス（A.Smith 1723-90）からのイギリスの経済学をメインストリームとする一般的な経済学史の知見においては，フランス経済学者として名前が挙がるのは，18世紀ではフィジオクラシー（重農学派）で知られるケネー（F. Quesnay 1694-1774），19世紀ではフランス古典派経済学のセー（J. B. Say 1767-1832），数理経済学の祖であるクルノー（A. A. Cournot 1801-77），そして限界革命期に一般均衡理論を示したワルラス（L. Walras 1834-1910）の4人くらいであろう。だが，少なくとも18世紀の啓蒙の時代には，スミスを含むイギリスの学者たちとフラ

ンスの学者たちは盛んに交流して議論が交わされ，経済学の進展に大きく関わっていたのである。それは，古典派経済学の祖となるスミスの『国富論』（1776）がケネーに献呈する予定で著されたことからも，彼らの影響関係をうかがうことができる。

17世紀末から18世紀にかけてのフランスの経済思想の系譜は，まず，重商主義政策を批判し，あらゆる規制を撤廃して自由な経済活動を行うことで国民に富裕もたらすことを力説したボワギルベール（P. le P. de Boisguilbert 1646-1714），その後，奢侈を認める自由な経済活動によって生活水準が上がり商業社会が発展する市場観を継承しつつも，無制限の自由ではなく，貿易においては国家の一定の介入も認めるムロン（J. F. Melon 1675-1738）とグルネ（J. C. M. V. de Gournay 1712-59）が続く。そうした自由主義の流れの中から登場するケネーが，徹底した自由主義と後述する費用価値説をとる一方で，当時のフランスやイタリアでは主観価値に着目した議論も並行して進んでおり，その中にグラスランが存在することになる。

それでも，効用理論あるいは効用価値学説とも呼ばれる主観価値理論が経済学の中で理論的な重要性を持つのは，1870年代になってからである。このとき，イギリスのジェヴォンズ，フランス人でスイスのローザンヌに拠点を置くワルラス，オーストリアのメンガーの3人が，全く個別にかつほとんど同時期に限界効用についての著作を発表した。これらの3人の表明の偶然的な同時性から，この経緯は「限界革命」と呼称されている。あるいはマーシャルの業績も含めて生産・分配の限界分析の理論が定着するまでの，その後およそ30年間にわたる期間，つまり新古典派経済学の一定の完成までの時代を，限界革命とみなす場合もある。

限界効用とは，人間がある欲求物を消費する行動に際し，一定量ずつの逐次的な消費ごとに得ることになる主観的な欲求満足の強度である。この限界効用によって，また，客観的な希少性による心理的な作用も加味して，財やサービスの価値の測定や比較が可能だとする彼らの明確な認識が，19世紀末に主観価値理論を一定の到達点へと導いたのであった。

1870年代の限界革命に至るまでのおよそ100年間は，スミス，リカードウ，J・S・ミルらに代表される古典派経済学の時代であった。古典派経済

学は生産面に視点を置き，財が消費可能な状態になるまでに必要となる資本や生産費用によってその財の価値を決定する費用価値説（特にその一部を成す労働価値説）をとっていた。生産側の観点に立つこの費用価値に対して，主観価値は需要側つまり消費側の観点に立つものである。

19世紀末になって経済学の時流に乗ってメインストリームにようやく迎え入れられた主観価値研究の系譜は，限界革命から古典派の時代を挟んで遡っていくと，B. C. 300年代のアリストテレスまで辿り着くことになる。このように学問の黎明期から，価値の概念に対する欲求・効用・希少性といった主観性は論点として取り上げられていたのだった。

その後，中世を経てルネサンス期に入ると，イタリアにおいて改めて主観価値が着目され，14世紀のブリダナス，16世紀のダヴァンツァーティ，17世紀のモンタナリらが研究を進め，17〜18世紀にはフランスへも波及する。

そして，1750年代から1770年代までの間に，主観価値理論の発展に大きく貢献したとされる著述家が何人か現れた。その代表的な人物が，ナポリ学派のガリアーニと，フランスのチュルゴとコンディヤックであり，彼らの名前を主観価値の先駆者として挙げることは，経済学の歴史研究の中で定着している。

ところが，この同じ時期に，彼ら以上に主観価値理論の発展への重要な貢献があったことが少なからず指摘されてきているにもかかわらず，その認知が定着していない人物がいる。それが，本書でこれから論じるフランス人のグラスランである。

当時のフランスでは，1758年から1766年にかけてケネーが発行した「経済表」に象徴される，農業を基軸とする生産体制の国家的思想を形而上学的に説くフィジオクラシー（physiocratie）が広まっていた。フィジオクラシー（自然的統治または自然的支配）とは，ケネーの信奉者であり協力者であったデュポン・ド・ヌムールがケネーの思想に対して名付けたものである。スミスがそれをagricultural systemと呼んだことで，日本では「重農主義」とする邦訳によって理解されている。

ケネーの「経済表」は，農業国の費用・収入・分配に関する分析をマクロ的経済循環として初めて示したモデルという点でその意義は大きく，古典派

経済学以降に与えた影響は無視できるものではない。当時は，そのケネーの思想に感化されて彼を狂信的に崇拝し，熱心にフィジオクラシーの普及活動を行う人々が現れるほどの影響を及ぼしていた。そのケネーの思想の信奉者であるフィジオクラート（physiocrate，フィジオクラットとも表記される）は，フィジオクラシーの批判者を厳しく反批判して徹底的に排除しようとしていた。

　ケネーが理想として描いていたのは，啓蒙的な君主が統治する農業王国の実現であった。その農業王国の生産活動を毎年継続しながら発展させるためには，農業への投資が必要であり，農業への十分な投資が可能となるためには，土地所有者のもとに十分な収入が入ることが必要であった。そこでケネーは，各年の生産活動の結果として，労働者には生存に必要な生産物が分配され，それ以外の生産物は土地所有者のもとに地代収入すなわち純生産物として集積される理念上のしくみを作り上げた。「経済表」で表現されているこのしくみの中で，土地所有者の純生産物が多いほど，次年度により多くの農業投資を行うことが可能になると，ケネーは考えたのである。

　また，このしくみをもとにして，ケネーは労働者を圧迫している人頭税などの封建的な税制度を批判し，土地所有者のもとに集積する農業の純生産物に一括して課税する土地単一税を提唱した。こうしたしくみや税制度を成立させるために，ケネーは，農業は純生産物を生み出すので「生産的」であり，原材料を変形するだけの加工業や，商品を運搬して販売するだけの商業は，純生産物を生まないので「不生産的」であるという想定も作り出していた。

　このような経済活動に対する生産的・不生産的という区別や土地単一税に反対し，土地単一税の代替案としての累進的消費税と，その理論根拠である主観価値理論を提示しながら，最も辛辣にフィジオクラシーを批判し，反フィジオクラシーの先鋒となっていたのが，1767 年に『富と税についての分析試論』（以下『分析試論』）を公刊して頭角を現したグラスランであった。

　経済学者グラスランの知名度はこの論争の時期以外は，残念ながら現在においても，決して高いものではない。それでも，20 世紀のシュンペーターは，グラスランの功績をその認知度とのギャップの指摘とともに，以下のとおり高く評価している。

グラスランの名声は，当然受けるべきもの以下にしか達しなかった。というのは，彼はフィジオクラットの批判——それは事実において，いままでに提示された批判のなかで最良のものである——にあまりに大きな力点をおきすぎたので，彼の読者はややもすると彼の積極的な貢献を閑却視する傾きがあったからである。実際のところ，彼の『分析試論』は，富に関する包括的な理論の大要を提示しており，この理論は，賃金をはじめあらゆる生産者の費用を差し引いた純所得の理論というよりも，むしろ総所得の理論というべきものであった。……また彼は租税の転嫁問題に対する洞察においてその同時代人に優っていた。(Schumpeter 1954, 175 ／訳313)

　グラスランが提言した累進的消費税案は，250年以上経過した今日もなお議論の尽きない軽減税率等の論点にリンクするものである。またそれは，貧しい労働者の必需品への消費には課税をせずに彼らの生活を守り，便益品から奢侈品に向けて税率を高く設定する，いわゆる応能負担の原則に従っている。この累進的消費税を主たる税とすることで，それまでの恣意的な税制度によって税を免れていた特権階級へも税を課すことが可能になるため，歳入が増加し，当時のフランスの厳しい財政状況が改善できる，とグラスランは見込んでいたのだった。
　フランス東部の都市ナントの総徴税官であったグラスランは，実務的な視点で現実の経済社会の実態を観察しており，豊富な収益を得るようになった中産階級が財力に任せて贅沢な消費を行っていることに着目していた。そればかりでなく，農業や加工業の労働者の中には，最低限の必需品しか入手できない者がいる一方で，余剰を持つ労働者も少なからず存在し，便益品の消費を行っていることも見ていた。当時は個別の収入や財力を正確に捕捉することは不可能であったが，各自が収入や財力に基づいて行う消費にこそ，それぞれの担税能力が現れることを，グラスランは認識したのである。
　グラスランがこの累進的消費税の理論的根拠として表明したのが，主観価値理論である。彼は，欲求対象となるいかなる財もサービスも，市場での交

換に際しては，効用に対する欲求とその対象物の希少性との度合に複合的に基づく主観的な相対価値を有することを表明した。さらに，フィジオクラシーの学説によって不生産的とされた加工業やその他の産業も価値を生み出す生産的なものであり，それらの生産物も，さらには労働自体も，欲求と希少性による主観的な価値を持つと主張した。

　当然ながら，ケネーのフィジオクラシーの学説とグラスランの主観価値理論に基づく主張は大きな対立を見せることになる。だが，そもそも両者は理論の前提がそれぞれ異なっていた。ケネーは，土地所有階級は最も重要な農業から純生産物を得て，投資と税を担いながら便宜品や奢侈品の消費を行うもの，労働者はいかなる業種であれ生存のための必需品や最低限の消費財のみを得るもの，という前提を置いて，階級間での生産物や収入の移動が行われることを示していた。

　他方，グラスランは，各階級の消費行動に固定的な前提をおかず，土地所有者も労働者も，各自の収入や余剰によって，市場で欲求と希少性に基づく価値に応じて財やサービスの交換を行う独立した経済主体として扱い，交換の対象物は人々の嗜好によって淘汰されながら多様化していくものと見立てていた。つまり，労働者も余剰を持てば，必需品ばかりではなく便益品をも追い求めるのである。

　グラスランがこのように提示した主観価値理論や市場観は，彼の時代の100年後の限界革命期の認識を先取りしたものであり，フィジオクラシーとも，それに続く古典派経済学とも親和性がなかった。そのため，必然的にフィジオクラートとの間で事実上「費用価値 vs. 主観価値」となる価値論争が起き，さらにその後の古典派経済学が席巻していた時代にはほとんど顧みられなかったのである。

　前述したように，こうしたグラスランの経済思想や理論に対する周知や認識が経済学の歴史の中で浸透していないために，同じ18世紀のガリアーニ，チュルゴ，コンディヤックらの方が主観価値理論の先駆者としての位置付けが定着しているのであるが，そのガリアーニもチュルゴもコンディヤックも，欲求や希少性に基づく主観価値を論じる面と，費用価値とくに労働価値を主張する面の両面が存在している。ガリアーニは，ある物の生産が完成するま

での労働人数および日数や時間を食料換算したものと，社会の中におけるその職業の必要人数の割合に応じた労働の価格とによって，その物の価値が決まるとしている（Galiani [1751] 1803, 75-78 ／訳47-49）。

また，チュルゴは，彼の「富の形成と分配にかんする諸考察」（1766）でフィジオクラシーの学説に沿った費用価値論を明示している。

そして，コンディヤックは費用価値を次のように説明する。もし自分が川のそばにいて水を得ようとするなら，「身をかがめるという僅かな労働を行う。それゆえ，水は私のその労働分の価値を持つ。もし，私が自分で水を汲みに行かないなら，私は私に運んでくれた労働に対して支払うだろう。それゆえ，水は私が与えた賃金分の価値があるのであり，輸送費用が水に価値を与えるのである」（Condillac [1776] 1970, 13）。

彼らは，こうした価値論以外のさまざま論点に関して評価されるに足る貢献を行っているとしても，価値論における彼らの基本的スタンスが費用価値論にあることは明らかである。それは，例えばグレネヴェーゲンも「ガリアーニは，生産費用価値理論（cost-of-production theory of value）である」（Groenewegen 2002, 297 note）と認めている。

ガリアーニやチュルゴ，コンディヤックのように，費用価値に主軸を置き，交換の際の心理的な要素にのみ主観的概念を用いる理論の方が，少なくとも当時は受容されやすかったであろう。費用価値の明確な表明を行いながらも主観価値に貢献があったとされて名前の挙がる彼らとは対照的に，グラスランは主観価値のみで理論体系を構築する貢献を行ったにもかかわらず等閑視されてきている。グラスランの体系では，水を汲んだり運んだりする労働を単純に時間等で換算した費用を水の価値とすることはなく，また，その労働を行った分の身体的労力を補填するための食料すなわち生存費の価値そのものを賃金とみなすこともないのである。

グラスランの理論においては，財の生産や輸送等のための労働自体も，欲求と希少性に基づく相対価値を持つ主観的な欲求対象物として扱われる。それゆえ，市場では，水への欲求度と水の希少性に応じた水自体の価値と，水の採取と輸送のため労働の必要度と希少性に応じた価値とが折り合うところで，水と労働の相対価値が決まる。このように，市場での交換価値はつねに

欲求と希少性がその決定要素になる。自分で身をかがめてすくった水の価値は，コンディヤックが表明したような，自らの僅かな労働分に応じたものではなく，相対価値を持つものでもなく，単に水に対する自らの欲求度に応じたものなのである。

　そして，グラスランの経済思想は主観価値理論と税論だけには留まらない。彼は当時のエカテリーナ2世の支配下にあったロシアに向けて，農奴制を廃止させ農民に土地を所有させれば，農民に意欲的な労働を促すことになって経済発展を導けることを説いた「ペテルブルグ論文」も残している。グラスランはこの論文で，フランス啓蒙思想と商業社会論を両輪として経済発展を目指す意義を説き，分業と交換の試行的なモデルを提示している。

　これまで，この「ペテルブルグ論文」に対しては，グラスランを古典派経済学的だと解釈するわずかな研究者によって，「グラスランは経済発展に逆行する原初的社会を指向している」という否定的な評価しか与えられてこなかった。しかしながら，土地所有公益論であるグラスランのこの論文は，発展的な経済社会像が示されているのであり，原初的社会への指向を持つものではない。

　このように，グラスランの経済学は価値理論，税論，土地所有公益論，分業論などの主要な論点を含んでいる。さらに付言すれば，後段の第1章で示すように，グラスランはフランス東部の都市ナントの大規模な地域開発と経済発展を成し遂げた実務的手腕も持ち合わせていた。彼自身はその実際の経済運営と財政再建を担わなければならなかった社会的立場にあり，現在の繁栄につながる主要都市を築き上げるという実績を残したのである。つまり，グラスランは自ら関わってきた現実の経済活動と財政活動から抽出した理論体系を示していたのであり，机上の空論を振りかざしていたわけではないという点は，特に強調しておきたい。

　以上の問題意識に基づき，本書が経済学の歴史の系譜に新たに提起するのは次の3点である。1点目は，原初的共同社会への後退と捉えられていたグラスランの土地所有公益論は，発展的な商業社会を目指すものであったことである（第2章）。2点目は，グラスランの主観価値理論の体系は，限界革命期の，とりわけメンガーの主観価値理論に近い発想が見出せるものであり，

グラスランの先駆性は同じ18世紀のガリアーニ，チュルゴ，コンディヤックらの主観価値の先駆性を越えていたことである（第3章，第4章，第5章）。3点目は，グラスランが提案した財の奢侈度に応じる累進的消費税は，税の四原則にあたる考えをスミスより早い時期に示しながら，差額関税制度とも連携させた現実的な財政再建計画であったことである（第6章）。以上の主要な3点に加えて，グラスランがケネーの予定調和的かつ理念的な貿易自由化の主張を批判して，より現実的な貿易論を展開していたことも加える（第7章）。

18世紀のグラスランにせよ，フィジオクラートにせよ，また，彼らの同世代や，より以前の学者たちにせよ，皆，各々の時代において，現実の経済的課題に対峙する中で，経済活動や経済現象を包括して説明しうる理論体系の構築に挑んできた。現代のような精緻な分析道具にまだ到達していない中であっても，さらに言えば，経済学というカテゴリーが哲学や政治学と融合していた時代にあっても，各時代の経済的課題を克服する目的のため，あるいは普遍的な理論の確立のために，彼らは試行錯誤を重ねながら独自の理論を表明し，議論を戦わせてきた。

18世紀から19世紀にかけての時期は産業革命とも重なったことで，経済学の潮流が生産側からの観点に変化していくのに伴い，費用価値説が主流となっていったのは自然な流れであったとも言えるだろう。その決定的な分岐点をもたらしたスミスの『国富論』が1776年に登場する前夜に，グラスランは，費用価値説への傾倒を排除し，需要ないし消費側の観点で，市場における人間の心理的感覚，すなわち複合的に結びつく欲求と希少性を根拠として導出した純粋な主観価値説を主張して，費用価値説へつながる時流に乗ったフィジオクラシーに立ち向かい，孤独に闘っていた。

その100年後に，費用価値説より主観価値説の方が主流として日の目を見ることになるのは，経済学の歴史におけるまさにドラマティックな展開である。それは，グラスランが孤独な闘いを行っていたことを理解することで，よりいっそうの感慨を以って認識できる展開なのである。その感慨とともに言うならば，グラスランの登場は，彼の理論が理解されて時流に乗るためには100年早すぎたのである。

ただ，グラスランの『分析試論』や他の論文は，残念ながら決して理解しやすい筆致で書かれてはいなかったので，グラスランの影響を受けたチュルゴら当時の一握りの識者以外の人々から，グラスランの著作への理解と共感を得るのは困難だったであろうということは，想像に難くない。

それでも，否，だからこそ，グラスランの主張を当時の状況に照らし合わせながら改めて理解し，再評価し，経済学の歴史の中に位置付ける必要があるのではないだろうか。

限界革命期前の1854年にゴッセン（H.H. Gossen 1810-58）が限界効用理論を表明した『人間交易論』は，公刊当時は顧みられなかったが，ジェヴォンズやワルラスらが1879年頃にゴッセンの貢献や先駆性を評価したことで，存在が知られるようになり，その後は「限界効用逓減の法則」は「ゴッセンの第1法則」，「限界効用均等法則」は「ゴッセンの第2法則」とも呼ばれている。いわゆるメインストリームとして確立された学史的経緯の外に存在していたこのような業績に垣間見える試行の軌跡は，後世の人々にさまざまな影響をもたらすものである。

それゆえ，18世紀に立ち戻り，グラスランが現実的かつ個人的な諸問題を切り抜けながら，どのように当時の経済学的課題を乗り越えようとしたのか，その理論的基礎として構築した主観価値理論がいかなるものであったのかを検証することは，現代における問題の解決にも，たとえ直接役立つ精緻な分析道具やデータを与えないとしても，経済学の1つの思考方法としての示唆を与えることになるだろう。

第2節　先行研究

グラスランについてのこれまでの研究では，グラスランが示した労働の価値についての議論に着目することで彼を「古典派の先駆者」とする指摘と，グラスランの主観価値理論全体に着目することで「新古典派の先駆者」とする指摘に大別される。本書では，前述のとおり，グラスランを新古典派の先駆者であることを主張するが，本書とは主張の異なる見解も含めた主要な先行研究を，古典派の先駆者とする解釈，新古典派の先駆者とする解釈，さら

に，その他の見解に分けて示そう。

1 古典派の先駆者とする解釈

古典派の先駆者とする解釈の代表的なものは，Luminais（1861），Desmars（1900），Faccarello（2008）（2009），Maherzi（2008）である。

古典派経済学の時代にあったリュミネ（R.-M. Luminais）の1861年の著作は，グラスランについてのおそらく最初のまとまった研究であろう。リュミネは，グラスランとスミスの観点が似ているとし，それゆえグラスランはスミスの先駆者であるとしながらも，2人の違いについて考察している。

リュミネが示した彼らの違いとは，まず，スミスが価値の概念を物質的なものに留めて富を定義したのに対し，グラスランは学問芸術など非物質的なものや精神的なものも価値を有する富であると主張していたことである。

また，スミスが労働こそが富の要因であり唯一の尺度であるとしたのに対し，グラスランは効用に対する欲求こそが富の第一義的な要因であり，労働はその欲求物を得るための手段に他ならないとして労働価値説から離れていることも，2人の違いとして挙げている。リュミネは，「スミスの見解では，人間は生産のための労働力であり機械ともいうべきものに他ならないが，グラスランにとっては，人間の幸福と充足が目的であり，産業活動はそこに到達するための方策に他ならない」（Luminais 1861, 406）と指摘しており，グラスランが目指す経済社会像や理念を的確に解釈していると言える。

次に，デマール（J. Desmars）は，リュミネを継承しながらも，より詳細に，時代背景や伝記と共に『分析試論』と『書簡集』を検証した。デマールはグラスランについて「今日では古典派の原理である政治経済学のあらゆる本質的な諸法則，すなわち，労働力の法則，諸力の構造の法則，分業の法則を，明確に表明している」（Desmars 1900, 58）と評し，古典派経済学の先駆者と位置付けていると言える。

そして，デマールは，グラスランに対する「先駆的社会主義者（Socialiste avant la lettre）」という当時の論客の評価を否定し，デュポン・ド・ヌムールによる「マーカンティリスト」（Dupont de Nemours 1808, LIV）という評価も退けた（Desmars 1900, 232-33）。

さらに，デマールは「エコノミスト〔フィジオクラート〕たちの誇張がいかに間違ったものであるか，時とともに明らかになり，今日ではグラスランの多くの理論がclassiquesとされた」と記している（Desmars 1900, 196）。デマールによるこの「classiques」は，単に古典派経済学的であることを意味しているというより，むしろデマールの文脈から見ると，グラスランの理論が正統な，つまり経済学理論のいわゆるメインストリームとなった新古典派経済学の中に属することを示していると解釈できる。

グラスランを古典派の先駆者として明示しているFaccarello（2008）（2009）とMaherzi（2008）については後述する。

2　新古典派の先駆者とする解釈

20世紀になって，グラスランの主観価値理論に焦点を当てることで新古典派の先駆者とみなすDubois（1911）の解釈が現れると，それに追随する研究が続いた。それが，手塚（1933），山川（1948）（1959）（1968），Hutchison（1988），米田（1998）（2005），Orain（2006）（2008b）である。

1911年にデュボワ（A. Dubois）はグラスランの『分析試論』の初めての校訂版を公刊した。デュボワはそこに自身の解釈を述べたintroductionを附し，Desmars（1900）から多くを借りながら，「フィジオクラートのあいまいな用語法と体系の精神（esprit de système）を激しく非難した」（Dubois 1911, xxvi）グラスランの価値理論を，フィジオクラシーの学説と対照させながら解説している。

デュボワの解説の要点は2つある。1つは，おそらくグラスランの交易論（Graslin [1767] 1911, 61）から導出したと思われるが，グラスランを「リカードウの先駆者」と位置付けていることである（Dubois 1911, ix）。

もう1つは，「グラスランの『分析試論』のすぐ後に著されたチュルゴの『価値と貨幣』において表明された価値理論で，チュルゴはグラスランからいくつかの点を借用している」（Dubois 1911, xxix）と明示したことである。

この後者の指摘は，それ以降のグラスラン研究に大きな示唆を与えた。チュルゴが示した「尊重価値（valeur estimative）」や，分母に人間の知覚能力全体，分子にその知覚能力の対応部分を持つ分数で示した価値概念について，

その借用元がグラスランの『分析試論』であることは，グラスランとチュルゴの当時の関係を理解して読み比べれば明らかであるが，これを指摘した最初の研究者がデュボワである。彼によれば，「すべてを価値概念の上に築き上げているグラスランは，確かに，経済学全体をこの価値という概念に立ち返らせた最初の学者であり，この点でコンディヤックに9年先んじている」(Dubois 1911, x) のである。

　この指摘の後，日本人でグラスランを初めて論じたのは手塚 (1933) であった。手塚は，チュルゴの「富の形成と分配にかんする諸考察」(1766) までの諸著作と「価値と貨幣」(1769?) との内容の隔たりを強調し，チュルゴの「価値と貨幣」に現れた主観価値理論がグラスランから強く影響を受けていることを明示した。また，チュルゴは，グラスランの『分析試論』を1766年に知り，その影響を受けてから間を置かず，1768年には「価値と貨幣」を執筆していたであろうと推測している。

　山川もデュボワと手塚を継承し，チュルゴの価値概念の変化を，グラスランの『分析試論』に帰している（山川 1948, 1959, 1968）。さらに，山川は，ジード（C. Gide）とリスト（C. Rist）が提示して以来定着していた「ガリアーニ → チュルゴ → コンディヤック」という主観価値論の継承順（Gide et Rist 1926）を否定し，「ガリアーニ → グラスラン → チュルゴ」という継承順を主張した（山川 1968, 169-172）。

　グレネヴェーゲン（P. Groenewegen）は，山川がチュルゴの費用価値から主観価値理論への変化はグラスランの影響であると述べていること（山川 1959）に言及はしているものの，チュルゴの交換についての分析は「富の形成と分配にかんする諸考察」とグラスランの影響を受けたあとの「価値と貨幣」とで理論的には矛盾しないとしている（Groenewegen 2002, 297 note）。

　それでも，ハチソン（T. W. Hutchison）はグラスランの主観価値理論について次のように認識していた。

　　ナントの高官であったグラスランは，主観的な要素を強調し，必要は価値の不可欠の要因であるとして，主観価値理論の発展に貢献した。彼は

必要の度合と効用逓減の両方を，「物のいかなる単位の価値も，その種類の物の量が多くなるにつれて，その部分において減少する」と説明して明確に表明した。(Hutchison 1988, 411 note)

このように，ハチソンはグラスランの理論に効用逓減の概念を認めているが，山川（1968）および米田（1998）（2005）は，グラスランは平均価値を交換価値としたにすぎず，限界概念には到達していないとしている。その理由として，米田は，グラスランが部分量の連続的変化の着想を持たなかったことを挙げている（米田 2005, 305）が，それでも，グラスランが「価値のパラドックス〔水とダイヤモンドのパラドックス〕」を扱っている記述については，限界効用の観念を読み取ることは不可能ではないとも述べている（米田 1998, 304, 311-12）。さらに，米田は，「ガリアーニであれチュルゴであれ，あるいはコンディヤックであれ，……グラスランの効用理論に比べれば，かれらの効用価値説は体系性ないし徹底性の点で十分ではない」（米田 2005, 322）とグラスランの価値理論の卓越性を評価している。

グラスランを新古典派に位置付けた Orain（2006）（2008b）は次項で扱う。

3　その他の論点

メソニエ（S. Meyssonnier）はグラスランの議論の中で表明される付加価値の概念に着目している。メソニエは，グラスランがケネーの「経済表」に対する批判の中で付加価値に相当する概念を指摘したことと，マクロ経済において「総費用＝総所得＝付加価値の合計＝総生産」という体系が成立すると提起したことを，高く評価した。

さらに，メソニエはグラスランの認知度が低いことについて述べている。

ケネーは簡略図〔経済表〕を作ることができたために国民計算の創始者とされているが，グラスランは国民所得と国民支出の総計をいかに算出するかを定義したにもかかわらず，知られずにいるとは！なんと理不尽なことか！（Meyssonnier 1989, 300）

2008 年には，グラスランの業績を総括する著作が公刊された。それは，オラン（A. Orain）らによる共著『Graslin：Le temps des Lumières à Nantes（グラスラン：ナントにおける啓蒙の時代）』である。この中には，オランが 100 年前の Desmars（1900）とは異なる角度から調査してまとめたグラスランの伝記と，ファカレロ（G. Faccarello）が校訂して注釈を加えたグラスランの「ペテルブルグ論文」，それに，彼らのグラスランに対する評価となる論文，さらに，グラスランによって行われたナントとその周辺の都市開発の経緯などが収録されている。オランとファカレロのグラスランに対する見解は異なっており，ファカレロはグラスランを古典派の先駆者として扱っている（Faccarello 2008, 2009）が，オランはグラスランの理論に主観価値理論の萌芽の存在を認めた上で，ワルラスの一般均衡の先駆者としても論じている（Orain 2006, 2008b）。

　同じ 2008 年には『分析試論』の再校訂版が発刊された。それは 1911 年のデュボワの校訂版から 100 年近く経って初めてのもので，マヘルツィ（D. Maherzi）によって手掛けられた。その中のマヘルツィ自身の introduction で，マヘルツィは，オランとは逆にワルラスとグラスランとの理論的関係を否定し，ファカレロが主張しているスミスとの関連を支持した。また，グラスランとエンゲルスおよびヴェブレンとの関連性も主張している。さらには，グラスランの貨幣数量説をフィッシャーやフリードマンとも結びつけている。

4　先行研究と本研究との関連

　上述のグラスランについての主な先行研究の存在を認識した上で，本書では，手塚，山川，ハチソン，米田，オランらが示した新古典派経済学との関連の中にグラスランの思想を置いている。その上で，グラスランがメンガーら限界革命期の経済学に直結した先駆者であることと，グラスランの理論に限界効用概念の存在を主張することが，本研究が先行研究に新たな解釈を付加する重要な点となる。

　ハチソンがグラスランの理論に効用逓減概念を認めていることは前述したが，ハチソンは注の中でわずかに言及したにすぎず，論拠も示さず，それ以上敷衍することもなかった。この重要な論点には明確な論拠を示す議論が必

要である。

　また，前掲したシュンペーターのグラスランに対する評価，すなわち『分析試論』が「富に関する包括的な理論の大要を提示しており，」「租税の転嫁問題に対する洞察においてその同時代人に優っていた」ことに対して，「グラスランの名声は，当然受けるべきもの以下にしか達しなかった」という評価についても，全般的な所見となっているため，より詳細に検証して論拠を示さなければならない。シュンペーターもその貢献を認めたグラスランの『分析試論』における「租税の転嫁問題」を，本書ではその内容から「累進的消費税論」と呼ぶことにするが，この累進的消費税論についても，先行研究の中で言及されることはあっても立ち入った議論はなされてこなかったのである。

　そして，「ペテルブルグ論文」における土地所有公益論についても，ファカレロが当該論文に加えた注釈と，津田（1962a）による否定的な所見が存在するのみであった。このため，本書においてはこの「ペテルブルグ論文」における土地所有公益論もグラスランの経済学の重要な貢献であるとみなし，その意義を解明する。

　さらに，対外貿易についてのグラスランとフィジオクラートの見解の相違も，1760年代の議論の中では見逃すことはできないテーマとなるが，先行研究ではこれまで明確には取り上げられてこなかった。本書では，ケネーらがフィジオクラシーの経済体系の一部として示していた，フランスにとって有益な結果となるように導かれるケネーの貿易収支論に対して疑問を呈したグラスランが，自国の有利さに振り回されることなく，欲求と希少性に基づく市場メカニズムによって，貿易による自国市場への影響を示したことを明らかにする。

　以上のように，本書では，新古典派経済学の先駆者としてグラスランの経済思想と経済理論全体を解釈することで，その解釈に沿った先行研究より踏み込んで補強しながらも，これまでほとんど詳説されることのなかったグラスランの諸論点にも光を当てて，グラスランが限界革命より100年早く，主観価値による市場経済の体系を構築していたことを論じていく。

　100年後の新古典派の理論に比較してもグラスランの理論体系は決して劣

るものではないが，18世紀はまだ経済学が共通の用語や概念によって構築されはじめたばかりの黎明期にあったことも要因となり，彼の記述は説明と説得のために複雑なものにならざるをえなかった。そのため，彼の主張を正しく解釈するのは容易ではなく，さまざまな解釈が生じてきたと想像できるが，1760年代という時代を考慮してグラスランの理論に接すれば，グラスランの先見性と，彼が経済学の発展プロセスの重要な一翼を担っている点は理解されるであろう。

　なお，パルグレイブ『経済学辞典』の19世紀末から20世紀初頭の初版には，名前の表記が間違ってはいるもののグラスランの項目が掲載されている（Palgrave 1901, 255-56）が，第二版以降では掲載されていない。この事実は，グラスランへの評価が低いことによるのではなく，むしろグラスランの経済学上の貢献があまりにも知られていないことと，彼の貢献に関する議論が必要とされていることを，我々に示しているのである。

第3節　本書の構成

　本書は，まず第1章で，グラスランの生涯について彼の家系も含めながら概観する。グラスランの業績は主観価値理論等の学問分野の中だけに留まらず，現実の社会で大規模な土地開拓や都市開発を行って繁栄をもたらした実務的手腕にも見ることができる。

　第2章では，グラスランの土地所有公益論が示された「ペテルブルグ論文」を取り上げる。これは，ロシアの女帝エカテリーナ2世が即位して間もない時期の公募に応募して佳作となった論文である。この論文の内容にまで言及する研究は少なく，そのわずかな研究においてはグラスランが原初的共同社会を指向しているという否定的な評価がなされている。しかし，それらとは異なる肯定的評価を与えることがこの章の目的である。

　第3章で，グラスランの主観価値理論を，チュルゴの主観価値理論と比較しながら論じる。主観価値理論の先駆者とされているチュルゴに，グラスランからの影響がはっきりと認められることは，これまでにも指摘されているが，この影響についてより詳細かつ明確に論拠を示し，さらに，グラスラン

の主観価値理論はメンガーの限界効用の概念に近いことを主張する。

　第4章では，グラスランの主観価値理論に対するフィジオクラートの批判がいかなるものであったかを示しながら，両者の思想の違いを浮彫りにする。両者の誌上での応酬は，まさに主観価値と費用価値の直接対決の様相を呈していた。グラスランは，労働者の賃金は労働者の生活必需品の価値だけとみなして費用価値の中に含めるフィジオクラートの理論的限界を指摘したが，フィジオクラートは威圧的で，互いの主張はまったく折り合わなかった。

　第5章は，価値論の中の重要なテーマの1つである「水とダイヤモンドのパラドックス」を扱う。グラスランと同時代人であり，共にフィジオクラシーを批判していたフォルボネの「水とダイヤモンドのパラドックス」に対する解と比較することで，グラスランの解の優位性が明らかになる。

　第6章では，グラスランの政策提言であった累進的消費税論について検証する。国内的には，消費の奢侈度に応じた累進的消費税によって免税特権階級にも課税して歳入を増やし，対外的には，差額関税制度によって適切な競争状態に置くことで財政再建を目指すグラスランの税論は，今日でも通用する議論であることが理解されよう。

　第7章で，グラスランのフィジオクラシー批判の中の見逃せない論点である対外貿易を取り上げる。当時の国内外の交易自由化への議論を共通の背景として，ケネーとグラスランそれぞれの貿易論を対置することで，自由化の議論を超えたところにある両者の貿易論，すなわち，ケネーの予定調和的かつ理念的な商業論と，グラスランの現実的な商業論が浮き彫りになる。

　終章では，グラスランの貢献についての結論と，グラスラン研究から導かれる展望を示す。

第1章
グラスランの生涯

　ジャン゠ジョゼフ゠ルイ・グラスラン（Jean-Joseph-Louis Graslin 以下「グラスラン」）は，1727年11月15日，パリの南西にある都市トゥール[1]に誕生して洗礼を受け，1790年3月10日にフランス西部の港湾都市ナントで亡くなった。彼はナントで総徴税官という役職に就きながら，1760年代に『分析試論』その他の著作を発表し，その後は，ナント周辺の広大な沼地の干拓・開墾・灌漑事業と，ナントの都市開発に寄与した。そのため，彼の名は現在でもナントではよく知られており，グラスランの名が付いた建築物等も存在している。

　本章では，Luminais (1861), Desmars (1900), Orain (2008a) その他の研究に依拠しながら，グラスランの生涯を3つの時代に分けて辿っていく。第1の時代は，ナントの総徴税官という社会的地位に就任する1759年まで，第2の時代は，経済学の著作を公表して，フィジオクラートとの論争が起こっていた経済学説的に重要な1766年から1768年を中心とする1760年代，そして第3の時代は，経済学論争から離れて，ナントとその周辺の開発に取組み，地域経済に多大な恩恵をもたらすことになった1770年代以降である。

　本章の最後にはグラスランの著作の一覧を附しておく。

---

1) パリ南西約200kmにあるトゥールは，15世紀のルイ11世時代や，第二次世界大戦の際に，一時的にフランスの首都が置かれたことでも知られる。

第 *1* 節　ナントの総徴税官就任まで

1　家庭環境と教育

　グラスランの祖父ルイ（Louis Graslin 1638-1716）は，トゥール財務局の主席書記官（greffier en chef du bureau des finances de Tours）およびトゥールのバイイ裁判所（bailli）2) の長官を務めた人物であった。ルイは，トゥール上座裁判所（présidial de Tours）3) の書記官の娘と結婚して，彼らの末子ジョゼフ＝ルイ（Joseph-Louis Graslin 1683-1743）が，ルイの職務と土地等の資産を 1717 年に引継いだ。

　ジョゼフ＝ルイはトゥールの裕福な絹織物商の娘ジャンヌ（Jeanne Delavau 1706-92）と 1725 年に結婚し，彼らの長子として 1727 年にグラスランは生まれた。母ジャンヌの持参金 2 万リーヴルは，当時としては決して少ない金額ではなかった。またジャンヌの兄フランソワ＝ラファエル・ドゥラヴォ（François-Raphaël Delavau 1696-1773）は絹織物商の仕事を引継ぎながら，1750 年にトゥール徴税区の財務官に，その後は地方長官（intendant）となる人物であった。

　このように，地位と名誉，さらに資産にも恵まれた家庭にグラスランは生まれた。そして，グラスランが育った当時，トゥールは経済活動が活発で「絹織物産業で知られており，彼は幼少期から工業と商業の生産力を観察することができた」のである（Maherzi 2008, 8-9）。

　では，グラスランはどのような教育を受けていたのであろうか。

　当時の上流階級の子どもは，家庭教師によって読み書きを習得した後，十代になると，大学に付属して中等教育を行う寄宿学校であるコレージュに入学するのが慣例であった。現代では，コレージュは中学校であり，高校（リセ）と区別されるが，18 世紀のコレージュでは，文法を 4 年間と人文学お

---

　2)　バイイは王領管理のための行政組織として派遣された官僚（代官）であり，その所領で行政，司法，軍事を担当した。担当する所領はバイヤージュと呼ばれ，各身分代表選出の単位となった。
　3)　バイイ裁判所が初審を担当するのに対し，上座裁判所は控訴審を担当した。

および修辞学を2年間学ぶ計6年間に加え，さらに哲学を論理学と自然学に分けて学ぶ2年間もあり，合計8年間におよぶ教育を担っていた。

　コレージュの初めの6年間が始まる最初の学年（第6年級 la sixième と呼ばれる）は10，11歳ごろに当たるが，それより早く，既に読み書きを習得した8，9歳頃の子どもは第8年級（la huitième），また，9，10歳頃の子どもは第7年級（la septième）という資格で，2年早く早期入学させる家庭もあった。第8年級から入学すれば，大学に入学するまでの10年間をコレージュで過ごすことになる。

　グラスランはパリのコレージュに第8年級からの早期入学をしていたとされているが，それがオラトリオ修道会のコレージュ・ド・ジュリ（Collège de Juilly）とする見解（Hoefer [1852] 1855-56. Luminais 1861）と，イエズス会のコレージュであるルイ＝ル・グラン（Louis-le Grand）（Desmars 1900）であるとする見解に分かれている。グラスランは早期入学したコレージュ・ド・ジュリで，彼の歳には難しい算術問題も暗算で解いてしまい，教師たちを驚かせていた（Luminais 1861, 379）ようである。

　オランは，グラスランが第8年級から早期入学していたことには懐疑的だが，1740年代の半ばまでにはグラスランはコレージュ・ド・ドルマン＝ボーヴェ（Collège de Dormans-Beauvais）[4] に入学していたことは確実だとしている（Orain 2008a, 37）。ということは，グラスランはコレージュの途中で転校していたことになる。このコレージュ・ド・ドルマン＝ボーヴェで，グラスランは，後に外交官となるエナン（P-M Hennin）と，詩人で劇作家となるパチュ（C-P Patu）[5] の2人と親しくなった。

　1743年，グラスランがコレージュ在学中の15歳の時に，父ジョゼフ・ルイは死亡している。

　4）　パリのラテン区の現在ジャン＝ド＝ボーヴェ通りにあり，1370年からフランス革命の時期まで存続していた。
　5）　パチュは自作の公演だけでなく，シェイクスピアの作品をフランスに紹介した。ジュネーブヘヴォルテールを訪問してもいるが，肺病のため27歳で死亡。

2 弁護士資格取得

グラスランは 1746 年にパリ大学法学部に入学した。3 年次になると，弁護士を志す学生は少なくとも 2 年間，実地研修を行うことになっており，グラスランはシャトレ裁判所の主席検察官コトロー（Cotterau）の家に研修生として住み込んでいた。その頃，1748 年の 20 歳のときから若い少女に執心してしばらく学業から離れていた時期もあったが，トゥールの母親に説得され，1752 年，24 歳のときに法学部の学業に復帰する。その後，シャトレ裁判所の裁判官の家に住み込んで研修を続け，翌 1753 年 9 月に法曹資格を取得し，パリ高等法院の弁護士となった。弁護士の仕事はグラスランにとって決して好ましいものではなかったが，「彼の家族が彼に寄せる期待をしっかり自覚し」，弁護士であることは「いっそう輝かしい人生への足掛かり」だと考えていたのだった（Orain 2008a, 43）[6]。

1753 年のクリスマスから 1754 年初めの頃にかけてグラスランが帰省していた時期に，グラスランの家族に大事件が起こった。3 歳年下の弟アサナス = イレール（Athanase-Hilaire Graslin）が，グラスラン自身と妹と母に対する殺人未遂事件を起こしたのである。友人のエナンへ宛てた 5 年後の手紙の中で，「弟がデザートにヒ素を入れて母と妹と私の命を突然奪おうとした不運な出来事」と述べて打ち明けている。弟は隔離され，後にモン・サン・ミシェルの修道院へ送られた。グラスランの父が亡くなってから 10 年後に起きたこの事件は，グラスランの弟や妹たちが成年に達した時期に当たるため，その時点で遺産相続の問題が生じていたことが原因となった可能性がある。この事件のために相続は延期されるが，結局，1761 年に長子相続の慣

---

6) 何人かの研究者は，グラスランが 1751 年から 54 年に，エディンバラでスミスの講義を受けたとする説が存在することについてコメントしている。ホファーとリュミネは，グラスランがエディンバラに行った事実は確認できていないと述べている（Hoefer [1852] 1855-56, 83. Luminais 1861, 402）。デマールは，1751 年 1 月にスミスがエディンバラ大学から移ったグラスゴウ大学に存在していたスミスの当時の受講者名簿に，グラスランの名前が無いことを確かめ，さらに，名前を登録しない受講者も多かったことまでを調べており，彼が登録せずに受講していた可能性を示唆している（Desmars 1900, 29 note）。メソニエはグラスランのエディンバラ滞在を前提として，「価値の創造と価値の分配，つまり，価値の源泉と測定について，スミスはグラスランより不明瞭であり，弟子〔グラスラン〕は師〔スミス〕を越えていた」と述べている（Meyssonnier 1989, 294, 298-99）。

習に従い，グラスランが父ジョゼフ＝ルイの遺産 4 万リーヴルと，さらに父の弟妹の遺産 1 万 7,980 リーヴルを受取ることになる（Orain 2008a, 43-44）。

1754 年半ばから，グラスランはサン・カンタン徴税局（la ferme du roi à Saint-Quentin）[7] の研修生として過ごした。研修生となることは，将来の重要なポストに昇格するために必要な通過点で，期間は通常 1 年であった。だが，グラスランは 4 年ほどここに留まっていた。実は，その間にグラスランはサン・カンタンで徴税総監（contrôleur général des fermes）の地位を，さらに，総局長（directeur général）の地位を得ようとして働きかけていたのである。ところが，後任が決まっていたり，グラスランに有力な後ろ盾がなかったりしたため，彼の企ては失敗に終わる。結局，サン・カンタンでグラスランは名誉ある公的な任務を得られず，それゆえ，その企てに費やした期間は研修生としての俸給も得られずに過ごした。

だが，この間にグラスランは小麦価格の投機的操作を知ることになる。当時，サン・カンタンや隣のアミアン[8] の周辺で産出した小麦は，アミアンからは地上ルートで，サン・カンタンからは河川ルートでパリまで運ばれていた。このアミアンとサン・カンタンから運ばれる小麦量の増減が，パリの小麦卸売市場での小麦価格変動の要因の 1 つになっていた。その小麦量の操作にグラスランは加わっていたのである。その様子を「6,000 リーヴルしか使っていないのに，今年 4,000 リーヴルの利益を出した」と，グラスランはエナンに書き送っている。七年戦争が始まった 1756 年には，パリでの 1 スチエ当りの小麦価格は 16 リーヴルであったが，翌 1757 年には 22 リーヴルまで高騰した。おそらく，この高騰で利益を出したと考えられる。しかし，その後の小麦価格は 1766 年まで 20 リーヴルを下回っていた（Orain 2008a, 49-51）ため，大きな利益は得られなかったと推測できる。

---

7) サン・カンタンはパリの北北西約100kmにある。サン・カンタン（聖カンタン，聖クィンティヌス）は 3 世紀のローマ人で，当時キリスト教を禁じていたローマ帝国で布教を行ったため迫害を受け，逃げてきたこの地で殺害されたが，その後，殉教者として聖人に列せられ，土地の名前にもなった。

8) アミアンはパリの北80kmにある。

3 ナントの総徴税官就任

グラスランは1759年にようやくナント[9]の総徴税官（receveur général des fermes du roi）の地位を得た。それはナント地方の財務（la caisse du contrôle régional de Nantes）を統括する役職であり，彼は亡くなる1790年まで務めた。

ナントはブルターニュ公国の首都ではあったが，その首都機能を100km北にあるレンヌと競い合いながら分担していた。レンヌには地方長官（intendant）がおり，その配下としてナントでは総局長（directeur général），総監（contrôleur général），総徴税官（receveur général）の3人を長として行政が運営されていた。これらのナントの役職に就くための保証金は，1760年の時点で，総局長が6万リーヴル，総監は1万リーヴルであったが，行政資金を扱い，銀行との結びつきが強くなる総徴税官は36万7,000リーヴルも必要であった。彼らの俸給は，総局長が1万リーヴル，総監は3,800リーヴルであったのに対し，総徴税官は1,200リーヴルであった（Orain 2008a, 54-55）。つまり総徴税官に就くためには多額の保証金が必要だが，俸給はかなり少ないことになる。ということは，保証金を工面でき，俸給を当てにせず生活できる境遇にある者が就くことが想定されているか，それとも，総徴税官に就くことで俸給以外に何らかの見返りとなる収入を期待できることが想定されているのであろう。アンシャン・レジーム期の徴税を行う徴税官という役職に対しては，納税者に対する恣意的な徴税や手数料の徴収など，好ましくない面がしばしば指摘されるが，総徴税官への就任には，他の高官への就任よりも高額の保証金が必要であることは，一般的に周知されていないのではないだろうか。

さて，グラスランはナントの総徴税官の役職に就任する際に，この高額の保証金をどう工面したのだろうか。前述した1761年の相続だけでは全く足りなかったであろうし，まだ相続前でもあった。具体的な方策は不明ではあ

---

9) ナントは大西洋に大きく突き出たブルターニュ半島のすぐ南側に位置し，グラスランの生地トゥールを流れるロアール川の河口付近にあたる。後段のレンヌとの関係で見れば，レンヌよりナントの方が複数の大きな河川の存在によって，現代でも経済活動が盛んであり，人口も多い。

るが，その頃，トゥーレーヌ地方長官（intendant de Touraine)[10] となっていたグラスランの母の兄で，グラスランから見れば伯父にあたる前述のフランソワ＝ラファエル・ドゥラヴォが，何らかの融通や影響力を効かせた可能性は考えられる。

　ナントは当時すでに貿易の拠点都市であった。ナントの総生産額は，グラスランが就任した頃の1760年から1767年には50万〜100万リーヴルで推移し，その後1768年から1778年にかけての好景気で100万〜150万リーヴルとなる。1778年から1782年は独立戦争の影響で落ち込みがあったものの，1784年には170万リーヴルまで増加した。このように，グラスランの在任期間にナントは大きく発展していったのである。

　グラスランは1765年にルネ＝マグダレーヌ＝ジャンヌ（Renée-Magdeleine-Jeanne Guymont 1747-1818）と結婚する。彼女の父は海洋食糧局長（directeur des vivres de la marine）で，彼女の兄はナントの上座裁判所の相談役（conseilleur au présidial de Nantes）だった。グラスランと妻の間には6人の子供が生まれ，そのうち2人は幼くして亡くなっている。

　グラスランは1761年に創立されたトゥーレーヌ農業協会の創立メンバーであった。この協会はトゥール，アンジェ，ル・マン[11] の3つの事務所を持っていたが，このル・マンの終身事務局長の息子が，フォルボネ（François Véron de Forbonnais 1722-1800）であった。通商監督官だったグルネとの知己を得て主要な論客となるフォルボネの理論については後段の第4章で扱うが，フォルボネとグラスランにはいくつかの接点が存在していた。

　第1点は，フォルボネもグラスランと同様にフィジオクラシーを批判していたこと。第2点は，グラスランの母方の叔母と，フォルボネの親族とが婚姻関係にあったこと。第3点は，フォルボネの叔父はナントの船主であり，フォルボネは1740年代にその叔父の家に長く滞在していたこと。だが，この1740年代の時点でグラスランはまだナントに着任していなかった。第4点は，5歳年長のフォルボネもコレージュ・ド・ドルマン＝ボーヴェで学

---

10) トゥーレーヌは州であり，その州都がトゥール。地方長官（intendant）は17，18世紀における最高位の地方行政官であり，国王によって任命されていた。

11) トゥールとアンジェはロアール川沿い，ル・マンはそれら2都市の北に位置する。

んでおり，フォルボネはグラスランのコレージュでの先輩であったこと。

　以上のような関係があるにせよ，また，フォルボネが誌上で「M. A.B.C.D. &c.」のペンネームを用いてグラスランの『分析試論』を賞賛していた（Orain 2008a, 59）にせよ，グラスランは『分析試論』でフォルボネを暗に批判しており，フォルボネとの理論的距離を縮めようとする意図は見えない。それでも，Luminais（1861）と Desmars（1900）は，グラスランとフォルボネは親交を持ち，2人の間に書簡のやりとりもあったとしているが，証拠となるものは残っていない。Orain（2008a）は，フォルボネとグラスランは理論的に近いのではないかと指摘している。

第2節　経済学理論の時代

1　『分析試論』と価値論争

　1766年1月18日，リモージュ地方長官であったチュルゴ（Anne Robert Jacques Turgot 1727-81）は「間接税が土地所有者の収入に及ぼす効果の論証と評価」というテーマの論文の募集を公表した。エコノミスト（Économistes）と称していたフィジオクラシーの学派に属するチュルゴは，ケネーが提唱していた農業の純生産物への直接税である土地単一税を支持し，間接税やその他の税は結局土地所有者の純生産物に帰することになるというロジックを共有していた。そのため，応募者の論文には，土地単一税の正当化と，間接税は土地所有者の負担となるので土地単一税の原資となる純生産物を減じてしまうという論旨を期待していたのだった。

　この論文公募を知ったグラスランは，主催者チュルゴの意図に反し，間接税はそれを支払う者の負担になるのであって土地所有者だけの負担にはならないという前提で，土地単一税に反対する内容の論文を提出したのである。グラスランの論文上での主張は，土地単一税に対する批判に留まらず，フィジオクラシーの思想で「不生産的」とされる，農業以外の加工業や商業なども，純生産物を生じさせ担税能力があることを論証した。グラスランは，ケネーの「経済表」が「すべての購買に二重の富を想定」して「重複計算という誤謬」を犯している（Graslin [1767] 1911, 108, 109,112）ことも含めて，

「フィジオクラシーの思想が世論に広がるのを不安に思い，自らの発見を発表するための研究と熱意を倍増させる決心をして」（Orain 2008a, 61）応募したのだった。

　同年12月20日に選考会議が行われ，サン・ペラヴィというフィジクラートの論文の受賞が決議された。しかし，その結果にチュルゴは満足しなかった。なぜならグラスランの応募論文が受賞していなかったからである。グラスランの応募論文はフィジオクラシーの論理を否定し，フィジオクラートが推し進めようとしていた土地単一税を批判するものであったにもかかわらず，実はチュルゴはグラスランの応募論文の秀逸性を認めていたのである。そのため，チュルゴは同じくフィジオクラートのデュポン・ド・ヌムール（P. S. Du Pont de Nemours 1739-1817）に対して，1767年1月3日の手紙で次のように述べて，グラスランの論文に賞を与えるよう進言している。

　　経済学説〔フィジクラシー〕を完全にくつがえすことを目的とした436頁に及ぶ論文があります。彼に賞を与えることを恐れず，貴殿に味方をして頂きたいのです。この論文は，全く賞賛に値しないわけでもありませんし，深遠さがないというわけでもないのです。

　この進言によってその後も議論が続き，結果の公表は公募の翌年にあたる復活祭まで延期されたが，結局，グラスランが受賞すべきとしていたチュルゴの主張はかなわず，10人の応募者から受賞したのは当初の決定どおりサン・ペラヴィだった。それでもなお，チュルゴは10月13日のデュポン・ド・ヌムールへの手紙で，サン・ペラヴィが受賞したことについて，「我々の判定はあらゆる人を不満にさせることになります。それは，エコノミストの論文の方が下手で出来が悪いということを，反エコノミストは正当な論拠で見抜くことになるだろうからです」と，グラスランに対する擁護を繰り返している。

　チュルゴがグラスランの論文をこれほど認めて，デュポン・ド・ヌムールにまでその認識を何度も伝えているのは，注目に値するのではないだろうか。チュルゴはグラスランの見解のすべてに賛同したわけではないし，後段で見

るように，フィジオクラシーの学説に沿っていないことを批判してもいる。だが，グラスランの主張の大部分を受容していたのである。

　チュルゴからグラスランの受賞を認めるよう懇願されたデュポン・ド・ヌムールは，グラスランの論文に対し，「galimatias simple」〔著者の意図を読者が理解不能なほど難解〕どころか「galimatias double」〔著者も混乱しているため読者も理解不能〕であると批判する（*Éphémérides* 1768, t. II 180）が，それでも，「非常に才気あふれる人間の著作であることは明らか」（*Éphémérides* 1768, t. II 186）とも表明している（Dubois 1911, xxviii）。このことも特筆に値するだろう。

　1767年11月，グラスランはその応募論文を『分析試論』として公刊した。しかし，その公刊前からグラスランはフィジオクラートへの批判を誌上で公開したため，フィジオクラートとの論争が始まっていた。同年7月に，ル・メルシエ・ド・ラ・リヴィエール（P. P. Le Mercier de la Rivière 1719-1801）がフィジオクラートのバイブルとされる『政治社会の本質的自然秩序』を公刊すると，翌8月には，グラスランがル・メルシエ・ド・ラ・リヴィエールのフィジオクラシーの論理を誌上で批判した。すると，9月には，やはりフィジオクラートのボードー（Nicholas Baudeau 1730-92）がグラスランを誌上で反批判して，フィジオクラシーの学派の思想を擁護した。それに対して，11月には，グラスランが再度フィジオクラシーを誌上で批判すると，翌年1768年1月には，トレヤールという弁護士がグラスランを誌上で反批判した。さらに，グラスランは3月にフィジオラシーを再批判するための投稿を行ったのである。これらを『書簡集』としてグラスランが出版することになるが，それは，1774年にケネーが亡くなり，1776年にチュルゴも失脚した後の，1777年であった。フィジオクラートの勢力が強い時期に『書簡集』を公刊しても葬られることは分かっていたのであろう。その間グラスランはたった1人でフィジオクラートに立ち向かわなければならなかったが，ケネーらが表舞台から退出したあと，彼らとの経済学論争を埋もれさせずに残し，その審判を後世に委ねようとしたのではないかと推測できる。

2 ペテルブルグ自由経済協会の公募論文

　ロシアでエカテリーナ2世の統治が始まって間もない1766年，彼女の監督の下に1917年まで存続することになるペテルブルグ自由経済協会が設立された。この協会は設立後直ちに「農奴に土地を所有させることが公益にとって有利か否か」を問う論文を公募した。これには，ロシア内外から158もの応募があり，その中から受賞1人，佳作4人が選ばれた。これらの4つの佳作の中の1つがグラスランの論文であり，1768年に当該協会から出版された『受賞論文集』の中に彼の論文も収められた。このグラスランの論文（以下「ペテルブルグ論文」）は，ロシアで人口の大部分を占める農奴あるいは農民が，土地や動産の所有権を得て自発的に労働し，利益を享受することによって，公益を最大化することを論じている。これを，その内容から土地所有公益論と呼ぶことにしよう。

　グラスランは，ロシアへ提出した土地所有公益論であるこの「ペテルブルグ論文」と，リモージュ農業協会へ提出した価値論と税論を軸にした彼の経済理論体系である『分析試論』を，1766年に並行して書き上げて応募していたことになる。2作とも1等の受賞を逃したものの，それぞれ次点として評価されたのだった。

第3節　ナント開発の時代

1　ナント周辺地域の開発と産業推進

　富および価値についての理論に貢献する一方で，グラスランは現実の社会における経済発展にも業績を残した。1770年代に入ると，グラスランは，当時は未開発だったナントの周辺地域やロアール川流域の森林や沼地を，彼が亡くなる1790年まで開拓し発展させることに尽力し続けた。そうした開拓に対して，その土地の住民は無関心であっただけではなく反発も起きていたため，グラスランの心労は絶えなかった。

　1772年から，グラスランはロアール川流域の340ヘクタールにおよぶ不毛で手つかずであった沼地の干拓事業を開始し，それを肥沃な牧草地へと改良した。別の900ヘクタールもの土地ではその粘土質の土壌によってたび

たび水害が引き起こされていたため，人工的な傾斜を造設し，そこに灌漑水路を通す必要があった。こうした事業においては，その恩恵を受ける住民の同意さえも思うように得られなかったが，グラスラン自身が多額の費用を負担し，1775 年から 15 年かかった難工事を経て，耕作地を創出することができた（Desmars [1900] 1973, 9-10）。リュミネやデマールは，このように沼地を肥沃な牧草地に改良するグラスランの干拓・灌漑事業が完了したと伝えているが，オランはグラスランのこの事業は，彼の生存中には完全に成し遂げられなかったのではないかと推測している（Orain 2008a, 68）。いずれにせよ，グラスランは「間違いなく，ミラボーの周りで議論しているエコノミストたちより，土地の改良に貢献した」（Desmars 1900, 10-11）と言えるだろう。

　1776 年からは，ナントで初の織物工場が稼働を開始した。この工場はグラスランがナントに着任する前の 1758 年から計画されその後頓挫していたものであったが，彼はこれを引継いで操業にこぎつけたのであった。ここで製造されたのは，インド更紗風に織った綿プリント地や，それらの生地で作られた衣類等の繊維製品で，これらは総称してアンディエンヌ（indienne）と呼ばれていた。実は，18 世紀初めに，羊毛や絹や麻の織布業者からの圧力によるルイ 15 世の王令（1717 年）で，綿製品であるアンディエンヌの製造は禁止されていた。しかし，1750 年代からの商業自由化の動きの中で，1759 年にその王令は解除されたのである。ロアール川周辺には多くの水路があり，それを繊維産業に欠かせない洗浄や漂白の作業に利用することができたため，ナントは 1785 年には，フランス東部のルーアン，そしてパリ周辺地域に次いで，フランスで第 3 位の綿プリント地の生産量を記録するようになり，繊維産業はナントの基幹産業となった。

　また，ナントは，アフリカ西部から買った黒人を，マダガスカルやアンティル諸島，それにアメリカ南部で売る三角貿易の拠点でもあった。黒人の買付けの際には，ナントで生産された繊維製品が現物としてその支払手段にもなっていた。さらに，ナントでは，アンティル諸島からインディゴなどの繊維産業に必要な原材料を入手することもできた。これらの繊維産業と海洋交易の相互作用によってナントは急速に豊かになり，グラスランはそうした産

業に直接的に関わりながら自らの財産も築いていった。

2　ナントの都市整備

　1780年代になると，グラスランの意識はナントの都市整備に集中して向けられていく。もともとナントの周辺は沼地が広がっていて，市街地となりうる地域が限られていたため，市街地は道が狭く，居住地も希少で家賃が高かった。これが新たな建物の建築だけでなく，経済発展も妨げていることを，グラスランはナントへの赴任当初から懸念しており，1760年代から発展計画の実現に向けて市街地造成のための用地の確保を進めていった。周辺の沼地の開拓の困難さと同様に，都市計画の方も土地分割をめぐる問題で既存の土地所有者と対立して難航した。そのため，グラスランは自らそうした所有者の土地を買い取り，その土地を新しい建造物や商業地区，そして広い道路を作るために譲渡して，都市計画を進めていった。

　ナントの中心部の整備については，グラスランは自分の所有地の一部を「グラスラン広場」とし，その周りを劇場，カフェ，ホテル，証券取引所，教会，博物館で取り囲む計画を提案していた。だが，彼の提案を，既得権益者たちとつながっていた設計者たちはなかなか受け入れようとしなかった。何度も計画が変更され，グラスランも妥協した結果，証券取引所，教会，博物館がその広場を囲むことは実現されなかったが，ようやく広場周辺が完成し，1788年3月23日の復活祭の日に劇場の落成式が行われた。こうして，グラスランの名が冠された広場や劇場，ホテル，そして市街地内に造られたいくつかの新たな広場，さらに，近くにあったグラスランの住居も，ナント内外からというより，フランス国内外から上流階級の人々が集まる社交場所となり，劇場は市民にも観劇の機会を提供した。ナントは理想的な都市として広く注目されたのである。

　1788年9月にナントを訪れたイギリス人のアーサー・ヤングは，ナントの様子をこう記している。

　　　美しい白石造りの落成間もない劇場へ行く。立派な正面の柱廊には，八本の優美なコリント式の柱があり，内部にあるもう四本の柱が柱廊と

大ホールをへだてている。内部はすべて金色で描かれている。入口で一瞥しただけで，私の心を強く打った。それは，〔ロンドンの〕ドゥルーリ・レインの劇場の二倍は広いし，五倍は立派だと思う。日曜日だったから満員だった。神よ！　と私は心の中で叫んだ。……

ナント市には，まごうかたなき例の繁栄の証し，新しい建物がある。コメディー街区〔劇場周辺〕は壮麗である。すべての通りが直角に交叉し，家々は白い石造りである。アンリ四世ホテルはヨーロッパきっての美しい宿屋ではないかと思う。……

フランスの大商業都市に共通していて，特にナントで繁栄している施設は読書室である。これはイギリスで言うブック・クラブで，図書室をなしている。三部屋あって，一つは読書用，もう一つは談話用，三つ目の部屋は書庫となっている。……

ナント下流のロワール河上のとある島に，……四門の大砲をくり抜くウィルキンスン氏の機械が海水の水車を動力にして目下稼働中である。しかも，もう七門の大砲をくり抜くため，新しく蒸気機関が設置されたところだ。……

ナントはフランスの他の都会に劣らず自由主義にもえている。私が当地に居合わせて耳にした会話から，どんなに大きな変化がフランス人の心の中に働いているか，分る。(Young 1794, 286-91／訳 147-49)

写真1－1　ナントのグラスラン劇場外観（筆者撮影）

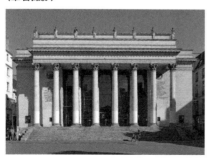

写真1－2　グラスラン劇場前に広がるグラスラン広場（筆者撮影）

3 誹謗中傷と啓蒙

このように，沼地が広がっていた「ロアール川一帯の開墾に非常に貢献」
(Prescott 1977, 512) したグラスランは，ナントを短期間で改造し，その黄
金時代を築いたのだった。とは言え，前述のとおり，計画はグラスランの思
うようには進まず，ナント市街地および周辺地域におけるさまざまな開発事
業を進めるために，「グラスランは常に思索にふけり苦心していた」。それで
も，そのグラスランのもとには彼を「私利私欲を求める企業家」として，ま
た「思いやりのない投機家」として中傷する匿名の誹謗文書が多く寄せられ
ていた。実際，1761 年に相続した時には，亡くなった父の遺産 4 万リーヴ
ルと，父の弟妹の遺産 1 万 7,980 リーヴルだったグラスランの資産は，そ
の後の 29 年間で 120 万リーヴルに達していた (Orain 2008a, 86)。

こうした事実から推測すると，グラスランはナントを開発すると見せかけ
て，個人的な投資に熱中しながら利益を追求していただけだったのだろうか。

だが，グラスランが自身の私財によって土地を買い取ったり費用を賄った
りしたからこそ開発が進んだのは，事実である。グラスランが潔く私財を投
じなければ，ナントの発展は実現しなかっただろう。逆に見れば，既得権益
者の反対が多い開発への投資者は当初は少なかったであろうから，開発を実
現するために，グラスラン自身が莫大な資金を用意する必要があったと言え
るだろう。

グラスランの小論「匿名の 3 つの誹謗文書についてのグラスランの報告
書」(1789) と「カフェと劇場に関する報告書に対するグラスランの所見」
のグラスランの言葉を，デマールの引用 (Desmars [1900] 1973, 19-21) に
よって示そう。

低俗な嫉妬によって私に反対するよう突き動かされている人々が，私
が土地を売却する際に再高値に執着しているとしていて，それでも私が
無欲であることを堂々と証明するかと，悪意を以って尋ねていることを，
私は知っているつもりである。……彼らは，その上，私が証券取引所に
無欲の人間として名乗っているかどうか，また，そこで相場以下で有価
証券を手に入れることなど決してなかったかどうかについても尋ねてく

るだろう。私ばかりでなく，他の多くの人々が私よりもよく知っている
ことだが，こうしたことは文字通り，かなり多数の私の誹謗者たちの論
法なのである。しかし，そのような論法は彼らの考えに大した明瞭さを
示していないということを認めねばならない。……

　私が常に無欲の感情から持った性向は，理由もなく，動機もなく，目
的もなく，権利と利益を放棄する愚かな性向ではない。私は，全く異な
る２つの取引を区別している。１つは単純な計算にのみ従うもので，各
自の権利を正確に審査し，すべての要求を生かせるようにする取引や売
買である。もう１つは親切からにせよ，親身からにせよ，思いやりから
にせよ，確立された権利で斟酌を行うことができる取引である。……

　私は後者のような私の権利を放棄する覚悟をして，前者の権利に留ま
ることもある。そして，一言で説明すれば，私の共同交渉者が，思い上
がった自身だけに満足して私から離れるような取引であっても，私は決
してそのことで取引を修正することはない。もちろん，それでも，私は
それを正しくて理に適っていると思うのである。他の取引では，私は私
だけの意志で，しばしば，それも頻繁に，私の利益を犠牲にしたことを
証明しうるであろう。まさしくそれは，私の権利が十分に認められてい
たからであり，私自身でその報いを見出す正当な行動を，承知の上で行
っていたからである。(Mémoire de Graslin, au sujet de trois libelles
anonymes qui ont été publiés successivement contre lui. 1789)〔次項の
著作⑩〕

　敢えて述べれば，障害となるものに着手して克服するために必要なの
は勇気であると私が見出したのは，利益に対する期待というよりむしろ，
私の計画の壮大さ，美，畏敬そのものの中である。おそらく，私は多く
の人々から信じられないだろう。しかし，壮大さと美の思想は，利益の
ための冷酷な投機よりも多くの活力を人間に無限に与えることを知る少
数の人々によって信じられるだけで，私には十分であろう。(Observation
de Graslin sur son mémoire concernant le café de la comédie. 1788)〔次
項の著作⑨〕

グラスラン自身，ナントの総徴税官の職を得るために，自分の資産を遥か
に超える36万7,000リーヴルもの保証金を工面しなければならなかった。
その債務を負った上で，ナントと周辺地域の整備，さらに繊維産業と三角貿
易の相互的促進も行ったのである。冷静に公と私の利益を追求しながら商業
社会の実現を目指した結果として，ナントが豊かになるにつれて，彼の資産
も増加していったことになる。グラスランは，自身の資産を増加させ，開発
計画に自らの資金を投入して土地を買い取るなどしなければ，開発が実現し
ないことを自覚していたのだろう。しかし，開発と並行して，ねたみによる
誹謗中傷も多く受けることにもなった。いずれにせよ，グラスランは，「自
らの利益と一般の利益を両立」した，まさに「地方における啓蒙の体現者
(incarnation des Lumières de province)」であった (Orain 2008a, 86)。

1790年3月10日にグラスランは亡くなった。死の直前まで，彼への批
判に対する所見や手紙を書かなければならなかったほど，「徹夜続きと，休
む間もない過労，それに絶え間のない心労が彼の健康を完全に蝕んだのだっ
た」(Luminais 1861, 440)。

グラスランの死後，次男のアントワーヌ＝ルイ (Antoine-Louis Graslin)
が職務を引き継いだが，そのころには革命の波がナントにも達しようとして
いた。1790年11月には，国民議会が徴税請負制度の改変に着手したため，
地方財政は混乱していき，ナントは1793年から翌年にかけての恐怖政治に
よる大虐殺の舞台の1つとして，改めてその名が知られることになる。

第4節　グラスランの著作

グラスランの主著は，次の2著作である。
① *Essai Analytique sur la Richesse et sur l'impôt*. 1767. (以下『分析
試論』ないし「Graslin [1767] 1911」と略記)
② Dissertation de Saint-Petersbourg. 1768. (以下「ペテルブルグ論文」
ないし「Graslin 1768」と略記)

フィジオクラートとの論争を示す書簡集は以下のとおりである。

③ *Correspondance entre M. Graslin, de l'Académique de S. Pétersburg, Auteur de l'Essai Analytique sur la Richesse & l'Impot. Et M. l'Abbé Baudeau, Auteur des Ephémérides du Citoyen. Sur un des Principes fondamentaux de la Doctrine des soi-disants Philosophiques Économistes.* 1777.（以下『書簡集』ないし「Correspondance 1777」と略記）

上記の3著作以外に，Hoefer（[1852] 1855-56），Luminais（1861），Desmars（[1900] 1973）は共通して以下を挙げている。

④ Réflexion d'un citoyen sur la construction d'une salle de spectacle à Nantes. 1782.

⑤ Réponse de l'anonyme au remarques sur la nécessité de cinstruire une salle de spectacle à Nantes. 1783.

⑥ Mémoire pour écuyer Jean-Loseph-Louis Graslin, servant de réponse à une lettre anonyme. 1783.

⑦ Observation de M. Graslin sur les additions très importantes à faire au quartier neuf de Nantes, avec plan. 1785.

⑧ Mémoire justificatif du sieur Graslin, sur la suspention des travaux de la salle de spectacle, et peut-être son entier abandon. 1786.

⑨ Observation de Graslin sur son mémoire concernant le café de la comédie. 1788.

⑩ Mémoire de Graslin, au sujet de trois libelles anonymes qui ont été publiés successivement contre lui. 1789.

⑪ Souscription très modique pour le soutien et l'entretien d'un très bon spectacle dans cette ville. 1789.

⑫ Dernière requête présentée par le sieur Graslin à Messieurs les Officiers municipaux de la ville de Nantes, au sujet des embellisements du quartier neuf. 1789.

⑬ Mémoire à Messieurs les Officiers municipaux de la ville de Nantes. 1790.

⑭ Mémoire présentée par le sieur Graslin au corps municipaux de la ville de Nantes. 1790.

⑮ Mémoire du sieur Graslin, au sujet de sa possession sur la place Saint-Nicolas. 1790.

⑯ Réflexion indispensables de M. Graslin sur une brochure qui a pour titre: Réponse au mémoire que M. Graslin a adressé aux Officiers municipaux. 1790.

④から⑯はナントの都市整備に関するものであり，現時点で筆者は④から⑯を入手できていない。本書では以下，①②③を対象とする。

では，まず次章で，②の「ペテルブルグ論文」の土地所有公益論について論じることから始めよう。

第2章
グラスランの発展的土地所有公益論
「ペテルブルグ論文」の再評価

　啓蒙思想と商業社会論に基づくグラスランの経済発展論は，ロシアに対して農奴制を廃止し農民の土地所有権を認めることで公益を向上させることを提言した「ペテルブルグ論文」に見ることができる。ロシアを市場経済社会へと誘うこの「ペテルブルグ論文」で，グラスランは彼の主観的価値概念の追求から離れて，分業における分配のモデルを提示し，競争による生産力増加と，その結果として生じる資本について論じている。

第1節　はじめに

　グラスランは，エカテリーナ2世（在位1762-92）統治下のロシアの経済協会に，農奴制の弊害を示し土地所有耕作を奨励した「聖ペテルブルグ経済協会によって提起された課題についての論文」（「ペテルブルグ論文」）を提出した。本章では，その「ペテルブルグ論文」における分業論と経済発展論の意義を論じる。

　この「ペテルブルグ論文」について，津田（1962a）と Faccarello（2009）はどちらもグラスランの議論の意義を認めつつも，グラスランは原初的平等社会を志向しているという否定的な結論を導いている。ファカレロはグラスランを，原初的な自然状態を理想とする「ルソー主義者（Rousseauist）」と呼び，閉鎖的で発展性のない小さな共同体におけるような経済社会を「ペテルブルグ論文」に見ている。そして津田は，グラスランが「所有観念と……自然秩序の観念とを，すでに重農主義によって破棄された地点に押しとど

め」た「抽象的な平等主義」にすぎないと評している（津田1962a, 84）。つまり，重農主義が自由主義を掲げながら「経済表」によって分配と再生産のシステムを提示したところまでの経済学的進化から逆行し，原初状態へと退化した経済社会をグラスランが示したと，津田は指摘している。

　しかし，本書ではそれらとは異なる肯定的評価を与えることを目的としている。すなわち「ペテルブルク論文」は，現実的な商業社会の推進者であるグラスランが，ルソー的な未開社会の「生存に必要な耕作の広さまでの土地所有」から拡大し敷衍した経済発展論であり，原初的共同社会を目指すものではないのである。グラスランは3つの状態—1つは自給自足状態，2つめは分業と発明の波及効果によって生産量が増加して蓄積が生じる状態，そして3つめは，そこに適切な行政が加わる状態—の経済モデルを示し，それらの3つの状態にロシアの現実を対置する。その上で，農奴制は経済的に非効率であることと，土地所有耕作こそが経済発展を可能にし，一国家としての公益最大化を実現させることを説いている。

　以上の認識に則り，次節でペテルブルクの懸賞論文の公募とグラスランの関わりについて，第3節でグラスランが経済モデルとして示した3つの状態とその解釈上の問題点を，第4節ではそのモデルと現状との隔たりから導かれるグラスランの発展論を提示し，第5節で「ペテルブルク論文」の意義を検証する。

　実際に開発手腕を発揮して地域全体に経済発展と繁栄をもたらすことになるグラスランの経済思想は，西欧の啓蒙思想や農奴制の緩和等の検討を行っていた即位して間もないエカテリーナ2世の経済発展を目指す諸策の1つである懸賞論文によって，ロシアに伝わることになったのである。

第2節　論文公募の目的

　国家政府に直属する機関が，社会的問題についての情報や意見を懸賞論文で公募して，政策決定に活用しようとする方策は，18世紀にはヨーロッパ各国で行われていたことであった（Prescott 1977, 509）。農奴制による農業の非生産性が顕在化していたロシアもまた，1762年にエカテリーナ2世が

即位すると，彼女の意向に沿って1765年に発足したばかりの聖ペテルブル
グの自由経済協会[12] が，懸賞論文によってアイデアを募ることを決めた。
その課題は次のとおりである[13]。

　　「農民が自分の土地を所有すること，あるいは，動産だけでも所有する
　　ことは，公益にとって，より有益かつより有利か？　また，この所有は
　　どこまで及ぶべきか？」

　当時のロシアの地主の領地では，「大部分が自給自足の家計経済」であり，
地主は「農奴を厳重な監視の下で服従させ，労働者を最大限に酷使すること
を厭わなかった」(Pipes 1998, 436)。しかし，啓蒙思想を受容し，さらに
「農業を富の主要な源泉とする」「フィジオクラートの自由主義経済の影響を
受けていた」エカテリーナ2世は，「国家の勢力と威信のためには国民経済
が重要であることを認識」していただけでなかった。彼女は，「農民は自分
たちが耕作する土地の所有権を得る自由が与えられれば，より生産的かつ平
穏になるという議論」も考慮して「ロシアに土地所有制度を導入する」こと
を検討していたのだった (Pipes 1998, 432-33)。

　このような経緯があって提示された課題に対しては158の応募論文が寄
せられ，「そのなかにはヴォルテールの名前もあった」(鈴木 2004, 38)[14] と
されるが，グラスランの「ペテルブルグ論文」は佳作に選ばれ，『聖ペテル
ブルグの経済協会によって1766年に提起された課題での受賞論文集
(*Dissertation qui a remporté le prix sur la question posée en 1766 par la
Société d'Œconomie et d'Agriculture à S. Petersbourg, à laquelle on a joint les
Pièces qui ont eu l'Accessit*)』(1768, 109-54) に収められた[15]。

　この懸賞論文には，総額で当時の1万ルーブルという多額の予算が用意さ

12)　ペテルブルグの「自由経済協会」はエカテリーナ2世の意向で，農業の振興と経
　　済発展を促進する目的で設立され，1917年の革命まで続いた。その名称は，「自由経
　　済協会」だけでなく，出処により「経済協会」や「農業協会」，「経済農業協会」など
　　のばらつきがある。
13)　課題は1765年に公にされていた (Prescott 1977, 509. Pichon et Orain 2008, 293)。
14)　しかし，受賞者および佳作者の中にヴォルテールの名前はない。

れたことからも，応募される論文によって得られる情報や意見に，ロシア当
局が大きな期待を寄せていたことがうかがえる。受賞者のラベイは，「最大
の国家的利益は，農民が完全な土地所有権を持つことにある」と結論し，土
地所有者となる農民への教育の重要性も説き，1,000 ルーブルの懸賞金と
120 ルーブル相当のゴールド・メダルが渡された。佳作のグラスランには，
1768 年にナントを訪れたロシアの代表者によってゴールド・メダルが贈ら
れた。大々的に行われたこの論文公募は，エカテリーナ 2 世が創設してから
20 世紀初頭のロシア革命まで存続した自由経済協会の活動の実質的な出発
点となったのだった（Prescott 1977, 511-12）。

　「ペテルブルグ論文」を通してグラスランが支持した土地所有耕作は，単
なる「平等社会の構想」（津田 1962a,84）に留まるものではない。土地所有
耕作によって，それまで農奴として服従するしかなかった人々に，自由な生
産活動のための機会の平等が与えられることも，グラスランは示唆している
のである。ただ，機会の平等は与えられても，その後の豊かさは，各自の労
働と蓄積に応じたものになることが，以下のように示される。

　　　自らのあらゆる欲求対象物を手に入れるために労働する人は，彼の労働
　　　を増やすことで，事故へ備えるためであれ，安楽を手に入れるためであ
　　　れ，かなり大量のこれらの対象物を蓄積することが可能である……，そ
　　　の人が，……，関係の秩序の中で，他の人の欲求対象物である物を，彼
　　　自身の欲求対象物との交換で，彼らに徐々に与えるために蓄積するくら
　　　いのことは，自然権である。（Graslin 1768, 153-54）

15）　ドイツのマンハイムでジャーナリストおよび法学者であったフランス人ラベイ
　　（Béardé de l'Abbaye 1735 ?-1771）の受賞作と，グラスランの「ペテルブルグ論文」，
　　それに，ドイツ人とロシア人の佳作の論文が，『受賞論文集』に収録され，1768 年に
　　聖ペテルブルグで出版された（Prescott 1977, 509-12）。さらに，1769 年にアムステ
　　ルダムで，1770 年にローザンヌでも出版され，1775 年にはドイツ語翻訳版（1777 年
　　と 1778 年に再版）が出版された（http://dictionnaire-journalistes.gazettes18e.fr/
　　journaliste/047-bearde-de-labbaye）。ただ，この第 1 回の応募論文の多くの「内容は
　　農奴制に批判的」であったため，当該協会は「それ以後は，より穏当な課題を設定し
　　て懸賞論文の募集がおこなわれたという」（鈴木 2004, 38）。

グラスランのロジックは，農奴となって打ちひしがれている人々も，土地所有という機会が与えられることによって各自の労働意欲や改良意欲が増進することになり，その結果，生産性が向上すれば，余剰が増えて蓄積が可能となり，その蓄積の恩恵が各労働者自身ひいては国民全体に波及するというものである。つまり強制的な労働ではなく，能動的な労働によってこそ，社会は豊かになることを彼は提起しているが，各自の能力に応じて各々の余剰や蓄積の大きさは異なることも配慮し認めている。分業の議論においても，グラスランは分業の恩恵がどのように等しく波及するかを検討してはいても，全体としての平等社会という概念を主張しているわけではない。

このように，「当時有名な著述家で，経済学者の草分けであった」(Prescott 1977, 511) グラスランが目指したのは，ロシアを農奴制から脱却させ，市場経済の素地を行き渡らせることであった。そして，一連の経済活動が安全かつ確実に行われるためには国内行政と対外政策を担う機関が必要であるという見地から，後見的権力の存在を認めている。そこにはいわゆる啓蒙専制君主が想定されているが，その後見的権力が無為で恣意的な支配者とならずに機能する限り，国民の利益は増大するという結論を，グラスランは引き出したのであった。

懸賞論文の課題に示されたキーワードである「公益 (le bien public)」を，グラスランは，国家の全成員にとっての最大利益 (le plus grand avantage de tous les members de l'État) と，国家の利益 (le bien de l'État) の 2 つに分けている。後者は政府がどのような形態かによって異なるものとなりうるが，前者についての議論こそ経済社会に必要であるとし，公益を国家の利益だけではなく，国民全員が参加する経済社会の問題ととらえて課題を論じていく。その上で，ロシアでは，農奴として扱われる農民は彼らの利益を受動的に受け取るものとしてしか想定されていないと指摘する。公益とは国家の全構成員にとっての利益であるのだから，人口の大部分を占める隷属状態の農民が土地や動産の所有権を得て，能動的に労働して利益を享受することが，公益を最大化するために不可欠であることを，次のように述べる。

……もし，農民たちが国家の成員とみなされるなら，最大の公益は，不

動産であれ，動産であれ，その所有が一部の市民に限定されてしまうことなく，その所有権に結びついた利益を，農民たちが享受できることが不可欠である。というのは，農民たちは，各国家において，とりわけロシアでは，人口の最大部分を占めており，公益は常にその最大多数の利益の中に存在するからである。しかし，定められた法によって農民が農奴であるがゆえに，彼らは公益の考察の中にも受動的にしか入らず，国家にとっては関心が少ないこの省察を続けて，社会の集合体として結びついた全員の利益を考えていくことにしよう。(Graslin 1768, 114-15)

　グラスランは土地所有権のない農奴制の非効率性として，①生産への意欲の減退，②抑圧下での競争心の減退，③強制的に連れて来られた「労働力(industrie)」の流出しやすさの３点を挙げている。土地を所有する自由な耕作は生産性が高いが，奴隷や賃金労働者の労働は生産性が低い。もし耕作の労苦が各自の収益に結びついているならば，土地を肥沃にして収穫をさらに高めようと競い合う意欲が生じることになるが，服従という状況下ではそのような意欲は生じない。さらに，縁のない土地で自分自身の収益にならない労働を強いられていれば，そこから何とか逃れることばかり考えるので，生産性は低く，逃亡者も現われるのである。
　だからこそ，土地を所有して自らの手で耕す「勤勉な農民 (le paysan laborieux)」が，先祖から受け継いだ土地所有権を子孫にも残せることに啓発されて耕作し管理する状態，それこそが，生産力を増加させ，蓄積を可能にし，公益に資するのだとグラスランは主張する (Graslin 1768, 112)。
　「ペテルブルグ論文」はこのような土地所有公益論を基礎にして，次節で示す分業の役割も重視した経済発展論であり，当時のフランスが置かれた商業社会へとロシアを導く原理として示されたのである。

第3節　3つの経済モデル

　農奴制の非効率性を指摘したグラスランは，「現代の哲学者」ルソー[16] が『人間不平等起源論』で提示した農業段階を「自然的状態」と設定して本題

へと導いていく。ルソーが，自然の秩序においては土地は誰にも属さず，その生産物は万人のものであるとしたこと，そして，必要を満たす耕作労働を行う土地の所有権を認めたこと[17] について，グラスランは「きわめて正しい」とする。それでも，ルソーの主張は「拡大され敷衍される必要」（Graslin 1768, 115-18）があるとして，ルソーにはない経済分析の見地から持論を展開していく。

ルソーは，「自然状態（l'état de nature）」と「社会状態（l'état de société）」を二項対立させたが，グラスランは「自然的状態（l'état naturel）」と「社会的状態（l'état social）」の間に「関係の状態（l'état des relations）」を加えた3つの状態のモデル[18] を設定する。このグラスランのモデルは，第2の「関係の状態」での分業の効率性を独自の便益分析によって検討していることから見ても，また，第3の「社会的状態」では階級間の利益が考察されていることから見ても，人間の進化的発展段階を歴史的に追うモデルではなく，経済モデルとして設定されていることが分かるのである。

1 自然的状態

第1の「自然的状態」は自給自足の状態である。ルソーは「自然状態」を本能的な状態として，無制限の先占的所有権を認める一方，対置した「社会状態」では道徳的行為が保たれ，個人の所有権は共同体が土地全体に対して

---

16) グラスランは論文の中で「現代の哲学者」とのみ示しており，ルソーの名前は出していないが，ルソーを念頭に置いていることは想像するに難くなく，Faccarello（2009）もまたルソーとの関連を強調している。

17) ルソーは『人間不平等起源論』で，未開社会すなわち自然状態での人間を「ただひとりでできる仕事……に専心していたかぎり，幸福に生き，そしてたがいに，独立の状態での交流のたのしさを享受」（訳96）していたものとして描いた。これによってルソーは，自然状態の「人間は本来大胆で，攻撃し，たたかうこと以外をもとめない」（訳40）野蛮で悲惨なものとしたホッブズの「古い誤謬と根ぶかい偏見とを打ちこわ」（訳80）そうとしていた。

18) ファカレロはグラスランの3つの状態を「自然的状態」「関係の状態」「覆された社会的状態」と示している（Faccarello 2009, 13）。だが，グラスランは，公益が最大化する「社会的状態」のモデルが，支配者による圧制や搾取によって社会全体の利益が損なわれている状況を「覆された社会的状態」としている。すなわち，「社会的状態」に現実の「覆された社会的状態」を対置し，その乖離を提示することで，「ペテルブルグ論文」の目的となる結論を導出しているので，「覆された社会的状態」を3つのモデルの1つとすることはグラスランの意図に沿わない。

持つ権利に従属するものとしていた。ルソーにとっては，先占権（le droit de première occupant）を所有権（propriété）として確かなものにすることが，自然状態と社会状態の違いとなる（『社会契約論』1762, 訳38, 40）。

　しかし，グラスランの議論では，占有者の権利が所有権として社会に認められる段階を追うものではないので，自然的状態であっても，各自が占有した土地で継続的な耕作が行われるかぎり，その土地の所有権を認め合う「少なくとも暗黙の合意（convention, au moins tacite）」が存在している（Graslin 1768, 116）。つまり，各自は自分や家族に必要な生産物の量に応じた土地を所有して労働することが合意され，その合意が保たれる秩序が存在しているのであれば，土地は全員にとって等しく配分されることになると考えられている[19]。それゆえグラスランの自然的状態では，自然的かつ原初的な土地と生産物と人間の関係ではあっても，本能的な状態ではなく，秩序ある理性的な状態なのである。

　グラスランがこのような生存に必要な耕作のための広さの土地に対する「労働による土地所有権」を認める根拠としては，自然発生的な生産物に関しては万人のものであるとしても，労働によって働きかけなければ産出しない生産物についてはその労働者の所有物であるとする，いわゆるロックの労働所有権にあたる考えを示したとも言える。

　こうして，ルソーの「自然状態」を修正しながら土地所有耕作の原型を設定した後，グラスランは「自然的状態」から離れ，経済学的分析を試みるべく，次の状態のモデルへと進むのである。

2　関係の状態

(1)　主観に基づく分業モデルの設定

　第2の「関係の状態」で，グラスランはまず，人間が1種類の土地生産物のみで生存することを仮定し，その生産のための道具を製造する職工と，そ

---

[19]　「所有権の社会的・道徳的本質を表す概念として」のヒュームのconventionは，「自生的秩序形成の理論のなかに追求」されたもの（坂本2011, 92-93）であり，グラスランが自然的状態において所有と利益享受の秩序を支える概念として示したconventionに近似している。

の道具を用いて土地で生産労働を行う耕作者の2つのクラス[20] に分かれて相互の労働の果実を交換する状態を設定する。

この分業・交換状態では，いかなる合意が存在しなくても，クラス間での労働調整と分配が自律的に成立する市場メカニズムが想定されている[21]。各主体は生産物に対して等しい権利を持つとして，耕作者も職工も等しい労働に対して等しい分配を受けられる設定にしているが，それはいわゆる共同体的な平等な分配を意味しているのではなく，また労働価値説に基づいているのでもなく，職種間の労働の調整過程を考察するための設定である。

また，このモデルでは「総人口は土地が供給可能な生産物量を超えないだろうと想定している。というのは，もしそうでなければ，誰も結果を予想することも測定することもできない無秩序に等しいだろうからである」（Graslin 1768, 124）として，全員に必要なものの生産が行われることが仮定される。

さらに，このグラスランのモデルでは，各クラスにとって相手のクラスの生産物に対する権利は，相互に相手のクラスの生産物に対する必要があるからこそ存在するのであり，相手側からの自分の生産物への必要がなくなれば，相手の生産物に対する権利も無くなることになる。換言すれば，生産物に対するこの権利の大きさは，自分のクラスの生産物に対する相手側からの必要ないし主観的な欲求の大きさと連動する（Graslin 1768, 120）のであり，何らかの必要や欲求の変化が生じれば労働移動が起きて新たな調整結果に向かうことが示されている。「例えば，もし職工たちが耕作者たちより少ない労働の割り当てで，生産物に対する権利を持つとするなら，耕作者のたちの一部は直ちに職工クラスに移るだろう」。つまり，何らかの要因によって道具の生産のための労働量が相対的に少なくても，土地生産物に対する権利と釣り合う状態になったとすると，耕作者は労働量が少なくて済む職工クラスへ

---

20) この「ペテルブルグ論文」でグラスランは「classe」を身分制度の垂直的な「階級」という意味ではなく，分業で協働するグループとして水平的な関係の意味で用いているため，階級ではなく「クラス」と訳す。

21) 「自然的状態」で示したヒューム的なconvention概念への近似から離れて，グラスランは人為的徳性や相互承認を介入させずに，まさにレッセ・フェールを想定しながら合理的な経済分析を試みていることが分かる。

移動するだろう。その結果，職工数が増加することで道具の生産量は過剰に向かう一方，耕作者は減少するため穀物の生産量は減少し希少になる。過剰になった道具への必要は低下し，希少になった穀物の必要は上昇することで，職工は十分な穀物を得られなくなるので，今度は職工クラスから耕作クラスへ逆の移動が生じる。このような労働移動のプロセスの中で両クラスの生産物に対する権利が釣り合う秩序が現れるのだとグラスランは述べる。「この秩序は，もっぱら関係の法則によって常におのずと維持されることになるだろう」(Graslin 1768, 121)。

　グラスランのこうしたロジックは費用から見る労働価値説に基づくものではなく，後章で論じるようなグラスランの主観価値説の観点から導かれている。労働もその他の財やサービスと同様に，その労働を必要とする側からの，つまりその生産物を受け取る側からの，その労働への必要や欲求の度合と，必要とされるその労働量に対して供給される労働が希少か過剰かによって，その労働の価値を導くのがグラスランの考え方である。それでも，ここでは価値論というよりも，各労働の必要度と，相手のクラスの生産物に対する権利が釣り合うように各労働がクラス間を移動することによって，各生産物の生産量が調整されることを示している (Graslin 1768, 122-23)。

　このようにして，グラスランがロシアにおける当時の状況の改善のために主張したのは，耕作者が自らの労働によって収穫する土地生産物と，その土地の所有権を持つのと同様に，職工は自ら製造した道具の所有権を持つこと，そして，その道具によって土地生産物の生産が可能となる貢献度に応じて，職工もまた土地の実質的な所有者とみなせるということである。もちろん，グラスランは単に平等な共同体組織を想定しているのではない。抑圧下でまったく所有権を持たない隷属状態の農民に，自らの労働の生産物に対する所有権を認め，その土地の所有権を認め，さらに，その土地の耕作に欠かせない道具の製造者にも生産への貢献度に応じて，その土地の間接的な所有権を概念的に認めることによって，土地が全員に帰属することになり，全員が土地生産物を得ることになるので，意欲的な労働にもつながるだろう。こうして，隷属状態の労働者たちは，彼らの労働によって土地や生産物の所有権を持ち，生産物の割当に合法的に加わる資格を持つのであり，生産物を分かち

合う権利を等しく持つことが可能となるのである（Graslin 1768, 125）。ここで「権利を等しく（également）持つ」ということは，結果として量的に等しくなるとしても，生産への貢献度や生産物の価値に応じることを表しているという点は繰り返しておこう。

(2) 耕作者と職工のモデル

グラスランは具体的な数値を適用して，分業における労働移動と分配の変化を考察している。分業や仲間の援助なく1種類の生産物（小麦）を1人で生産するとき，各自は労働の1/4を道具の製造に，残りの3/4を耕作に使うという仮定が置かれる。この仮定は，各自は3/4の耕作労働で得られる小麦を生きるために必要とすることを意味しているのであるが，これを筆者が視覚化したのが図表2―1①である。

グラスランはこの自給自足の状態から分業に移行させ，1人の職工が自分以外の3人の耕作者ための道具を製造し，3人の耕作者は耕作に専念することにし，3人は収穫した小麦の1/4ずつを職工に与えることを検討していく。各人は分業前と同じだけの労働を行い，職工は生産物の1/3ずつを差し出すことで，自ら耕作を行わずに道具の製造に専念しても，自分や家族の糧となる小麦を得られるのである（図表2―1②）。

この分業について，ファカレロはグラスランが労働価値を想定していることを強調し（Faccarello 2009, 28），古典派経済学の基礎を築いていると指摘する（Faccarello 2009, 4）。しかし，グラスランはそこに古典派的な労働費用価値説の概念を介在させているわけではない[22]。それは，次の2つの理由によって明らかである。

理由の1つは，等しい労働量の生産物の交換ではないからである。まず，このモデルでは，分業前の労働の3/4にあたる耕作労働の生産物が各自の生存に必要であることが初めに仮定されているので，3人の耕作労働はそれぞ

---

[22] ファカレロは「労働価値によって交換比率が決まる」とし，「小麦の総量は，農具の総量の4倍の価値である」と述べる（Faccarello 2009, 28）。労働価値説に基づいて理解するファカレロは，3人の耕作労働は分業前の3/4から4/4へ増えても，1人の職工の労働は1/4から3/4までにしかならないとみなして，小麦と道具が1/4の労働量ずつの交換と考えている。

れ 3/4 から 4/4 へと 4/3 倍に増やさなければ，職工のための小麦まで確保できない。そして，その耕作の増加に比例して道具も，分業前 1/4 の労働で作っていた道具では足りず，消耗分を含めて多く必要になるので，1/4 の 4/3 倍である 1/3 の労働で作る道具が必要になる。1 人で道具の製造を受け持つことになる職工は，分業前の 1/4 だった製造労働を 4/4 へ増やして 1/3 ずつ耕作者に渡す。

　これについてグラスランは，職工の労働も 4/4 となることについて，次のように述べる。

　　もし孤立した各人間が，耕作道具の製造に彼の時間の 1/4 を使わなければならなかったとしたら，……耕作を担うことで道具の製造を免れる人々は，……彼らの耕作労働を増やしたに違いないのであり，つまり，3 から 4 へ〔3/4 から 4/4 へ〕と増やすのである。同じ理由で，道具の製造の仕事に残る人々は，……彼らにとって労働の 3/4 であった耕作労働を免除されるため，1 から 4 へ〔1/4 から 4/4 へ〕彼らの製造労働を増やしたはずである。(Graslin 1768, 125-26)

　　実際，もし，職工が〔労働を 1/4 から 4/4 へ増やさずに〕労働の 3/4 に留めて，3 人の耕作者は職工に対する義務として各 1/4 の労働を負うとすると，交換は，職工にとっては 3/4 に対して 3/4，各耕作者にとっては 1/4 に対して 1/4 為されるという結果になる。……しかし，職工たちは彼らの道具のすべてを交換で差し出すだろう。なぜなら，そうしなければ，これらの道具は全く役に立たないだろうからであり，また，それらを適用しうる唯一の使用が耕作であるから，それらの用途のみによって，この〔耕作〕労働を負わされた人々の手中に入らなければならないからである。(Graslin 1768, 126-27)

　ゆえに，1 人の職工と 1 人の耕作者の間の交換は，職工が製造した道具の 1/3 と，耕作者の労働の産物の 1/4 が交換される[23] ので，等しい労働量の生産物どうしの交換，すなわち労働量の等価交換ではない。よって，グラス

図表2−1　分業と労働分担

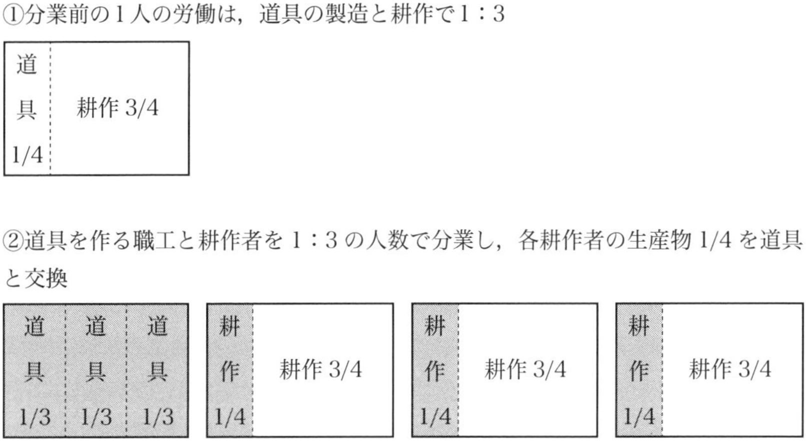

①分業前の1人の労働は，道具の製造と耕作で1：3

```
道
具    耕作 3/4
1/4
```

②道具を作る職工と耕作者を1：3の人数で分業し，各耕作者の生産物1/4を道具と交換

```
道 道 道   耕
具 具 具   作   耕作 3/4
1/3 1/3 1/3  1/4
```
```
耕
作   耕作 3/4
1/4
```
```
耕
作   耕作 3/4
1/4
```

ランが労働価値説の視点で論じているとみなすことはできない。労働価値説ならば，1/4の労働量と1/3の労働量の交換は矛盾する。

　もう1つの理由は，この「ペテルブルグ論文」には価値（valeur）という語は存在しないことである。次章で詳述するが，グラスランは『分析試論』においては，欲求と希少性の複合的比率によって相対価値が決まるという主観価値を論じている。だが，その際の価値という語の多用に比して考慮すれば，「ペテルブルグ論文」に価値の語が存在しないということは，分業による交換のプロセスを検討する際に，グラスランは，前節で示したとおり主観的な要素を加味しながらも，各クラスが別のクラスの生産物を得られる権利について論じているのであり，それによって，ロシアが直面している土地所

---

23)　グラスランは職工が3人の耕作者に道具の「1/3」ずつ渡すと明記していないが，「耕作者は労働の果実の一部分を交換するだけでも，職工は労働の果実をすべて差し出す」ことになるので，耕作労働の1/4と職工労働の1/3のそれぞれの成果が交換されることになる。「交換は完全に1/4に対してでなければなら」ず，「同じ比率で交換されなければならない」と述べているため誤解を招きがちだが，それは分業前の労働量で1/4ずつの比率になることを示している。分業後に職工のもとに残ることになる1/4の道具は，職工の手元に残さず，耕作量が増える「耕作者に無償で返される」ので，実際には道具の1/3ずつが交換される（Graslin 1768, 127）。

有公益論として，またそこにおける分業論として受容されることを目的としているのである。仮に，結果的に同じ労働量の生産物が交換されることになるとしても，グラスランは労働価値説での交換を想定しているのではない。

(3) 発明や技術進歩の影響

次に，グラスランは，新たな発明や技術進歩が生じると，その利益は労働移動によって全体に波及することを議論している。グラスランは，一定量の道具が半分の職工数で製造可能となった場合の例を挙げ，この恩恵が職工だけでなく耕作者にも及ぶしくみについて，次のように説明する。

前項の労働分担で，グラスランは職工と耕作者の人数の比率を1対3としていたので，単純化して4人のモデルでの解釈が可能だった。以下の発明等の影響の検討でも，職工と耕作者は同じ1対3の比率のままだが，グラスランはさらに各クラスの人数を8等分していくので，理解しやすいように，職

図表2-2 分業における発明の利益

元の分業状態の比率「職工1：耕作者3」を「8人：24人」とするとき，新たな発明によって，職工が半分の人数で道具の製造が可能になると，同じ生産量に必要な各労働に対して職工は1/4，耕作者は1/8多い人数となり，各人の労働量は減少。各人の労働量を減少させなければ生産量は増加。

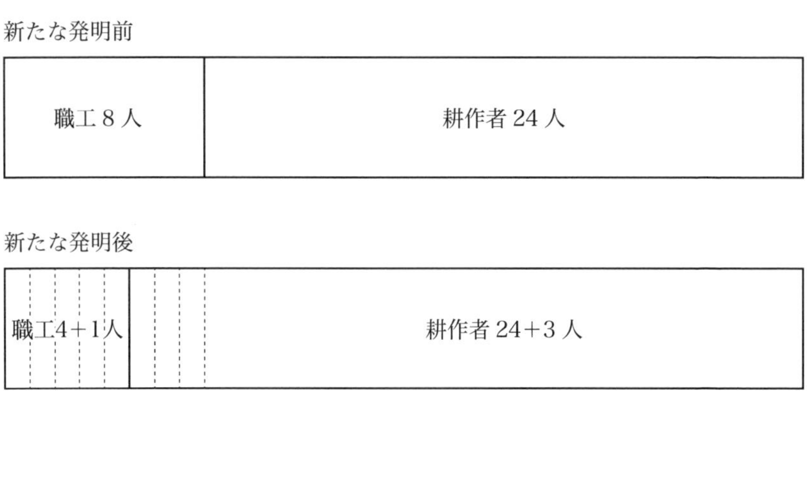

新たな発明前

職工8人	耕作者24人

新たな発明後

職工4+1人	耕作者24+3人

工8人，耕作者24人のモデルを想定してみよう。

　さて，新たな発明等によって道具が半分の職工数で製造可能となった場合，不要になる半数の職工は失業するのだろうか。グラスランは，半数の不要となる職工は失業することなく，職工の労働にも耕作者の労働にも有利になるように調整されることを示している。

　不要となる1/2の職工のうち1/4，つまり発明前の職工クラスの1/8は職工クラスに留まり，残りの3/4，つまり発明前の職工クラスの3/8は，耕作クラスへ移るとグラスランは説明する。つまり，職工クラス8人から不要となる4人のうち1人は職工に留まり，3人は耕作者となるわけで，仮に耕作クラスに8人ずつの3つの農場があるとすれば，各農場に職工クラスから1人ずつ移ることになる（図表2―2）[24]。

24）　ファカレロはグラスランが「各クラスの労働が1/8減少する」と結論付けているとして，「グラスランの結論が正しいとするためには，その比率が8から5へではなく，7から4への減少，つまり7分の3の職工の減少になるはず」で，「グラスランは算術的に間違えている」と主張している（Graslin [1768] 2008, 306 Note 9, 15）。しかしながら，グラスランを古典派とみなすファカレロは，グラスランの主張を労働価値説の中で辻褄を合わせようとしたため，グラスランの意図から逸れている。間違えているのはファカレロであると指摘せざるをえない。ファカレロは自身の「証明」を次のように示している。
　「いかなる経済活動であれ，〔グラスランの前提条件では〕職工の各労働時間は8分の1減少するようにして広まる。機械を製造する経済活動における初期の雇用水準をNm（最終雇用水準を$N'm$）とし，労働の初期の個別時間をh（最終の個別時間をh'）とせよ。生産性は2倍になるから，同一総生産のためには，以下のようになる。:$h' = \frac{7}{8}h$とすれば，$h'N'm = \frac{1}{2}hNm$　ゆえに　$N'm = \frac{4}{7}Nm$　かつ　$\frac{3}{7}$の職工雇用の減少。」（Graslin [1768] 2008, 304-05 Note 9）
　しかし，このファカレロの解釈と訂正は上述したとおり適切ではない。まず，「いかなる経済活動であれ，労働時間が1/8減少する」（ファカレロによると1/8減少したあとの労働時間「h'」が元の時間「h」の「$\frac{7}{8}$」になると表している）というファカレロの前提は，グラスランの主張の意図とは異なるものである。グラスランの前提は，発明等の最初の影響として職工は半分の人数で同量の道具の製造を可能になったことだけである。結果的に，職工8人，耕作者24人のモデルであれば，職工が4人少なくて済むので，全体の32人中の4人という意味で，グラスランは労働全体のうちの1/8が少なくなるとしている。この前提からグラスランは，職工の不要になった半数（4人）の労働が流動的になることで各クラスがどのように有利になるかを考察し，職工クラスと耕作者クラスでは「1/8の有利性」が異なる形で現れることを示したのである。ゆえに，ファカレロが，発明の恩恵による職工労働の1/2の減少と，その結果である労働全体が7/8であることを乗じて職工労働量を産出しているのは，明らかにグラスランの意図から離れている。

その結果，耕作者全体では元の労働力が1/8つまり1人ずつ計3人増加することになり，また職工も半数の4人で足りる人数より1/8つまり1人増加する状態になる。耕作者は9/8倍の人数に増加するので，発明前と同じ生産量を得るために各耕作者は1/9少ない労働で済むし[25]，もし労働量を1/9減らさずに発明前と同じ労働量を投じれば，生産量は9/8倍に増加することになる。これが，発明の恩恵となる。

　しかも，職工の人数は5/8に減少しているのだから，耕作者が職工に差し出す小麦も5/8で済むことになるので，その余剰分を再分配したり市場で交換したりすることで新たな効用を得ることが可能となり，発明の恩恵はさらに大きくなる（Graslin 1768, 129-31）。

　いずれにせよ，グラスランが新たな発明等の恩恵として，つまりこのモデルの前提として示したのは，もともと労働力全体の1/4だった職工がその1/2になることによって，労働者が全体の1/8少なくて済むことである。そ

---

25)　ファカレロはさらに次のようにグラスランの主張を「訂正」している。
　「実際，農業は，1/8の労働の個人的時間の減少と，変わらぬ技術で，以前と同じ総量の小麦を生産しなければならない。小麦を製造する経済活動における初期の雇用水準をNb（最終雇用水準を$N'b$）とせよ。農業の生産性は同じであるから，以下のようになる。：常に$h' = \frac{7}{8}h$であるから，$h'N'b = hNb$　ゆえに，$N'b = \frac{8}{7}Nb$かつ$\frac{1}{7}$の農業雇用の増加。」（2008 ed. Note 14, 305）
　ファカレロはこの「訂正」でも，発明後の労働時間「$h' = \frac{7}{8}h$」を耕作者にも適用して「$\frac{1}{7}$の農業雇用の増加」としているが，グラスランの考えに従えば，図表2―2のとおり「$\frac{1}{8}$の農業雇用の増加」となるはずである。
　さらにファカレロは続ける。
　「職工の雇用減少は，農業での雇用増加に等しい。もし，Nを総雇用とすると，最初はこうなる。：$Nm = \frac{1}{4}N$　また，$Nb = \frac{3}{4}N$。〔発明後の〕職工の減少は，それゆえ，$\frac{3}{7}Nm = \frac{3}{28}N$　であり，農業でのその増加に一致するので，$\frac{1}{7}Nb = \frac{3}{28}N$。雇用全体の最終の分布は次のようになる。：$N'm = \frac{4}{7}Nm = \frac{4}{7}(\frac{1}{4}N) = \frac{1}{7}N$かつ$N'b = \frac{8}{7}Nb = \frac{8}{7}(\frac{3}{4}N) = \frac{6}{7}N$」（Graslin [1768] 2008, 305 Note 14）
　このように，ファカレロは「$h' = \frac{7}{8}h$」を条件としたために，発明後は職工が1/7，耕作者が6/7という分布になるとして，グラスランの主張から逸れた雇用分布を導き，グラスランに対して間違っていると主張した。
　グラスランが述べたとおりに，新発明の影響によって不要になった職工労働の1/2，つまり労働全体の1/8の労働者の移動を検討した本書での結果を，ファカレロに倣う記述の形に試みるなら，「発明前は，$Nm = \frac{1}{4}N$，$Nb = \frac{3}{4}N$。発明後の職工の減少$\frac{3}{8}Nm = \frac{3}{32}N$　は農業でのその増加に一致するので，$\frac{1}{8}Nb = \frac{3}{32}N$。雇用全体の最終の分布は次のようになる。：$N'm = \frac{5}{8}Nm = \frac{5}{8}(\frac{1}{4}N) = \frac{5}{32}N$かつ$N'b = \frac{9}{8}Nb = \frac{9}{8}(\frac{3}{4}N) = \frac{27}{32}N$」。これは図表2―2が示すとおり，5人が職工，27人が耕作者である。

こから労働が移動することで，その1/8の有利性が労働力全体に波及し，各生産に有利性が現れることをグラスランは説明しているのである。

　ここまでは土地生産物に特化して，その生産と必要な道具の製造のモデルであったが，さらにグラスランは，人々の欲求の対象物が増えた場合の，各クラスが行う分業と交換について検討する。「各人がそれぞれ満たすべき20種類の欲求を持つ」(Graslin 1768, 135) ことになり欲求対象物が増えても，各自は各々のクラスでの自らの労働の成果と交換して，必要とする欲求対象物を獲得するのである。

　人々の欲求対象物が増えればその生産のための労働は複雑になり，何人もの協働が必要となるので，さまざまな欲求対象物が生産されるためには，1人の職工が複数の欲求対象物の製造に部分的に加わることになっていく。例えば，ある欲求対象物の製造に各自の労働の1/3ずつを用いる3人の職工は，労働に関わった比率に応じて対価を受け取る。各自の残りの2/3ずつの労働は，それぞれまた別の欲求対象物の製造に向けられて，そこでまた複数人の職工労働と結びついて生産され，関わった労働の比率に応じて対価を受ける。彼らはそれぞれ受け取った対価を各自自身の欲求対象物と交換して享受する。こうして，職工クラスは各欲求対象物の生産に協働するつながりによって細分化（subdivision）していく (Graslin 1768, 136-37)。

　グラスランは，このように構築され，新たな発明や技術進歩に対応しうる分業と交換のネットワークを「関係の秩序（l'ordre des relations）」と呼んでいる。この「関係の秩序」というグラスランの用語は，1つの生産物を作る際の分業だけでなく，そこから細分化して発展する社会全体で行われる複雑な分業の中で，相互に担う労働の成果によって各自の欲求対象物を交換しあう市場メカニズムの構造を表している。つまり，個別的分業から社会的分業までを「関係の秩序」として示しているのである。

　そして，グラスランは「関係の秩序からは，より少ない総労働で同量の欲求対象物を手に入れるか，対象物の量を増やすという有利な結果しか生じえない」(Graslin 1768, 138) と述べて，分業による効率性と，その結果として分業前より生産量が増加するという分業の利益を認識していたことも指摘しておかなければならない[26]。例えば，図表2—1①のように各自が道具

も耕作も行ういわば自給自足より，図表2―1②のように道具の製造労働と
耕作労働の分業の方が，作業の効率化によって生産量は増える可能性が想起
されるし，図表2―2で示したとおり，新発明等によって，あるいはそれら
に伴う労働の移動によって，より少ない総労働で同量の欲求対象物が生産可
能となり，従前と同じ労働を投入すれば生産量は増えることになる。

　こうして労働や交換が細分化しながら生産活動が行われるようになるにつ
れて，「各自の安全と，自分の労働によって得た物の所有の安全」(Graslin
1768, 140) のために，後見的権力が必要となるのである。その統治や公共
の役割も，グラスランは分業と交換の関係とみなしている。

3　社会的状態

　第2の「関係の状態」に後見的権力 (puissance tutélaire) が加わり，その
後見的権力の下で結束することによって一国家を成す。これが，第3の「社
会的状態」であり，それは「関係の秩序の究極 (ultimatum)」である。グラ
スランは分業・交換状態だけを検討する「関係の状態」のモデルでは，敢え
て「社会的状態」とはみなしていない[27]。社会とは，国内外の行政を担う
後見的権力が存在した状態での「各個人の利益の複合体 (composé d'intérêts
particuliers)」である。

　そして，その安全と平穏を守り保護するために置かれることになった主体
である後見的権力も，行政という仕事を担う1つの特定のクラスを成す。こ
のクラスも，その機能を果たすことで国民全員にとっての利益に結びつくか
ぎりにおいて，関係の秩序の中に，その私的な利益を本質的に持つことがで
きるのである。それでも，そのクラスの労働が「他のクラスの労働の果実に

---

26)　『百科全書 (Encyclopedie)』第5巻 (1755) の「épingle (ピン)」の項目で提示さ
　　れた18工程の分業論は，スミスの『国富論』におけるピン製造工程の分業論の参照
　　先となった可能性がある記述として知られているが，グラスランも「épingle」の分
　　業論を共有していたことは想像に難くない。むしろ，この「ペテルブルグ論文」にお
　　けるグラスランの分業理論は，『百科全書』ともスミスとも異なる見地から，分業に
　　よる労働力の移動や分配に対して，より詳細な検討を試みたものと言えよう。
27)　　グラスランは第2の「関係の状態」を「社会」と呼ぶのは不適切だと述べている
　　(Graslin 1768, 118) にもかかわらず，ファカレロは「関係の状態」を「社会」と呼ん
　　でいる (Faccarello 2009, 13)。

対して持つ権利は，担うべき行政の諸機能のために必要となる人数に応じたものとなる。これがまさしく社会的状態である」(Graslin 1768, 141-42)。行政を行う者の権利は，その仕事の質や量に応じて保持されるものであり，何らかの恣意的な権力によってその権利を行使するべきではないことを，グラスランは暗に示している。

こうして，適切な行政の下での分業の恩恵によって生産された土地生産物の余剰は，その社会の市場ばかりでなく，別の社会の市場にある生産物と必要に応じて交換されたり蓄積されたりすることで，一社会の経済が発展するのである。

第4節 農民の所有権獲得による社会的効果

以上のように，グラスランは「自然的状態」から「関係の状態」へ，そして「社会的状態」へと拡大させながら3のモデルを提起することによって，耕作者クラスと職工クラスと行政クラスの本質的かつ究極的な「関係の秩序」を示した。後見的権力あるいは支配者によって行政が担われる「社会的状態」の下で，農民が各自で耕作可能な土地の所有者となって意欲的に労働できることが，農民ばかりでなく，他のクラスの構成員にとっても，社会全体にとっても，もちろん支配者にとっても，最大の利益をもたらす状態を保つことになる。

この「社会的状態」というモデルは，「ペテルブルグ論文」の課題に対する解をも導いている。つまり，「もし農民の土地所有を肯定するなら，この所有をどこまで広げるべきであるか」という公募論文の課題に対して，グラスランは，現実のロシアの国家としての状況を，「社会的状態」のモデルと対照しながら，まずは農民が各自で耕作可能な土地所有者であることが必要だと答えているのである。

現実に起こりうる国家の状況として，グラスランは，後見的権力が人々を束縛することで権力を握る支配者となって，土地を領有し，労働することもなく，生産物に対する権利を乱用して農民に生産物を無償で差し出させる，抑圧的状態を想定する。こうした抑圧的状態になると，「関係の秩序」は覆

され，あらゆる階級が不利益を被ることになると指摘する。

　隷属状態に追い込まれた農民は，無為の支配者に無償で多くの生産物を差し出さなければならないだけでなく，他の諸クラスが必要とする分の生産物のためにも，また自分たちの糧のためにも耕作しなければならない。だが，農民の労働は，無為の支配者に差し出さなくてはならない多くの生産物に向ける分だけ，他の諸クラスのための生産物や自分たちに必要な生産物に向ける労働の余力は少なくなってしまう。無為の支配者も含めた全員のための生産物を確保するには，より多くの土地を開墾して耕作しなければならず，ますます多くの労働が必要となるので，職工クラスにも農業労働の負担を強いることになる（Graslin 1768, 143-46）。

　農民が隷属状態に追い込まれ農奴となったこのような支配体制では，より少ない労働で，より多くの収穫を得るために，耕作の改良が必要であるとしても，無為の支配者も，その配下にある封建的領主たち[28]も，費用がかかる改良をわざわざ行おうとはしないため，また，もちろん農奴自身にもそのような余裕はないため，生産力や生産性は向上しない。しかし，改良が進まなければ耕作労働にますます多くの人間が必要となるので，耕作以外の諸クラスも耕作労働力を補填する要員として，いやおうなく耕作クラスへの移動を余儀なくされることになる。道具の製造は追いつかないため，粗末な道具で，さらに非効率的な耕作が強いられる状況になる。

　そればかりか，行政管理者として支配者に無償で奉仕していた封建的領主たちも，自らの所有地の生産量を気に掛けざるをえなくなったり，耕作労働の管理に直接関わる必要が生じたりすることで，行政管理に必要な人員数を保つことができなくなるため，行政が行き届かなくなる。そうなると，小作料にも，徴税にも，さらには開拓・生産・修繕の費用計算にも乱用が起こり

28）　グラスランは土地を所有する封建的領主を，①無報酬で政府に仕える者，②欲求対象物の製造に従事する者，③絶対的な無為の中で所有を享受する者の3つのタイプに分けている。②の領主は，農民に土地所有権を認めることで領地所有権が廃止になっても失うものは少ないが，③の領主は，「間違いなく零落する」。国家の中で経済活動に従事することもなく存在し，社会全体の利益と対立する③の領主の利益は，公益の算定においてマイナスの数量として考慮されなければならないとグラスランは指摘する（Graslin 1768, 149-51）。

やすくなってしまう。(Graslin 1768, 147-49)。

　それゆえ，生産性を高めて生産量を増加させる上で重要なのは，まず支配者による恣意的な搾取が存在しないことが前提となる。その上で，「自分自身の利益によって啓発され，自らの所有地を同じように彼の子孫に残すことができるという確実性によって気力を得る土地所有耕作者の管理」(Graslin 1768, 149) が必要なのである。つまり，一律に最低限の土地を平等に与えられることでもなく，管理できないような広い土地を任されることでもなく，「農民が各自で耕作可能であることを限度として土地所有者であること」(Graslin 1768, 142) が，自発的な労働をもたらし，費用等にも乱用を起こすことなく，耕作労働の改良を進めることを可能にさせるのである。その意欲的な労働の結果，生産量が増加し，支配者を含めた社会の各構成員にとって最大の公益をもたらすことになる。

　農民による動産（家畜や農具）の所有の可否については，グラスランは耕作や生産改良の手段としては農民の手中にいくらあってもよいとしながらも，自分で利用可能な量に限定するべきだと付言する。なぜなら，自らの利用可能量を超えた動産の所有権は，土地の無為的かつ領有的な所有権と同じ効果を持つからである。すなわち，この動産を所有する農民や土地所有者が，その動産を所有しない農民に不当な使用料を取って貸与したり，農民が動産を購入するための貨幣を貸与して高い利子を取ったりすることになり，労働の産物に対する農民の権利を減らしたり奪ったりすることにつながってしまうため，グラスランは，必要な動産は分業によって交換して供給されるべきだとする (Graslin 1768, 151-52)。

　その上で，耕作者たちや他の労働者たちが自らの労働を増やすことによって得た余剰を蓄積したり，その蓄積した余剰を交換することによって別の享受したい対象物を手に入れたりすることは彼らの権利である。あらゆる人々が持つこの権利によって社会に蓄積が増えることで，構成員全体に最大の富と最も幸福な状態をもたらすことになる (Graslin 1768, 153-54) という展望を示して，グラスランはこの論文を締めくくった。

　こうした展望が示された「ペテルブルグ論文」から読み取れるのは，「自然的状態」における「各農民が自ら耕作可能な土地」という概念が引き継が

れているようであっても，そのままずっと一定なのではなく，「関係の状態」「社会的状態」へ移行するのに伴って，拡大する可能性を示していることである。分業によって，また，発明や改良など技術的進歩によって効率性が上がり，農業の生産力が向上して生産量が増えるということは，一定の面積での収穫量の増加と，各農民の耕作可能な土地の拡大の両方を含むのであるから，耕作可能な土地の所有限度は拡大しうるのである。当然，社会の経済はそれに伴って発展する。こうした認識や構想・展望こそが，まさに，グラスランがルソーから「拡大」し「敷衍」した点なのである。

グラスランは歴史的な発展段階の分析モデルではなく，自給自足，分業，そして後見的権力が加わる場合に分けた経済モデルを用いて，土地所有耕作の利点と経済的利益の分析を試み，ロシアの現実の問題点を浮彫りにした。その中でグラスランが強調したのは，分業と技術進歩によってもたらされる生産効率と，耕作者の土地所有権および動産所有権の安定によってもたらされる労働意欲であった。これらによって，生産力が増加し，互いに競争心 (émulation (Graslin 1768, 112)) が生まれ，蓄積が増加することこそが，聖ペテルブルグの自由経済協会の課題で示された「公益にとって，より有益かつより有利」な状態なのである。

そして，グラスランが示した「蓄積」とは「資本」の概念であると解釈できることも付言しておく。

第5節　懐古的平等主義か

グラスランの分業・交換の経済モデルを，経済発展論についての前節までの検証に基づいて，改めて Faccarello (2009) と津田 (1962a) の解釈と照合しよう。

まず，ファカレロは，「ペテルブルグ論文」の分業論に，古典派的な労働価値説を適用することを試みているが，グラスランは「ペテルブルグ論文」においてはそうした価値概念を介在させずに分業・交換を扱っていることを本書では確認した。グラスランは『分析試論』においては，欲求と希少性の複合的比率によって相対価値が決まるという価値論を詳しく論じているが，

この「ペテルブルグ論文」には価値（valeur）という語は全く存在せず，生産物の価値についても論じていない。したがって，分業を行うクラス間で生産物や道具が交換される際には，個々の生産物の労働価値を問題にしているわけではない。生産性が上がった場合に起こる労働移動についても，客観的に労働力の配分を論じているだけである。

　仮に，同じ労働時間の成果物が交換されるとしても，グラスランの理論では，その交換物が同じ交換価値を持つという発想には至らない。労働にせよ必要な対象物にせよ，それらの個別の1単位どうしの交換価値ないし市場価値は，欲求と希少性に基づく主観価値によって決まるので，同じ労力と同じ労働時間で生産されて交換の場に供された2つの物でも，グラスランにとってそれらの価値は同じとは限らないのである。

　他にもファカレロが労働価値説に基づいてグラスランの理論を解釈して批判しているために誤解が生じていることは，本章中の脚注で示したとおりである。

　また，津田はグラスランの経済思想に対して，18世紀当時としても後退的で時代遅れな主張であることを指摘している。「土地所有者は本来すべて『土地耕作者』でしかありえない……この観念は当時としてはむしろ陳腐なものとされつつあった」（津田 1962a, 82）というように津田は指摘しているが，「土地所有者」が「土地耕作者」であることを議論に必要な起点としているのは，津田が擁護するチュルゴ（1727-1781）も同様である（Turgot [1766]1914, 534 ／訳70-71)[29]。つまり，「陳腐」として一蹴することは，チュルゴも含めた当時の思想家たちの論法を否定することになりうるだろう。それゆえ，むしろ，所有権についてのルソーの思想が当時は共有されていて，そこからの敷衍をチュルゴもグラスランも試みていたと理解するべきであろう。

　さらに津田は，耕作可能な範囲の土地所有を主張しているグラスランに対し，「先史時代的な平等社会をたんに自己の時代まで演繹したに留まり，

29）　チュルゴは，土地を持たない「農業労働者」と分離することで，「土地所有者」の純生産物に着目し，フィジオクラシーの学説に則った議論へ進めていく（Turgot [1766]1914, 539-41 ／訳74-76)。

……重農主義的な『合法専制君主』政体をかれの抽象的な平等理念に適合させたにすぎなかった」（津田 1962a, 84）と述べている。

　だが，まず少なくとも，「自然的状態」からグラスランが「演繹した」「関係の状態」や「社会的状態」のモデルは，ロシアの現実と比較しながら商業社会に向かう術を説くために必要だったのであり，この「演繹」が，上述したとおりチュルゴも含めた同時代の論法の1つであったことを認めずに批判するのは適切ではない。

　また，津田が示した「重農主義的な『合法専制君主』政体」と，グラスランが示した「後見的権力」が加わった政体すなわち「社会的状態」とが異なる体制の政体であることは，「ペテルブルグ論文」の中で明らかである。フィジオクラートの「ユートピア的な」「統治理論」（井柳 1998, 85）における合法専制君主像を，現実主義のグラスランが「適合させた」り借りたりしている形跡はなく，さらに言えば，時系列的にもありえない。フィジオクラシーの「合法的専制」という概念が示されたのは，ル・メルシエ・ド・ラ・リヴィエールの1767年7月の著作においてであるが，「ペテルブルグ論文」を含むグラスランの主著はその前年にすでに公となっており，その時点でフィジオクラートたちとグラスランとの間の論争も始まっていたのである。

　そして，グラスランは，いわゆる機会の平等として農民全員に土地を所有させることを提案しているのであり，各人の生産性が労働意欲によって異なれば，耕作可能な土地の大きさは全員が同一ではなくなっていく可能性，そして，各人の生産量が異なれば，蓄積も全員が同じではなくなっていく可能性を，「ペテルブルク論文」を通じて示唆している。したがって，グラスランは単に懐古的な平等主義の共同社会を指向しているわけではないのである。

第6節　商業社会への誘い

　以上のように，「ペテルブルグ論文」は，農奴制社会から市場経済社会へ移行するための社会的分業の発展論であることを検証した。

　隷属的な支配下の農民が土地所有耕作者となることで，人々の労働意欲や改良意欲を生じさせ，分業の促進によって生産性を高め，蓄積を可能にして，

人々にとっての最大の公益をもたらすというグラスランの展望は，当時のフランスが，商業社会としての発展に関するさまざまな議論の蓄積度において，ロシアより優位にあったことを示しているとも言えるだろう。

　グラスランの経済理論の中では，のちに新古典派経済学で前提的に扱われることになる経済主体であるホモ・エコノミクスのように，自らのさまざまな欲求を満たすための合理的な行動をとる面と，ヴェブレンが提起した自己顕示的な見せびらかしの消費行動をとる面の，両面を持つ経済人が想定されている。各経済人は，自らの生産活動で得た物を市場で交換して生活に必要な物資を得ようとする欲求はもちろんのこと，自分が所有するその他の余剰や不要な物を市場に差し出して他者が所有する便宜品や奢侈品と交換することで，自身の生活レベルをさらに上げようとする欲求をも内在していることが，次章以下で取り上げるグラスランの主著『分析理論』では示されている。

　抑圧された貧しい農民たちであっても，たとえ彼らに自覚がなかったとしても，そうした欲求を本質的に持っている。だからこそ，彼らに土地所有や動産所有を認め，分業によって生産効率を上げて余剰を生じさせ，国家の大部分を占める労働者たちの欲求を刺激して市場での交換活動を活発にすることが社会の発展に必要なことを，グラスランは「ペテルブルグ論文」でロシアに向けて主張したのである。その上で，グラスランは，労働者のみならず行政も，さらには後見的権力も市場での交換活動に組み込んだ相互的な交換社会像を示して，それを「利益の複合体」と見立てたのだった。

　グラスランは，単に平等に分配される社会を導いているのではなく，公平な社会を目指している。公平な社会では，機会を平等に与え，その機会を生かして各自が能力や意欲によって所有を増やすことを認め，交換によって効用を享受したり，資力を蓄積したりすることを認めるのである。そうした経済活動が活発に行われることによって国家が発展するシナリオが，「ペテルブルグ論文」では示されたのだった。

　次章からは，グラスランの発展のシナリオを支える理論を検証していく。

第3章
チュルゴとグラスランの主観価値理論
チュルゴの価値概念の変化の要因

　本章から第5章までは，グラスランの主観価値理論について論じる。本章では，主観価値理論の先駆者として広く知られていて，グラスランと同年生まれのチュルゴが，グラスランと接点を持った後に主観価値理論への傾倒を示していたことに焦点を当てながら，グラスランの独自性を浮き彫りにする。

第*1*節　はじめに

　チュルゴ（1727-81）は，「商業，貨幣流通と利子，諸国家の富にかんする著述プラン」（1753-54, 以下「プラン」と略）および，「富の形成と分配にかんする諸考察」（1766, 以下「諸考察」と略）等の著作で，ケネー（1694-1774）が提唱した土地生産物のみを生産的であるとみなすフィジオクラシーに則った費用価値を論じていた。だが，チュルゴは「価値と貨幣」（1769?）において主観価値を提示した。この「価値と貨幣」によってチュルゴは主観価値理論の先駆者とされるが，そこにはグラスランの『分析試論』（1767）の影響があったことを本章では論じる。

　未刊の草稿として残されたこの「価値と貨幣」[30]は，チュルゴの死後，フィジオクラートのデュポン・ド・ヌムールによって発見され，チュルゴの全集に加えられて1808年に初めて公にされた。その後，「価値と貨幣」は，18世紀における限界効用概念の萌芽が見られる著作として象徴的に取り上げら

30）「価値と貨幣」は百科事典の一項目としての依頼に応えて書かれたもので，百科事典の計画が頓挫したため，草稿のまま残されていた。

れてきた（Gide et Rist 1926, 54／訳69. Kauder 1965, 27-28／訳34-35）。メ
ンガー（Carl Menger 1840-1921）も，『国民経済学原理』（1871）でチュル
ゴについて度々言及しているだけではなく，所有していたチュルゴの「価値
と貨幣」に数多くの書き込みを残していることからも，チュルゴの議論を参
照した形跡がうかがえる[31]。

　しかし，「価値と貨幣」での主観価値を説くチュルゴの主張には，費用価
値の観点から説く他の著作での彼の主張との隔たりが存在するのであり，彼
が何らかの理論的な影響を受けたことが推察できる。実は，チュルゴにその
影響を与えたと考えられるのが，「価値と貨幣」に先立って主観価値をより
詳細に論じていたグラスランの『分析試論』である。

　彼らの接点は，グラスランの『分析試論』が，「間接税が土地所有者の収
入に及ぼす効果の論証と評価」というテーマでチュルゴ自身が主催した
1766年の論文の公募に提出されたことから始まった。チュルゴは，土地単
一税，すなわち土地所有者の地代収入である純生産物への直接税を，税政策
の中心に据えるフィジオクラシーの政策提言が正当化される論文が応募され
ることを期待していた。だが，チュルゴの思惑に反してグラスランが論じた
のは，フィジオクラシーの土地単一税への批判と新たな税制度の提言であり，
その根拠となる主観価値理論に応募論文の大半が費やされていた。結果とし
てグラスランの論文には二等賞に該当する評価が与えられたが，チュルゴは
フィジオクラートの立場から厳しい反批判を行った（Turgot 1767）。

　ところが，その後の1769年頃に執筆されたと推定される[32]「価値と貨
幣」で，チュルゴはそれ以前の著作である「プラン」「諸考察」等とは異質
の主観価値理論を展開し，その新たな論拠がガリアーニ（Ferdinando
Galiani 1728-87）とグラスランであることも仄めかした（後掲第2節第3項
の引用文）。確かに，従前から接点を持つガリアーニの主観価値論からの影
響は考慮できるとしても，それ以上に，グラスランの理論を知らずには成立
しなかったと考えられるほど，「価値と貨幣」はグラスランの主張に接近し

31）　一橋大学社会科学古典資料センター，メンガー文庫所蔵。
32）　手塚（1933）は，グラスランの『分析試論』を読んでから間を置かず，チュルゴ
　　は1768年には「価値と貨幣」を執筆していたと主張する。

たものになっている。

　この関連を具体的に提示したのが，手塚（1933）である。チュルゴの「諸考察」までの諸著作と「価値と貨幣」との内容の隔たりを強調し，チュルゴの主観価値論がグラスランの主張から強く影響を受けていることを，手塚がグラスラン研究の黎明期に独自に「証明」した点については，大いに評価できる。手塚が行った証明にさらに論点を加えて補強を行うことが，本章の論点の１つである。また，山川（1968）は，「ガリアーニ→チュルゴ→コンディヤック」という Gide et Rist（1926）が提示した主観価値についての系譜を否定し，「ガリアーニ→グラスラン→チュルゴ」という継承順だと提示して，グラスランの学説史上での位置付けの再認識を促した（山川 1968, 169-172）点で貢献した。

　一方，チュルゴの「価値と貨幣」に対しては限界効用概念の萌芽の有無について議論されている（Hutchison 1988, 308-21. 川俣 2010）が，グラスランの『分析試論』での主観価値理論に対しては，平均価値を交換価値としたにすぎず限界概念には到達していないと解釈されてもいる（山川 1968. 米田 1998. 米田 2005）。しかし，総価値を一定と想定した上で，財の数量が増加したときの価値の変化についての概念を論じたグラスランの理論は，同じように総価値を一定とした部分価値で主観価値を表明したチュルゴより，限界効用逓減を明確に認識していたと解釈しうるものである。限界効用の認識度について彼らを比較し，グラスランのその明示性を提示することが，本章のもう１つの論点である。これにより，チュルゴに比べるとはるかに限定的にしか知られていないグラスランの『分析試論』も，主観価値理論の発展経緯における議論の俎上に載せるべき重要性と先駆性を持つことが，改めて認識されることになろう[33]。

　以下，チュルゴの「価値と貨幣」とそれ以前の諸著作との間における変化が，グラスランの理論を自らの理論に取り入れたことによるものであることの新たな証明と，彼らの記述を比較することで提示される限界効用概念の認識度の差異とを，次のように構成しながら明らかにする。次節ではチュルゴの，第３節ではグラスランの，各主観価値理論の概要を述べ，第４節ではグラスランとチュルゴとの関連について，富，絶対価値，交換価値，そして限

界価値[34) の認識度という4つの観点から比較を行い，第5節で結論を述べる。

第2節　チュルゴの主観価値理論

チュルゴは，フィジオクラシーの体系的構造を敷衍しながらも，ケネーやミラボー（V. R. Marquis de Mirabeau 1715-89）らと完全に一致する思想を持っていた訳ではなかった。後にグラスランからの影響を受けるまでは，「レッセ・フェール（Laissez-faire）」を唱えたとされるグルネと，それと同義の「至高の手（Suprema Mano）」に導かれるとしながら主観価値理論を説いたガリアーニからの影響もあった。それらを踏まえ，以下で取り上げる3著作を通じて，チュルゴがフィジオクラートの立場を保ちつつ，敵対するグラスランの主観価値の概念を取り入れた過程を示そう。

1　チュルゴの思想の背景

一般にチュルゴは，ケネーの思想の信奉者であるフィジオクラートの1人として認識される。ケネーは，コルベルティスムの政策以降フランスの農業が衰退しているという前提を置き，自然的秩序に基づいて農業を復興させなければならないと主張した（Quesnay 1765）。

ケネーは，土地生産物は再生産費も含めた費用価格である「根本価格」を

---

33)　グラスランに比べチュルゴの研究は多く，例えば，Erreygers（1989）は，「価値と貨幣」を新古典派的定式化することで，チュルゴの交換理論の不成立性と，効用最大化原理の欠如を指摘する。Ravix et Romani（1997）と Murphy（2009）は，「諸考察」でのチュルゴの思想に重点を置くが，「価値と貨幣」については言及しない。Brewer（2010）は，チュルゴとスミスとの関係を，Jessua（1991）は，チュルゴとカンティロン，ケネーとの関係を論じる。一方，Groenewegen（2002）は，グラスランについては，山川と津田の著作を通してしか認識していない。山本（1928）はチュルゴの理論にジェヴォンズの無差別の法則との関連性が存在することを指摘した。
　　一方，グラスランに対する評価としては，序章で述べたように，Desmars（1900）はスミスの先駆者，Dubois（1911）はリカードウの先駆者とし，Orain（2006）ではワルラスの一般均衡への先駆性を指摘したが，Maherzi（2008）はワルラスとの関連を否定し，スミス，エンゲルス，ヴェブレンとの関連性を主張し，グラスランの貨幣数量説からフィッシャー，フリードマンへと演繹する。

34)　本書では，チュルゴやグラスランの認識に合わせ，「限界効用」を敢えて「限界価値」と呼ぶ箇所もある。

越える超過分，つまり土地所有階級の収入である「純生産物」を生み出すので，農業は「生産的」であるとする。しかし，土地生産物を原材料とする加工業は，原材料となる土地生産物の根本価格に，加工労働者の賃金分が費用として加わり市場価格となっても，その賃金分は労働者が生活資料の購入のために消費される。結局，加工業は原材料である根本価格を越える純生産物を残さないため「不生産的」であるとみなす。

　ケネーのこの見解を踏襲するチュルゴには，グルネの影響もあった（Turgot 1959）。商業監督官であったグルネは，農業以外の加工業も土地生産物と同じように生産的であるとしていたものの，土地生産物が経済活動全体における第一次的なものであると考え，グルネも「すべての租税は，……，常に土地所有者によって支払われる」（Turgot 1759）というフィジオクラート的な思想を持っていた。

　一方，グルネや彼の周囲では「成すがままにさせ，過ぎゆくままにさせよ，世の中は独りでに動いていく（Laissez-faire, laissez-passer, le monde va de lui-même）」というレッセ・フェール思想を提唱していたことで知られるが，グルネは「国内商業の自由主義者であって自由貿易主義者ではないことから自由主義的保護主義」（手塚1927）であった。自由な交易を掲げて後章で見るような理念的な自由主義を打ち立てるケネーも，「商業の自由競争による流通と，商業自体は区別するべきで，排他的特権などは自由競争を妨げることもあるが，商業自体を妨げる訳ではない」（Quesnay 1766, 463）としており，規制や排他的特権が存在する現実を容認する面もある[35]。このような主張の二人の影響下で，チュルゴは純生産物観と自由主義観を受容していた。

　そして，チュルゴの主観価値理論にまず影響を及ぼしたのが，ガリアーニである。ガリアーニの効用価値理論を育んだイタリアの，特にナポリ学派の

---

[35]　規制や排他的特権を認めていたケネーもまた，国家を豊かにする農業を繁栄させるためには自由貿易が必要であるという見解であった（小池1981, 60-61）。ケネーが経済学者として認識されるのは1756年以降であり，グルネの健康状態は1754年以降悪化していたことから，生前のグルネがケネーと直接接触した可能性は低いが，グルネの思想がケネーに影響を及ぼした可能性は指摘できよう。
　なお，グルネらが主張したレッセ・フェール思想は，既にイタリアに「商業の自由（liberta di commercio）」という形で存在しており，後にスミスにも受け継がれる。

経済学者たちは，スコラ哲学的な自然状態への模索の一方で，実用的な経済理論も志向したため，効用性と希少性にも目が向けられていた。ガリアーニ自身は，経済政策は自然法に従うべきで，経済の成り行きは「至高の手」に導かれる（Galiani 1751, 92）と考えていた。また，1759年から69年までのフランスでの赴任中[36]，彼はフィジオクラシーの自由競争的な面への共感を示していたが，帰国後に著した『穀物取引に関する対話』（1770）以降は，自由主義に固執するフィジオクラシーに対して明確に反対の立場をとることになる。

ガリアーニは『貨幣論』（1751）の中で，人間のさまざまな欲求状態と物の希少性とに対応して物の価値が変化することや，第1次，第2次など欲求対象の序列に従って順にその欲求が満たされると，別の対象へと欲求が移り替わることや，人間の欲求には際限がないことなど，主観価値理論の主要な点を提示した[37]。しかし，一方でガリアーニは，自然の不可抗力に左右されない財には，労働人数，労働時間，各人の立場や能力による報酬差を考慮した労働のみが価値を与える，という労働価値説をも述べているため，効用理論との二面性が指摘できる[38]。

では，チュルゴの論稿「プラン」「諸考察」そして「価値と貨幣」を時系列に俯瞰してそれらの違いと変化を見よう[39]。

---

36)　当該期間，ガリアーニはナポリ王国の駐仏公使館書記官であり，チュルゴとも親交を持っていた（山川 1968, 200）。

37)　シュンペーターは，「ガリアーニをジェヴォンズやメンガーから隔てるものは，ガリアーニには限界効用の概念が欠けていることである」と述べている（Schumpeter 1954, 301／訳545）。

　一方，川俣は，「ガリアーニは総効用と限界効用の区別が明示されておらず，厳密には限界効用の概念の形式にも至っていない。しかし，……確かに限界効用理論の萌芽と呼ぶにふさわしい」ものがあると述べている（川俣 1988, 152）。

38)　山川は，チュルゴの「価値と貨幣」の中にも，主観価値理論と共に労働を価値尺度とする見解が混在していると指摘している（山川 1968, 216）。

39)　チュルゴの参照元となるテキストには，デュポン版，デール版，シェル版の3種類がある（津田 1962b, 4-5）。デュポン版は，チュルゴの原稿に多くの改稿・削除・脚注を加えており，デール版は，デュポン版の歪曲性が踏襲されている。今日の学術的標準版となっているのがシェル版で，デュポン版とデール版の誤りや歪曲性を修正したものである。デュポン版には「プラン」は存在しない。なお，本書ではシェル版を引用元としたが，デール版「諸考察」と「価値と貨幣」も参照した。

2 1767年までのチュルゴ

　チュルゴが請願審議官として実務に就いた1753年頃に書かれた「プラン」は，タイトルが示すように完成された著述ではない。「全体のプラン」「所有権」「貿易商人」「商業の自由に対する障害，規制価格」の４つの部分に分けて書かれているその主旨は，価格規制を撤廃して市場の自由な競争に任せれば，売手の供給と買手の需要によって価格が決定されることを示そうとしたことにある。

　最初の「全体のプラン」は，貨幣の中立性，為替とその流通や利子，18世紀初頭のジョン・ローの体制への批判，工業に対する農業の優先性や奢侈についてである。この中でチュルゴは，「国の富とは人間の数である」としたすぐ後に，「有用物の生産のみが富である」（Turgot 1753-54, 377）としているが，この２文は，国民の数が多ければ有用物の生産量である富が増加することを示そうとしたと思われる。

　次の「所有権」では，交換する２物について，それぞれが所有物であり欲求対象物であるという点から，これらを４つの物と見立て，それらが互いに等価となるように交換が成立すると説明し（Turgot 1753-54, 379），その後の「貿易商人」では，その定義と特徴を短く示した。

　最後の「商業の自由に対する障害，規制価格」では，価格決定について述べており，小麦価格が一定であるのに，その加工品であるパンの価格が，地域ごとに異なる規制価格となっていて高止まりしていることを批判し，その根拠として次のように価格を分類して提示する。

　まず，多数の買手と売手の間で利益が釣り合うのが「平均価格（prix commun）」であること，そして，売手全体の供給と買手全体の需要で決まるのが「流通価格（prix courant）」または「市場価値（valeur vénale）」であること，また，売手の費用価格と費用価値が「根本価格（prix fondamental）」および「根本価値（valeur fondamentalle）」であること[40]を示した上で，「自然価格（prix naturel）」というものは存在しないとする。

40）　津田訳では，prix courant を「通用価格」，valeur vénale を「売上価値」，prix fondamental および valeur fondamentalle を「基本価格」および「基本価値」としている。

売手は少なくとも生産費である根本価格以上でなければ売ろうとはしない
はずなのに，コルベルティスムが行っていたような農産物の低価格政策に
よって生産費である根本価格に満たないほどの価格に規制していたのでは，農
産物の生産自体が不可能になる，と，チュルゴはフィジオクラシーに沿った
主張をする。そして，規制価格や独占がなくなれば，自由な競争によって売
手と買手にとっての適正な価格が生産費で決定されると述べる。(Turgot
1753-54, 385)。

　このように，フィジオクラシーの学説を形成しつつあったケネーらと既に
交流していた時期の「プラン」は，グルネの提唱した自由主義を標榜し，費
用価値説を根拠として，農産物の価格規制撤廃を主張したものだった。

　また，グラスランの主張を知る直前に書かれたチュルゴの代表的著作であ
る「諸考察」[41)]は，全体が100節に分けられ，フィジオクラシー思想に基
づいて階級，商業，貨幣，資本，利子，企業家，資本家などについて述べら
れているが，その第30～32節の価値尺度について書かれた部分には主観
価値的記述がある。

　チュルゴは「プラン」と同じように，この「諸考察」でも，交換価値につ
いて価格の種類を挙げながら説明する。彼によれば，二者間でも多数間でも，
交換価値は売手全体と買手全体の相互の欲求と能力[42)]との均衡によって決
定されることになり，その結果，さまざまな需要と供給の間の「中間価格
(prix mitoyen)」[43)]が「流通価格 (prix courant)」になると説明する。

　チュルゴは価値と価格を同義語とみなし[44)]，「プラン」でのようにさまざ

---

41) チュルゴの「諸考察」は，フィジオクラートのボードーよって1765年から刊行さ
　れていた『市民日誌（Ephémérides du Citoyen）』の1769年の第11巻と第12巻，
　1770年の第1巻に，「X氏による富の形成と分配に関する諸考察」というタイトルで，
　3回に分けて掲載された。しかし，デュポン・ド・ヌムールによってチュルゴが書い
　た節が削除されたり，デュポン・ド・ヌムール自身の別の節が加えられたりするなど，
　かなりの改変が行われたため，チュルゴは正誤表と共に「1766年11月」の日付を記
　載した別の正本を1770年に出し，1788年に再版もされた。このように，フィジオク
　ラートの間でも見解の相違や対立は少なからず存在していた。
42) チュルゴは，第31節では「交換物の価値は，相互の釣り合った欲求または欲望以
　外の尺度を持たない」と述べるが，続く第32節では「交換物の価値は，相互の欲求
　と能力との釣り合いによって決定される」と言い換えて，「能力（faculté）」という条
　件を加えている。この能力という要素が加えられた欲求は，スミスが示す有効需要の
　概念につながる。

まな価値や価格を提示するが，結局はケネーが示した根本価格と市場価値の二分類に収束する。彼らの違いは，ケネーは，土地生産物はいつでも需要を超える利益である純生産物が存在するので，純生産物が加わったものが流通価格ないしは市場価値であるとして論じる（Quesnay 1766, 102-03）が，チュルゴは，市場価値は生産量と自由な競争によって決まると説明するところにある。しかし，チュルゴはまだ，主観的尺度を交換の前提としての限定的な扱いでしか用いなかった。

それでも，この「諸考察」は，国家の富についての持論から，貨幣の市場利子率が市場全体に及ぼす効果の認識についてまでの幅広い論点を扱っており，歴史的視点を盛り込みながらケネーとグルネの思想を融合して受容したチュルゴの経済体系観を見ることができる。

3 「価値と貨幣」(1769 ?)

チュルゴは，反フィジオクラシーのグラスランの論文を自ら選出しながら，グラスランを批判（Turgot 1767）した後に，「諸考察」までの断片的な主観価値的記述を大いに拡大して学説史的評価を受けることになる主観価値理論を「価値と貨幣」に著し，未完のまま残した。グラスランの『分析試論』の影響は後段に譲り，「価値と貨幣」で述べられたチュルゴの主観価値理論の要旨を示そう。

まず，チュルゴは，貨幣は価値の尺度を表すものであり，貨幣もまた別の貨幣によって測られること，そして財とは，欲求充足の対象物であるという定義を述べてから，孤立人[45] についての価値を論じていく。

価値とは，人間の欲求を満たす物の性質であり，孤立人にとっての唯一の物に対しても価値の評価は生じる。さらに，複数の物が存在する場合には，

---

43) 津田訳では，「プラン」において「prix commun」を「平均価格」としており，「諸考察」第32節のこの「prix mitoyen」も「平均価格」と訳され，第36節の「valeur commune」も「平均価値」とされている。結局は平均的な価格に収束する可能性があるとしても，「commun」「mitoyen」は共に「平均」の意味はないことを付言しておく。第6章の注121も参照。
44) 「価格は常に価値を表明するものである」（Turgot 1769?, 95）。
45) チュルゴは「孤立人」を交換のない原初的社会の個人の意味で用いる。

各々の価値の比較が起こり，人間の欲求の変化に応じて各価値の評価もまた変化する。チュルゴは，人間の欲求との関係を示す物の「適性（bonté）」と，欲求の切実さによる「効用の序列（ordre de utilité）」における「物の卓越性（excellence de la chose）」と，入手のための困難がどの程度かという「希少性（rareté）」を，価値形成に協働する三要素と呼び，それらに基づく評価が「尊重価値（valeur estimative）」であるとした。その効用の序列の中では，欲求の総量，享有の総量，能力の総量が一定であり，人間は欲求の重要度に応じて能力を配分することになる[46]。チュルゴはこれを総括して，尊重価値とは，１人の人間の能力全体に対して，その人間がある対象への欲求満足のために用いる能力の比率であるとする。

　この説明の後，チュルゴはガリアーニの名前を挙げ，グラスランについても次のように言及する。

　　ガリアーニ氏が『貨幣論』の中で「あらゆる価値の共通の尺度は人間である」と述べて明らかにしたのと同じ真理が，『富および租税に関する分析試論』という題名で最近発表された書物の著者によっても漠然と仄めかされ，「常に単位によって表現され，個々のすべての価値はその比例部分にすぎない，一定不変の唯一の価値」についての彼の学説が誕生したようだが，この学説には真実と誤りが混じり合っているので，ほとんどの読者には難解であろう。（Turgot 1769?, 88, 傍点は筆者）

　ここでチュルゴが記した「『富および租税に関する分析試論』という題名で最近発表された書物の著者」とは，まさにグラスランのことであり，チュルゴはこの草稿「価値と貨幣」で述べる内容に，ガリアーニとグラスランの主観価値理論が関連することを示している。

　この後，チュルゴは，二者間での交換の場合，各人が持っている物と入手したいと思う物に対する優越性を互いに比較し，さらに，優越した尊重価値

46）　チュルゴのこうした記述に対する手塚の解釈には，やや曲解的な面がある。チュルゴは，手塚が示したような「人間とは人の欲望を意味する」あるいは「人の欲望の全体が人である」（手塚1933, 216）という主張は行っていない。

どうしを比較することで「平均尊重価値（valeur estimative moyenne）」が決定され，これが「交換価値（valeur échangeable）」であると説明した上で，これを「評価価値（valeur appréciative）」と言い換える。そして，交換対象の一定部分量どうしの比率で表すのが「価値の表明」であり，物の価格となるとチュルゴは述べる。

以上のように，「プラン」および「諸考察」に登場していた「共通価格」「流通価格」「市場価値」「中間価格」「根本価格」などの用語は，「価値と貨幣」では姿を消し，その代わりにチュルゴは，「尊重価値」「平均尊重価値」「交換価値」「評価価値」という新たな用語によって主観価値を説明した。

第*3*節　グラスランの主観価値理論

グラスランは，フィジオクラシーによる政策が，経済活動を行う階級を生産的と不生産的とに分類して，生産的とした農業による純生産物のみを課税対象とすることに反対していた。そして，すべての富が人間の欲求とその対象物の希少性による主観的価値を持つことを根拠として担税範囲を押し広げた上で，担税能力に応じた税制度の実現を訴えた。グラスランの主観価値理論は難解な点もあるが，彼はフィジオクラシーの生産的・不生産的という二元的な富の分類を退け，欲求と希少性の複合によって決定される価値によって富全体の体系が構成されることを示したのである。

1　グラスランの著述と思想
前述したとおり，公募論文に「間接税が土地所有者の収入に及ぼす効果の論証と評価」というテーマを指定したチュルゴとしては，間接税は，結局は転嫁されて土地の純生産物に帰着するため，土地単一税の原資の減少につながってしまうという論旨を期待していたが，その思惑に対し，グラスランは次のように反対する。

間接税は，それが課された市民以外に課される税に適用しうる用語だが，私の諸原理からは次のことが引き出されることになろう。

1．ここで「間接的」と呼ばれる税は，たいていの場合，きわめて直接的であること。なぜなら，この税は別の人には如何なる反作用もなく，それを支払った人の負担に必ずなるからである。

2．実際の納税者に帰して適用される間接税においては，この税が最終的に課される納税者は，必ずしも土地所有者ではないこと。

いかなる階級に存在するのであれ，税は市民が国家に与える彼の富の一部であるので，もし，あらゆる税が結局は土地所有者たちに帰するということが真実であるなら，土地所有者たちは本質的に唯一の富の所有者でなければならないだろう。(Graslin [1767] 1911, 2-3)

グラスランにとって富とは，人間の欲求を満足させるように定められたすべての物，すなわち欲求と希少性それぞれの度合に応じて相互に相対価値を持つすべての欲求対象物であり，価値とは，各欲求の間の異なる度合と，各欲求対象物の希少性と，各欲求を満たすための困難さの結果として生じる相対的な比率である（Graslin [1767] 1911, 13）。

グラスランの主張は，国家収入の増加を図るにはどうすべきかを説くこと，すなわち，ケネーらによって「執拗にもっぱら土地の富の中にだけあるとされてきた国家収入を，大いに拡大」(Graslin [1767] 1911, 11) し，富または収入とみなせる範囲を広げることで，担税能力を認める範囲も押し広げることであった。そのために彼は，税を払いうるのは土地所有者の純生産物だけだというフィジオクラートの主張を主観価値理論によって否定し，課税の根拠を示さなければならなかったのである。

2　グラスランの価値理論

グラスランは，富とは「必要性（nécessité），効用性（utilité），嗜好（goût）などから，その価値を得ている物」(Graslin [1767] 1911, 26) であると説明している。そして，欲求とは「充足感に対する愛着の変化」(Graslin [1767] 1911, 18-19 note 1)[47] であり，「人間の欲求に依存する物の属性」(Graslin [1767] 1911, 17-18 note 1) を絶対価値（valeur absolue）と呼んでいる。つまり絶対価値は市場における相対的な価値ではなく，「ある人間に

とってのある物の価値」（Graslin〔1767〕1911, 36-37 note 1）であり，その対象物が富（欲求対象物）全体の中でどれだけの欲求の度合を持つかを示す比率となる。

交換を行う場合には，富全体に対するその対象物の欲求の度合を示すこの比率と，その対象物の希少性とから複合的に決まる比率である直接価値（valeur directe）が想定されることになり，交換される直接価値どうしの比率が，市場価値（valeur vénale）または相対価値（valeur relative）となる（Graslin〔1767〕1911, 16, 26, 36-37 note 1, 140 note 1）。

欲求と希少性との複合的な比率というグラスランの説明は，具体的にどのように解釈できるだろうか。ここでは，ある社会に対象物1と対象物2の2つしか存在せず，各対象物に対する全体的な欲求をAとB，各対象物の総量をAqとBq，各総量の中の交換される各部分量をαとβに想定して考察しよう。

仮に，対象物1の欲求全体の大きさAと賦存量Aqがそれぞれ100，対象物2の欲求全体の大きさBと賦存量Bqがそれぞれ80，対象物1の部分量αは20，対象物2の部分量βは12とすると，まず，各対象物の直接価値は次のようになる。対象物1では，欲求比がA / (A+B) = 100/180，希少性がα / Aq = 20/100となり，これらを乗じると20/180が直接価値となる。対象物2では，欲求比がB / (A+B) = 80/180，希少性がβ / Bq = 12/80となるので，12/180が直接価値となる。そして，対象物1と対象物2の各部分α，βの各直接価値の比率である相対価値は20/180：12/180 = 5：3と導かれる。したがって，グラスランが提起した欲求と希少性との複合的な比率という想定によって，直接価値と相対価値を示せることが分かる[48]。

47）　またグラスランは，欲求には，人間の本能的性質からの自然的欲求と，文明の発達が生み出す人工的欲求があるが，欲求対象物としての市場価値を考慮する場合，この2つは同じ性質だと述べる。

48）　ここでは簡略化のためAとAq，BとBqをそれぞれ同じ数値で示したが，それぞれの数値が異なる場合でも同様である。例えば，対象物1と対象物2の欲求AとBは100と80のままで，対象物1の賦存量Aqを125，対象物2の賦存量Bqを120に変えて，各部分量αとβはそれぞれ20と12のままとしよう。対象物1の直接価値は4/45，対象物2の直接価値は2/45となり，各対象物の部分α，βの相対価値は2：1となる。

一方，知覚された欲求に対応する物のみが富であることを，グラスランは次のように述べる。

> 欲求が少ししか存在しない素朴な状態であっても，高度な文明によって無限に欲求が存在する状態であっても，存在する諸欲求に対応する対象物のみが常に富の総量となる。だから，富の総量は，太古の時代におけるよりも現代の方が大きいということはない。(Graslin [1767] 1911, 17)

　グラスランが指摘しているのは，人間の知覚によって存在することになる諸欲求の総量 (somme des besoins) と，その諸欲求の対象であることによって富となるものの総量 (masse des richesses) と，その富全体の総価値 (somme des valeurs) はそれぞれ相応すること，そして，人間が各自の欲求全体を知覚できる能力は欲求対象物が増えても変わらないということ，それゆえ，欲求の種類数が増加すると各欲求対象物それぞれに対する欲求の強度が弱まるということである (Graslin [1767] 1911, 17 note 1)。

　これを，人間が総欲求として認識できる能力が 180 で 2 つの対象物しか存在しなかった先の例の状況に，もう 1 つ対象物が増えた場合を想定してみよう。対象物 1 と対象物 2 それぞれの賦存量 Aq と Bq，部分量 α と β は変わらず，新たに増えた対象物 3 の欲求全体の大きさ C と，その賦存量 Cq をそれぞれ 60，部分量 g を 6 とする。欲求比は A：B：C ＝ 100：80：60 ＝ 5：4：3 であり，これを総欲求 180 から振り分けると，欲求比は A：B：C ＝ 75：60：45 になるので，欲求の種類数が増加すると，各欲求の強度が弱まる[49]。このように，享楽の数が増えると個々の享楽への愛着が薄れることは，多くの人々が実際に経験しているのではないだろうか。

　グラスランが主張した欲求と希少性の複合比は，以上のように解釈できるが，1 種類の対象物についてもその賦存量が増えた場合の部分価値の変化に

---

49) なお，各部分 α，β，g の直接価値の比率である相対価値（欲求比×希少性）は，以下の計算に基づき 10：6：3 となる。
　α：β：g ＝ (75/180)×(20/100)：(60/180)×(12/80)：(45/180)×(6/60)

ついて，グラスランは次のように述べる。

> どのような物であれ個々の物の価値は，その種類の物の量が増加する割
> 合に応じて減少する。……その欲求対象物の〔他の欲求対象物との〕種
> 類の関係のみでの価値は，諸欲求が同じ割合である限り変化しないが，
> この物の部分価値（valeur partielle）は，その諸部分の数量が増加する
> のに応じて，必ず減少することになる。なぜなら，ある全体のうちの
> 60分の1の価値が，この同じ全体の30分の1の価値と同じ大きさとい
> うことはありえないからである。(Graslin [1767] 1911, 14)

　グラスランの見解では，ある対象物の数量が全体の60分の1から30分
の1に増えたら，価値は減少するのである。

> 例えば，1ミュイ〔容量の単位〕の小麦が2倍の量に増えたときには，
> その1ミュイ分は，元の半分の価値しか持たないだろう。そして，小麦
> 全体は他の欲求対象物に対して同じ価値比のままだが，この1ミュイの
> 小麦は他の欲求対象物に対して同じように価値を減少させるだろう[50]。
> (Graslin [1767] 1911, 14-15)

　小麦の豊作が続いたり，改良によって豊富な収穫が安定的になったりすれ
ば，種類としての小麦の価値は，他の種類の富の価値より減少する。このと

---

[50]　グラスランのこのような表現について，山川（1968, 234, 他）と，米田（1998,
171, 他）は，グラスランは種類的な全体価値を部分量で割った平均価値が相対価値を
決定するとしていて，限界価値の概念は見出せないと述べる。その理由として，米田
はグラスランが部分量の連続的変化の着想を持たなかったことを挙げている（米田
2005, 305）。確かに，グラスランが「60分の1」などの分数で表現している箇所では，
そのような解釈も可能であることは理解できる。しかし，少なくとも彼は平均価値と
いう表現は使っておらず，また，「小麦の量が1ミュイから2ミュイに増加する」と
いう表現は，断片的ではあるが連続を意識した可能性も否定できない。2倍量になっ
た小麦が価値を半分に減少させる例では，追加的な増量分がその財全体の価値の減少
を主観的に規定することを，グラスランは明確に認識し説明している。この点につい
ては後出の4.4. で再考するが，米田は，グラスランが「価値のパラドックス」を扱
っている記述については，限界効用の観念を読み取ることは不可能ではないとも述べ
ている（米田 1998, 304, 311-12）。

きグラスランは，小麦であれ何であれ，ある対象物に新たな追加数量が加わるごとに，その追加数量分の価値もまた逓減していく限界価値の逓減の認識を持っており，さらに，追加的な増量分がその財全体の価値の減少を主観的に規定することを説明しているという解釈が可能であろう。これについては次項で扱う。

　そして，生存に最も重要な「第1次的欲求対象物を所有していることを確認した人々は，便利で魅力的な物へのさらなる欲求を追い求める」（Graslin [1767] 1911, 21）ようになるから，「工業，美術工芸および科学の富は，部分的に捉えれば，第1次的な必需品である土地生産物の富よりも大きな価値となることもある」（Graslin [1767] 1911, 29）。つまり，グラスランは富または財に規範的ないし生存に必要な順序に従う体系を想定するが，人間の能力が認識できる総価値は一定という仮定の中で，新たな享楽的あるいは奢侈的富の部分価値が，生存に必要な食料などより大きな価値を持ちうる現象を説明している。

　また，空気や光や水のなどの価値に対するグラスランの見解は，次のようになる。人間の生存に欠かせないこれらは，ふつうは限りなくふんだんに存在するため，各人が知覚する絶対価値しかなく，その個々の部分の量は，総量全体から見ればゼロに近いほどごくわずかで希少性も低いので，相対価値や市場価値もなく，富と呼ぶのは適切ではない。しかし，

> もし，何らかの希少性か，あるいは欲求対象物の量と欲求の大きさとの間に，もっぱら何らかの比率があるとすると，最下位の対象物にありがちなことだが，例えば，大海原の船の中で，または砂漠の中で，このような富の価値は直ちに認識されるだろうし，他のすべての富と同じように，欲求と希少性の度合に複合的に比例する比率であることが分かるのである。（Graslin [1767] 1911, 37）

　このように，グラスランの見解では，物の価値はそれに対応する欲求とその取得可能量からの希少性という原因によって増えたり減ったりするのであり，費用が直接的にその物の価値を増やすのではない。ただ，費用が増大す

る場合は，大きな費用をかけることが可能な状況それ自体が希少であるから，その希少性が価値を増やすことはありうると示唆している（Graslin [1767] 1911, 12 note 1）。

3　富の序列─グラスラン表

グラスランが上述の主張の中で示したのが，「富の序列」（ordre des richesses）である。富の序列は，人間の生存のための重要度が高い欲求対象物から低い欲求対象物へ，いわば自然法的ないし規範的な度合による欲求の序列に対応する種類価値の体系として提起された[51]。グラスランはこの富の序列を用いて，文明や科学の発達によって欲求が増えることで富全体の価値がどのように主観的に振り分けられるのかを考察している。

富の総量を構成している欲求対象物は，互いに欲求と同じ比率の中で存在する。それゆえ，〔新たな欲求対象物が加わることによる〕価値の新たな序列もまた，富の総量に相対的に形成されることになる。最も重要な欲求対象物はその価値を減らし，便利で魅力的な対象物の新たな価値に，その全体の中の場所を譲ることになる。だが，それらは同じ比率で減少しているであろう。(Graslin [1767] 1911, 19)

グラスランは富の序列の例として，図表３─１と図表３─２（Graslin [1767] 1911, 20）を示した。この２つの表を「グラスラン表１」「グラスラン表２」と名付けることにする。

図表３─１は欲求対象物が４つの場合，図表３─２はそれが10に増えた場合である。彼は便宜上，富の総量に1000という価値の度合を与え，各欲求対象物に対し，各々に異なる比率で割当てる。図表３─２では，図表３─１に新たな欲求対象物が現れたとみなし，第１〜４の欲求対象物からは各々1/5ずつ差引いた合計である200の度合を，その新たな第５〜10の６つの

51）　グラスランのこの富の序列という概念は，ガリアーニが「人間はある欲望が収まるや否や，同じ強さの欲望が生まれる」（Galiani [1751] 1803, 61）と述べた欲求や感情の種類の序列を，より発展させたものと考えられる。

図表3−1　グラスラン表1（欲求対象物が4つの場合の富の序列）

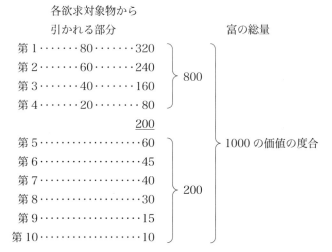

図表3−2　グラスラン表2（欲求対象物が10に増えた場合の富の序列）

欲求対象物に異なる比率で割当てている。

　グラスランは，このグラスラン表を使って，文明や科学技術が発達して欲求対象物が増えた場合には，各対象物は富の総量に対して相対的に価値を減らすが，各対象物間での相対価値は同じ比率を保つことを，図表3−1で第1と第2の欲求対象物の度合が400：300だったものが，図表3−2で320：240となったとしても，共に4：3という比率に変わりはないという例を挙げて示した。

一方，グラスランは前掲のように「1ミュイの小麦が2倍の量に増えたときには，その1ミュイ分は，元の半分の価値しか持たないだろう」と説明し，また，「ある物の総量の30分の1と60分の1は同じ価値ではなく，量が増加するのに応じて価値は必然的に減少する」（Graslin [1767] 1911, 14）ということも述べた。これらの見解と，総価値は一定というグラスランの考えから，数量が2倍になると元の部分も新たな追加分も2分の1の価値，数量が3倍になると元の部分も新たな追加分も3分の1の価値になると考えていると推測して仮定してみよう。この仮定に基づいて，グラスランの認識を探るために筆者が図表3—2を発展させたのが図表3—3である。

表3—3の各欲求番号のすぐ隣の縦列にある数字（320,240,160,……,10）は，図表3—2の中ほどに縦に並んだ数字で，グラスランが1000の度合を10の欲求対象物に振り分けた数値である。各欲求対象物の数量が2倍，3倍，と増加するに従い，彼の提示した価値の度合から，追加分の主観的価値が2分の1，3分の1，……，と逓減する過程を右方向へと表した。

この図表3—3から連想されるのが，グラスランの『分析試論』から100余年後にウィーンで発表された「メンガー表」（図表3—4）である。図表3—4は，本来のメンガー表を図表3—3に合わせて縦と横を配置変換したものである。もちろん数値は異なるものの，示されているコンセプトは図表3—3との関連がうかがえる。グラスランは，図表3—1から図表3—2のように，各対象物の数量が増えたときの解説は詳しく行ったが，各対象物の量の変化に対して主観的価値が漸進的に推移する経緯についての解説が足りなかった[52]ことは明らかであり，それがメンガーとの違いでもあろう。

また，このような展開を試みる際に，図表3—3で第1から第10のすぐ右の，縦に並んだ320，240，……，10という各対象物に割当てられた価値の数値は，グラスランの記述に合わせて1000を2分の1，3分の1，……，10分の1にする過程では概数にすぎないとしても，同じ数値は同じ

52）グラスランは，物の数量の増減による価値の変化についてこれ以上述べると，著述の目的，すなわち，財政再建のためには課税対象を土地生産物に限定するべきではないことの論証から離れてしまうと説明する（Graslin [1767] 1911, 15）。グラスランにとって，物の数量の増えるにつれて部分価値が逓減することは自明の理だったのである。

図表3－3　グラスランの限界価値（限界効用）あるいは平均価値の逓減

第1	320	160	107	80	64	53	46	40	36	32
第2	240	120	80	60	48	40	34	30	27	
第3	160	80	53	40	32	27	23	20		
第4	80	40	27	20	16	13	11			
第5	60	30	20	15	12	10				
第6	45	23	15	11	9					
第7	40	20	13	10						
第8	30	15	10							
第9	15	8								
第10	10									

図表3－4　メンガー表（配置変換）

I	10	9	8	7	6	5	4	3	2	1	0
II	9	8	7	6	5	4	3	2	1	0	
III	8	7	6	5	4	3	2	1	0		
IV	7	6	5	4	3	2	1	0			
V	6	5	4	3	2	1	0				
VI	5	4	3	2	1	0					
VII	4	3	2	1	0						
VIII	3	2	1	0							
IX	2	1	0								
X	1	0									

価値を持つというメンガー表への展開の可能性を，グラスランの主観価値理論は内在しているという解釈ができよう[53]。

　もちろんグラスラン自身は図表3―3のような形を残さなかったから，メ

53）　さらに発展させて考えれば，後段でもふれるが，単一の財についてはジェヴォンズの最終効用逓減の曲線のグラフの方がメンガー表より親和性を持つ可能性も指摘できるだろう。

ンガーによる図表3―4のような限界効用逓減概念の表明（1871年）までには，この後100余年を要すことになった。それでも，グラスランはメンガーの近くまで到達していた可能性があると言えるだろう。

4　グラスランの市場観

　グラスランにとって欲求対象物とは，生活資料や奢侈品などの実物だけに限られるわけではなく，労働そのものも欲求対象物であった。自分が欲しい物と交換するための実物を十分に所有できない貧者にとって，最も重要な欲求対象物を得るための唯一の手段は，彼自身の労働を差し出すことであり，それによって彼は必需品や，必需品と交換するための貨幣を手に入れる。それに対して，労働を行わない富者にとっては，労働こそが必要な欲求の対象になるのであり，労働も他の欲求対象物と同じように，欲求と希少性の度合によって相対価値を持ち富の序列に加わる。このことをグラスランは次のように述べる。

　　貧者が第1次的な欲求対象物に対して持つ唯一の権利は，彼の労働にある。労働こそが富者の欲求の対象となり，この理由によって富の序列に加わる。そして，彼は第1次の欲求対象物と，あるいは，彼の労働という対象物について表示される貨幣賃金と交換する。それゆえ，その労働は，他のすべての欲求対象物と同様に，〔労働供給量が増加すれば〕富の総量に対する相対価値の減少を必然的に被るだろう。（Graslin [1767] 1911, 24）

　労働ばかりでなく，グラスランは，技術，工業，商業も，それら自体が欲求と希少性の度合に応じた交換価値を持つ富だと考えた。そればかりでなく，国家行政もまた，欲求と希少性の度合に応じた交換価値を持つのであり，国家は，行政において雇用する人員の生計を満たすための欲求対象物と，保護，国外的安全，国内の取締り，国民の権威など，国民に還元するものとを交換するとみなすのである（Graslin [1767] 1911, 25）。しかし，栄光や名誉は欲求対象物であるが，同一人物にのみ交換可能であり，複数の人々にとっての

共通の価値を持たないから，富の総量には入らないとする。

　また，文明が進んで人々が贅沢を好むようになり新たな欲求対象物の数が増えると，元々存在していた対象物の過剰分は価値を失うが，一国内でのその過剰分は，他国に存在する欲求との交換によって富となりうる。だから，「最重要の必需品である食糧の過剰部分は，農業国にとって諸外国の欲求に相応することによってしか富とはならない。この外国の欲求なしでは，国内の欲求の大きさを越える量には全く価値がない」(Graslin [1767] 1911, 63)。国内の必需品生産は自然任せで不安定であるから，欲求の大きさを越えた過剰分を無価値ではあっても持つことで，その過剰分の価値を他国の欲求内に絶えず求めることで現実の富にすることができるのである。それぞれの富の価値は希少であることが豊富であることに優るが，この2つの性質の均衡または折合いの中に，国家の富は存在することになる (Graslin [1767] 1911, 64)[54]。

　このように，グラスランは，個人の価値観や交換論にだけでなく，国家行政や対外貿易などにも主観に基づく相対価値を想定し，それらが主観的欲求と客観的希少性とに基づいて機能することを提示し，租税は国家の行政サービスとの交換物であるという租税論に発展させていく。

第4節　チュルゴとグラスランの関連性

　上述のチュルゴとグラスランそれぞれの価値理論を踏まえ，同時代に並行して主張し合った彼らの主観価値理論の接点と相違点を，富の概念，絶対価値，交換における相対価値，そして，限界価値概念の認識の4点について比較する。

1　富

　グラスランは「すべての欲求対象物の中で，欲求と希少性に応じて相対価

---

54)　こうした需要と供給の考察からグラスランの均衡概念を特徴として指摘するのはDesmars（1900），Faccarello（2009）があり，Orain（2006）はワルラス的だと指摘する。

値を持つ物が富である」と主張する一方で，フィジオクラートは純生産物だけを富とみなしていると指摘した（Graslin [1767] 1911, 9）。このグラスランの見解に対して，チュルゴは，欲求の充足に充てられるすべての財のうち，取引可能な財，または価値を持つ財が富であると述べる。そして，土地生産物のうち，土地所有者の収入に当たる純生産物だけでなく，費用部分も富ではあるが，費用部分は自由に処分しえない富であり，土地所有者にとっても国家にとっても収入ではないから課税できないと反論した。また，純生産物は富のうち土地所有者の収入の部分であるとした（Turgot 1767, 630-32）。

　チュルゴに配慮すれば，富と呼ばれる範囲の定義付けについてはグラスランの多少の曲解があったと言えるだろう。それでも，チュルゴはこの時点ですでにグラスランの論文を読んでいるので，グラスランからの影響とフィジオクラートとしての立場との間で理論的接点を模索しながら，富は交換可能な欲求対象物であると表明しつつ[55]，純生産物と費用についてフィジオクラシーの見解を述べていることがうかがえる。

　しかし，この定義に至るまでのチュルゴの富についての考えは必ずしも一貫しているとは言えず，「プラン」では，「人間の数」と「有用物の生産」を富として定義しており（Turgot 1753-54, 377），「諸考察」では，土地以外のあらゆる物を「動産の富」と呼び，蓄積された動産の富が資本であるとするに留まっている（Turgot 1766, 562-63）。いずれの見解にも「欲求充足」という概念が含まれておらず，「価値と貨幣」での定義との関連は薄い。

　このように，グラスランの論文を知る直前までとそれ以降でチュルゴの解釈が異なっていることを考えると，チュルゴは批判した『分析試論』から，「欲求の充足に充てられ，相対価値を持つ」というグラスランの富の定義を，チュルゴ自身の理論の中に取り込んでいることが分かる。

2　絶対価値

　チュルゴは「プラン」では，「使用する（user）ということこそが人間が

55）　富についての定義付けは同じだとしても，チュルゴは，土地生産物全体から再生産に必要な経費を控除した余剰である純生産物が，土地所有者にとって自由に処分できる収入であり，これが唯一の徴税対象だとする（Turgot 1767, 630-31）。

自分の欲求対象に対して持ちうる権利の最初の段階であり，人間はこの権利を自然から得ている」(Turgot 1753-54, 380) と述べ，使用価値を物に対する人間の原初的な関係として捉えている。「諸考察」では，孤立人にとっての使用価値に相当する記述はない。

その後の「価値と貨幣」で提示される尊重価値は，グラスランの絶対価値に対応するものであり，チュルゴはその尊重価値に３つの要素を挙げている。まず，人間の欲求と関連する物の適性の存在，次に，その欲求の必要の切実さの程度による効用の序列において，ある物が欲求を充足させるための効用を他の物より優位に持つことを示す物の卓越性[56]の認識，そして，欲求対象を入手する困難さである希少性である (Turgot 1769?, 84-86)[57]。これらの３つの要素は欲求・効用・希少性に集約できよう。

「諸考察」までのチュルゴには，尊重価値のような３つの主観的要素による定義付けや，「効用の序列 (ordre de utilité)」という概念はなく，グラスランの『分析試論』の影響，とりわけ「富の序列 (ordre des richesses)」の概念に着想を得たのは明らかであろう。

また，チュルゴは，人間に必要な対象物全体は広範で多様であっても，「欲求の総量 (somme de besoin)」は限定的であると述べている (Turgot 1769?, 87) が，これはグラスランが示した「欲求の総量 (somme des besoins)」の一定性とも一致する。

そして，チュルゴによれば，自らの欲求を満足させることができる「能力の総量 (somme total des faculté)」[58]とは，人間の「限定された資本 (capital renfermé)」であり，その資本全体が「享楽の総量 (somme de ses

---

56) チュルゴは，この卓越性 (excellence) という語の他に優越性 (supériorité) という語も用いている。前者は種々の富の中からある欲求充足のために選ばれる性質であり，後者は交換の根拠として，相手が差し出す物に対して自分が差し出す物より大きな価値を認識することを表すために用いている。

57) チュルゴとグラスランが挙げたこれらの条件は，後にメンガーが述べた財や価値の定義に近い部分がある。実際，メンガーはチュルゴの「価値と貨幣」を参照したことを明示している (Menger 1871, 80／訳 69 note)。
　なお，この箇所のチュルゴの記述はやや複雑で曖昧なため，３つの要素の解釈が分かれている。本書と異なる解釈には，例えば，手塚 (1933) の「適正・欲望・評価」，山川 (1968) の「適良性・卓越性・希少性」，馬渡 (1997) の「効用・卓越性・希少性」，川俣 (2010) の「欲求・通時性・希少性」がある。

jouissances)」に釣り合わなければならない（Turgot 1769?, 87-88）と説明する。つまり，チュルゴは欲求と資本・能力（富）と享楽（価値）が，それぞれの総量として相応することを示したが，これは，グラスランが，富と欲求と価値それぞれの総量は人間の能力が認識可能な中で互いに相応すると述べたことと，同じ構想である[59]。

　さらに，チュルゴは，尊重価値とは，ある人の能力全体のうち，その欲望を満たすのに用いる部分的能力であり，分母に能力全体，分子に該当する部分的能力という分数によって表示されると述べる（Turgot 1769?, 88）。しかし，これも，グラスランが先行して直接価値が「富の総量に対して欲求対象物の各々の一部分が持つ比率」（Graslin [1767] 1911, 17 note 1）であると表明しており，チュルゴの尊重価値は全体における部分比率という観点からもグラスランの直接価値に接近していることが分かる。

　しかし，チュルゴが「能力」という概念を持ち出し，「ある人の能力全体のうち，その欲望を満たすのに用いる部分的能力」だと述べた時点で，彼は期せずして主観価値論から離れ，労働価値説の方向へ舵を切ってしまっていることも指摘できよう[60]。

　「諸考察」までのチュルゴにも，確かに，欲求と希少性についての記述はあるので（Turgot 1753-54, 380-81. Turgot 1766, 552-53），グラスランとの関係を知らない第三者は，チュルゴ自身の主観価値に関するそれらの片鱗から「価値と貨幣」へと，チュルゴ自らが発展させたとみなすだろう。しかし，チュルゴが「諸考察」までの主観価値の片鱗を「価値と貨幣」で示した尊重価値等の概念へと飛躍させるには，グラスランの影響を考慮しなければ，そ

---

58) 「faculté」が人間の具体的な能力だけでなく，資力・経済力という意味も持つことを考慮すると，capital と faculté が対応していると理解できる。チュルゴは敢えて faculté という語を用いて「諸考察」との一貫性を示すことで，グラスランとの類似性からの回避を試みた可能性はある。

59) この富と欲求と価値が総量的に一致する点の指摘のみが，手塚（1933）によるチュルゴがグラスランに倣ったことの「証明」であった。

60) メンガーはこのチュルゴの記述から，チュルゴにとっては「財調達のために払われた人々の力がどれだけ費やされたかが〔チュルゴにとっての〕財の使用価値の測度」だと述べている（Menger 1871, 108／訳94）が，効用や享受を得る度合を使用価値とするならば，チュルゴの記述や「財調達のために払われた人々の力がどれだけ費やされたか」という点には労働価値を見るべきであろう。

図表3−5　グラスランとチュルゴの類似性

グラスラン（1767）	チュルゴ（1769?）
直接価値の3要素 　・欲求に依存する物の属性 　・希少性 　・富の序列における欲求の度合	尊重価値の3要素 　・欲求に関連する物の適性 　・希少性 　・効用の序列における卓越性
富の序列で一致する概念 　・欲求の総量 　・富の総量 　・総価値	効用の序列で一致する概念 　・欲求の総量 　・享有の総量 　・能力全体（総資本）
直接価値とは，富の総量に対して各欲求対象物の一部分が持つ比率	尊重価値とは，ある人の能力全体のうち，ある欲求を満たすために用いる部分の比率

の変化は不自然である。つまり，チュルゴの尊重価値は，グラスランの直接価値（絶対価値）の概念に負っていると言わざるをえない[61]。

　図表3—5に，彼らの概念の構造の類似性をまとめた。

3　交換価値

　交換の発生について，グラスランはこう述べる。

　　人間の欲求の多様性と，それらの欲求対象物間における配分の不均衡とから，必然的に交換が生じ，各々が欲求を持つ対象物を手に入れるために，人々は不要な物を差し出すだろう。だが，欲求対象物は異なる価値を持つから，価値に対応する価値を与えるために，交換の際にはその違いについて考慮することになる。それには，物の価値を比較しなければならず，この比較の結果，物と物の間における相対価値と呼ばれる関係

---

61)　デュボワも「チュルゴの価値理論はグラスランからいくつかの点で借りている」（Dubois 1911, xxix）として，孤立人にとっての尊重価値や，分母に能力全体，分子に対応部分量を持つ分数などの概念について，チュルゴがグラスランから借用していることを指摘している。

が生じる。つまり，それぞれの物は，他のすべての物との関係でその価値を持つことになろう。(Graslin[1767] 1911, 14　傍点は原典のイタリック)

　交換価値についてのグラスランの見解は，ある直接価値と別の直接価値が比較されたものが相対価値（または市場価値）であり，「相対価値とは，富の総量を構成するすべての諸部分に対する個々の物の比率であり，また，総価値に対するそれぞれの2つの価値の比率」(Graslin[1767] 1911, 17 note 1)である。

　一方，「価値と貨幣」でのチュルゴの交換についての説明では，2個人の間での2物の尊重価値，つまり4つの尊重価値を比較する。それぞれ相手が持っていて自分が入手したい物と，自分が手放そうとする物との尊重価値を比較し，入手したい物の方の尊重価値に優越性（supériorité）を与え，互いにとってその優越した2物の尊重価値の差が等しい中間点の価値で交換が成立する。つまり，「この差の半分を大きい方の価値から引き，それを小さい方の価値に加えれば，双方は等しくなる」と説明されるこの平均尊重価値が交換価値となり，これを評価価値（valeur appréciative）と呼ぶ（Turgot 1769?, 91-92）。チュルゴは「プラン」において既に，このように入手する物と手放す物とに分ける考え方を示している[62]。またチュルゴはこの評価価値を，2個人が2物のために用いる能力の分量の合計と，彼らの能力全体の合計との比率であるとも言い換える（Turgot 1769?, 92)[63]。

　ところが，この記述の後，チュルゴは自身で肯定的に説明して用いたこの比率についての分数表示や能力と言う概念に対して，「基本単位としての分母が評価できない」のに「ある対象の価値が人間の能力の200分の1に相当すると，なぜ言えるのか？」と自ら否定し，人間の能力を総計したり，価値をそれ自体で表したりすることは不可能だと，グラスランの記述（Graslin [1767] 1911, 18-19 note）への批判を仄めかしながら述べる（Turgot 1769?,

---

62)　チュルゴのこの4つの尊重価値の観察は特徴的ではあるが，結局，評価価値の決定でチュルゴは，自分が欲する相手の所有物に対する「優越した2つ」の尊重価値どうしを比較しているにすぎない。

94）。それでも，自分が与える物と受け取る物の価値の比率を，基準となる価格として通用させることで，「価格は常に価値の表明」であることを，次のように説明する。

　　さまざまな価値は他のさまざまな価値と比較することによって測定される。どんな比較方法においても，自然から与えられた基本単位が存在するのではなく，慣習上の任意の単位があるだけである。交換の場合は，2つの等しい価値があるので，一方を表明すれば，もう一方の測定が可能となるから，この測定の根本として，言い換えれば，価値の比較の尺度を構成することになる諸部分の計算の要素として採用する任意の単位を認める必要がある。……2人の交換者の一方が，自分の価値尺度の単位として自分が与える物の一定部分を用い，彼が受け取る物の決められた量に対して，彼が与える量を，数で，この単位の分数で，表すことになるだろう。この量が彼にとっての価値を表明することになり，また，彼が受け取る物の価格となるだろう。つまり，価格は常に価値の表明なのである。(Turgot 1769?, 95 傍点は原典)

　「価値の比較」によって，つまり直接価値の比によって相対価値が示されることはすでにグラスランは表明しており，チュルゴはそれを見ていることを踏まえれば，チュルゴが指摘した交換の際の「2つの等しい価値」は平均尊重価値すなわち評価価値であり，グラスランが示した相対価値となるだろう。

63）　チュルゴのこの表現は彼の記述を参考にしながら次のように具体化できる。例えば，個人1と個人2が100ずつの能力を持ち，個人1の所有物1に対して個人2が「5」という優越した尊重価値を，個人2の所有物2に対して個人1が「3」という優越した尊重価値を与えたとしよう。平均尊重価値すなわち評価価値は「(5+3)/2 = 4」ということになるが，チュルゴは2人の能力を考慮しながら導出している。2人の能力の合計は200，2人の尊重価値の合計は8であるから「8/200」これを1人分にすると「4/100」となり，評価価値は「4」ということになる。
　本章第2節で，グラスランがある財の部分量に対する欲求「A／(A+B)」とその希少性「a／Aq」との複合的な直接価値を論じていることを示したが，ここでのチュルゴの分数表示の能力は「a／(A+B)」に近い概念を指しているようであり，ここにもチュルゴのグラスランへ接近がうかがえる。

価値と貨幣の関連について，グラスランはチュルゴに先立ち，貨幣数量説も交えてこう述べている。

　　貨幣は，交換において提示される物の表示的・慣習的な証に他ならず，また，部分的に捉えるなら，実際の富の希少性に対して独自の比率を持つ。それは，貨幣全体の大きさに比例し，貨幣が表示する富の量に相対的な比率である。……表示価値の総量は，表示された価値の総量よりも多いわけでも少ないわけでもないから，もし，貨幣が2倍になれば，物の価格や貨幣との相対価値は，2倍になるまで少しずつ増加するだろう。なぜなら，表示価値の総額は，表示された価値の総量より多い訳でも少ない訳でもないからであり，この2つの価値は常に物の相互間の相対価値で決まるそれらの比率において，均衡していなければならないからである。(Graslin [1767] 1911, 27-28)

　なお，チュルゴは，交換者どうしで「等価の利益（avantage equivalent）」(Turgot 1753-54, 379. Turgot 1769?, 92) となる等価交換を強調するが，グラスランは交換について，交換される物どうしの諸価値が等価となるように行われる（Graslin [1767] 1911, 58) 等価交換の面だけでなく，各交換者の主観的な認識では，相互に下位の欲求対象物を上位の欲求対象物と交換する (Graslin [1767] 1911, 151) という不等価交換の面も示している。さらに，「入手したい物の方の尊重価値に優越性を与え」ながら交換を行う心理をチュルゴが描写する箇所では，グラスランの不等価交換の記述への接近も見える。

4　限界価値逓減の認識

　まず，グラスランの限界価値とメンガーの限界効用との関連を論じ，その後に，チュルゴの限界概念との比較を行おう。

　グラスランが述べた「1ミュイの小麦が2倍の量に増えたときには，その1ミュイ分は，元の半分の価値しか持たない」という表明からは，元の1ミュイ分だけでなく追加された1ミュイ分も，1ミュイしかなかったときのそ

の1ミュイの2分の1の価値しか持たないという解釈を敷衍して，図表3―3への発展を試みたが，その追加部分の価値が逓減する様子を図表3―6に示した。

　グラスランの仮定のように追加量が増える場合，その追加部分の価値の逓減については，図表3―6のように平均価値と限界価値が一致して減少し，曲線状のグラフになる。結果として，「種類的な全体価値を部分量で割った平均価値が相対価値を決定している」という解釈は否めない[64]。それでも，見方を変えれば，総価値を一定とする制約を置いたグラスランは，一定の総価値の中で数量が増加すれば各部分価値が減少することを用いて，追加部分についてもその限界価値が逓減することを提示している，という解釈は可能である。

　その理由としては，グラスランが平均値や平均価値というような平均の概念に結びつく用語や，「種類価値を具体量で割った商」（山川 1968, 234）という記述を用いていないことが挙げられる。それゆえ，彼が平均価値の認識で論じていたとは言い切れないことになる。

　つまり，グラスランは，「どのような物であっても個々の物の価値は，その種類の物の量が増加する割合に応じて減少する」という表現で，限界的な価値が逓減することを表明していたのである。換言すれば，グラスランはある欲求に対応して存在する数量の総価値を一定と想定した上で，その数量の増加に伴って価値が細分化されることを比喩的に用いて，追加的部分価値が同時に逓減することを提示したと推測できる。

　図表3―7は，メンガー表のI財の限界効用が逓減する様子を示した。メンガーの場合，新たな追加分の限界効用が10，9，8，7，6，……と減少するが，グラスランの場合を示した図表3―6でも，仮に10という価値から減少することにすると，10，5，3.3，2.5，1.25，……（概数を含む）が限界価値となる。

　さらに，図表3―8の，ジェヴォンズが示した最終効用のグラフの方が，グラスランの効用逓減に近いと見ることも可能であろう。

64）　脚注50参照。

図表 3-6　グラスランの限界価値（または平均価値）逓減

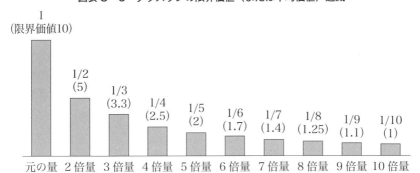

図表 3-7　メンガーの限界効用逓減

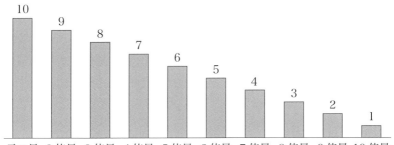

図表 3-8　ジェヴォンズの限界効用逓減

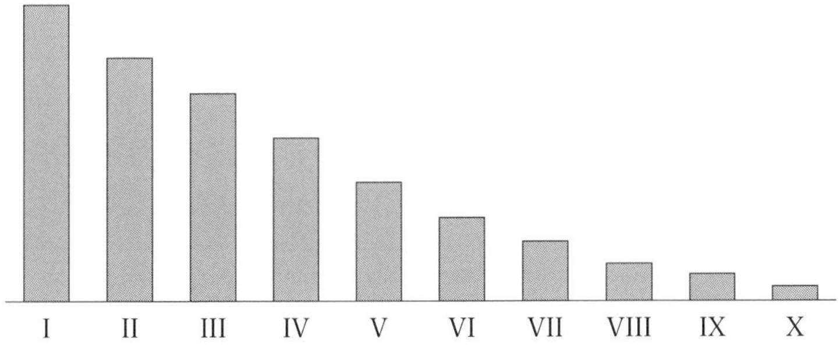

このように，グラスランの手法は平均価値の表明と解釈されかねないような危うさがあったにせよ，彼は限界効用逓減の概念を明示した。だが，彼はそれについてさらに敷衍するより，グラスラン表で象徴されるように，富の序列の中で対象物の種類や各対象物の数量が増減した場合に，各対象物間の価値の比率がどう変化するかを示すことの方に，より関心を持っていた。それは『分析試論』が目的とした累進的消費税の提起につながるからであり，その税の提起の問題から逸れないようにするために，グラスランは同一物の追加数量に対する限界概念の考察には，それ以上立ち入らなかった。

では，チュルゴの限界価値の認識はどの程度のものだったのだろうか。チュルゴは「価値と貨幣」で，限界概念よりも，むしろ孤立人の場合と2個人間の場合に分けた交換プロセスを詳述したが，グラスランの限界価値の示唆に対応するものとしては，

> いろいろな物の評価は，全く固定したものではなく，人間のさまざまな欲求の変化に応じて刻々と変化する。未開人が空腹のときには，彼はどれほど上等なクマの毛皮より，鳥の1つの肉片の方を尊重するが，空腹が満たされ寒さを感じるようになると，クマの毛皮の方を尊重する。(Turgot 1769?, 85)

という記述をまず挙げることができる。これ以上に明確に述べられている箇所はなく，この記述こそが「価値と貨幣」におけるチュルゴの限界効用逓減の認識を仄めかす箇所だと考えられてきた[65]。

しかし，「物の評価は人間の欲求の変化に応じて刻々と変化する」という記述のみでは，追加量の価値が逓減することの明示とはなりえない。なぜなら，この例示における「欲求の変化」は欲求の飽和によるものであり，1つの欲求が飽和すると別の欲求対象物へと移動が起こることが述べられたに過ぎないからである。すでに，ガリアーニが「われわれの感情は，食事や睡眠などの第1次の感情が満たされるや否や，同じ強さの別の感情が生じる。つ

---

65) 川俣（2010）では，チュルゴのこれらの記述から補助的公理を定式化して，限界効用逓減のコンセプトの内在性を引き出している。

まり，人間は，ある欲望が収まるとすぐに，別の欲望が同じ強さで生じて刺激されるように作られている」(Galiani 1751, 61) と述べていた主張を，チュルゴは超えたとは言えないのである[66]。

すなわち，チュルゴは，グラスランが「どのような物であっても個々の物の価値は，その種類の物の量が増加する割合に応じて減少する」，「1ミュイの小麦が2倍の量に増えたときには，その1ミュイ分は，元の価値の半分しか持たない」と，一財の数量の増加と部分価値の逓減という限界効用逓減に結びつく具体的表明までは，「価値と貨幣」に盛り込まなかったのであり，チュルゴの認識には限界効用は存在しないことになる。この限界概念の認識において，グラスランは明らかにチュルゴより1歩先んじていたことになる。

また，チュルゴは，必要以上に余分に所有する物を交換のために利用することを次のように記述する。

> 自分が漁で捕獲した中から，腐らない程度の数日分の魚だけを取り，残りは不用だとして捨ててしまう可能性のあった人でも，その魚が，自分で身に付けるための毛皮を手に入れるのに役立つことが分かると，それを尊重するようになる。要するに，彼にとって，この余分だった魚が，これまで持っていなかった1つの価値を持つことになるのである。(Turgot 1969? , 89)

このように，チュルゴは人間の欲求によって物の価値が変化することと，余剰の保有が交換の動機となることの例を示したのだが，グラスランが先行して示した次の記述を，チュルゴは知っていたのである。

> 各々の欲求対象物は，欲求を持つ人にとっては直接の富であり，欲求を持たない人にとっては間接的な富である。この対象物の価値は，当事者にとって交換価値となる。つまり，ある人が100ミュイの小麦を持っ

---

66) それでも，シュンペーターは，チュルゴが生産理論においては限界分析を用いて生産の逓減性を指摘（Turgot 1766, 645）していることを評価している（Schumpeter 1956, 544／訳471）。

ていても10ミュイしか欲しくないなら，あとの90ミュイは交換のための価値しか持たないということである。(Graslin [1767] 1911, 23-24)

以上のように，チュルゴが学説史的に評価を受けてしばしば取り上げられる「価値と貨幣」での主観価値の記述は，実は，グラスランが『分析試論』で既述した内容に対応させうるほど，グラスランから多くの影響と示唆を得ている。しかしながら，フィジオクラシーの費用理論の立場から離れていないチュルゴにとっては，労働も，工業も，商業も，行政も，外国との交易も，欲求と希少性に基づく対象物とみなすグラスランの主張は，主観価値的思考の範疇の中では共感しえたとしても，現実的な政策への理論根拠としては，到底受容することはできなかったであろう。

第5節　グラスランからチュルゴとメンガーへのつながり

チュルゴも，また，グラスランも，共に主観価値理論の発展の中に確かに足跡を残した。しかし，彼らに対する後世の評価は異なるものとなっていた。

自らをケネーとグルネの両者の弟子[67]と認めていたチュルゴは，「プラン」「諸考察」までは，グルネの自由競争的市場観を持ちながら，フィジオクラシーの費用価値理論を説いた。彼はまた，交換を行う際の動機については主観的記述も用いて論じていた。ところが，その後，グラスランの概念が組み入れられた「価値と貨幣」でのチュルゴの主観価値理論は，「プラン」「諸考察」までの主観的記述との認識の隔たりを指摘されることなく，限界効用逓減の認識の有無が議論されることによって，チュルゴは主観価値の先駆者としての学説史上の地位を付されてきた。ところが，チュルゴに示唆を与えたグラスランの主観価値理論は，かなり限定的にしか取り上げられることはなかった。

本章では，手塚（1933）や山川（1968）の主張を継承しながらもさらに発展させ，チュルゴの著作での変化にグラスランを関連付けて，彼らの主観

---

67)　チュルゴの1776年2月20日のデュポン・ド・ヌムール宛書簡。

価値理論を並行して論じた。結果として，一方のチュルゴについては，彼がグラスランの主観価値理論を批判しながらも，その枠組みを自らの理論へ組み込んだことと，限界効用概念に結びつきうる彼の表明についてはガリアーニと同程度に留まっていることを明らかにした。

　他方，グラスランについては，経済全体を一貫して主観価値理論で捉えていたことを示し[68]，限界革命期の新古典派に近い先駆性を持っていたとする解釈に到達した。グラスランは，人間の欲求の総量と，富の総量と，総価値とが相応することを前提とした上で，人間が知覚できる欲求のキャパシティは一定の水準であるから，文明が進化して欲求の種類が増えると，各欲求対象物に向けられる欲求や愛着の度合は薄まること，また，ある一財の数量が増える場合も，希少性が減少し，欲求や愛着が薄まることで個々の部分価値が減少することを提示した。このグラスランの認識に対しては，総価値を数量で除した平均価値を交換価値とみなしているだけで，限界概念は持たないとする解釈もあるが，一定と想定した総価値が数量の増加に伴って細分化されるという比喩を用いることで，限界効用逓減に近い概念の提示を試みたと解釈できるのである。

　メンガーが『国民経済学原理』において，主観価値の萌芽としてチュルゴの「価値と貨幣」を参照していたことは既述したが，以上のような事情を勘案すると，メンガーはチュルゴを通してグラスランを参照していたという構図が成り立つことになる。いや，チュルゴを通してグラスランを参照していたとみなせるどころか，メンガーはグラスランの『分析試論』を所有していたことも指摘しておく（一橋大学社会科学古典資料センター，メンガー文庫所蔵）。

　『分析試論』は，フィジオクラートから徹底的に批判され排除されて当時

---

[68]　Desmar ([1900] 1973) では，古典派の先駆者としてグラスランが論じられている。「グラスランの学説は，すべて価値概念の上に基礎を築いている。彼は疑いなく，経済学全体をこの価値という概念に立ち返らせた最初の学者である。この点で，コンディヤックに9年先んじている」(Dubois 1911, x)。だが，コンディヤックは費用価値説も取っていることを付言しておく。「グラスランは租税の転嫁問題に対する洞察において，その同時代人の中でも優れていた」(Schumpeter 1954, 175)。「ガリアーニであれチュルゴであれ，あるいはコンディヤックであれ，……グラスランの効用理論に比べれば，かれらの効用価値説は体系性ないし徹底性の点で十分ではない」(米田 2005, 322)。

は再版されることなく忘れられていたので，その後の革命の影響を逃れた初版本はごくわずかであっただろう。その希少な初版本を100年後のメンガーが所有していたわけだが，だからと言ってメンガーがグラスランから直接的に示唆を受けたという証明はもちろんできないとしても，メンガーが希少な『分析試論』を所有することになった理由や経緯が検証できるならば，新たなつながりを見出すことになるだろう。

第4章
グラスランとボードーの価値論争
『書簡集』に見るフィジオクラシーへの熱狂と批判

　グラスランが『分析試論』で理論的基盤として示した主観価値理論は，フィジオクラートのチュルゴの価値理論に主観的要素を強く表出させたほどの影響力を有していたことは，前章で見たとおりである。しかし，グラスランがフィジオクラシーの学説に依拠する土地単一税を否定したことに対して，他のフィジオクラートたちもすぐに反論に出たのであった。本章では，フィジオクラートの先鋒の1人であるボードー[69]とグラスランとの間で，誌上で交わされた投稿記事を集めた『書簡集』(1777)[70]における価値論争を取り上げる。

第 *1* 節　はじめに

　既述したように，グラスランは，チュルゴが主宰した論文の公募に提出した『分析試論』において，土地からの純生産物にのみ課税の根拠を求めるフィジオクラートの土地単一税案に反対し，その代案として累進的消費税の導

---

69)　ボードーはフランス中部のアンボワーズに生まれ，20歳で修道院に入会して聖職者となる。彼は28歳になった1758年にパリに移り，関心があった財政と貧困に関する論文を書いていたが，1766年以降はフィジオクラシーの熱烈な支持者となった。

70)　それは次のような長い題名を付された。『Correspondance entre M. Graslin, de l'Académique de S. Pétersburg, Auteur de *l'Essai Analytique sur la Richesse & l'Impot.* Et M. l'Abbé Baudeau, Auteur des *Ephémérides du Citoyen.* Sur un des Principes fondamentaux de la Doctrine des soi-disants Philosophiques Économistes（『分析試論』の著者であり，聖ペテルブルグアカデミーのグラスラン氏と，『市民日誌』の著述家ボードー神父との間で交わされた，自称哲学的エコノミストの教義の基本原理の1説についての書簡集)』

入を提起した。当時の厳しい財政状況を再建するためには，税収を増やす必要があったにもかかわらず，フィジオクラシーの学説では，農業のみが純生産物を生むという理由から「生産的」であるとして農業の純生産物を課税対象とみなす一方，他の産業は純生産物を生まないから「不生産的」として課税対象とみなさなかった。しかし，グラスランは，フィジオクラシーの学説が課税対象を不当に狭めていることを批判し，フィジオクラートの税理論の前提の欠点を明らかにしたのであった。グラスランの主張では，農業だけでなく加工業その他の産業の生産物も労働も純生産物を生み出すので「不生産的」ではなかったのである。

『分析試論』が受賞を逃したことが分かると，グラスランは自分の提案の正当性を問うため，フィジオクラートが発行していた「商業新聞 (*Gazette du Commerce*)」に手記を投稿し，加工業も生産的であることを認めるように，フィジオクラートに対して公に要求した。これがグラスランからの第1の書簡であり，加工業が「生産的」か「不生産的」かについての論争の始まりとなった。

このグラスランからの要求に対して，「市民日誌 (*Ephémérides du Citoyen*)」上で応えたのがボードーであった。ケネーの「盲目的熱狂者」(Correspondence 1777, 26) となっていたボードーは，実は，元々はフィジオクラシーの反対者だった。だが，ボードーは「フィジオクラシーの思想が貧困を打ち負かすと信じて」，1766年に「反フィジオクラシー」から「フィジオクラシー支持」に宗旨を転換した (Clément and Soliani 2012, 29)。その後は，ボードーが編集者として関わっていた「市民日誌」をフィジオクラシーの学説の広告媒体としながら，「経済表」に象徴されるケネーの思想を献身的に普及させる役目を果たしていった。

フィジオクラートたちは自分たちを「エコノミスト (Économistes)」と呼び，フィジオクラシーの学説を唯一の有効な経済理論とうたい，それを「経済学 (la science économique)」として広めようとしていた。そのフィジオクラートからグラスランは「反エコノミスト (anti-Économiste)」と呼ばれ，「学問に対する敵」とされた (Correspondence 1777, 8)。ボードーはグラスランに対するこうした侮蔑的な攻撃によって，フィジオクラシーの権威を守

ろうとしていた。

『書簡集』は，グラスランの第 1 の書簡と，それに応えたボードーの論説，そして，ボードーに対するグラスランの第 2 の書簡，それに対する弁護士トレヤールの書簡，その後のグラスランの第 3 の書簡，以上の計 5 通の書簡で構成されている。だが，双方の主張は折り合うことはなく，議論は平行線のまま終止符が打たれた。

この「非常に興味深い」（Schumpeter 1954, 175 footnote 7 ）『書簡集』は，「フランスにおける経済論争の出版の歴史の中でも，この書簡集の印刷は注目に値する瞬間」であり，「グラスランとボードーは富について同じ考えを共有してはいないが，互いに経済学の存在を確信していたのであり，それは 18 世紀には稀なことだった」（Goutte 2008, 258-59）。

フィジオクラートとしてのボードーについての研究は，Clément and Soliani （2012）のように，フィジオクラシーについてのボードーとケネーの解釈の相違や，企業家（entrepreneurs）の役割についてのボードーの見解など，少なくない。だが，『書簡集』でのグラスランとフィジオクラートを対比させて示すことによって，「不当にも評価されていない著述家〔グラスラン〕に光を当てることに貢献」（Klotz 2008, 301）しようとする研究は限定的である。

本章では，『書簡集』における加工業や商業の価値をめぐるグラスランとボードーの論争に対して「フィジオクラシーの費用価値理論 vs. グラスランの主観価値理論」という構図を設定しながら，グラスランがフィジオクラートであるボードーの激しい主張をどのように乗り越えようとしていたのかを明らかにしていく。次節で『書簡集』の背景に焦点を当てて，グラスランと敵対するボードーの周囲のフィジオクラートの関係を理解した上で，第 3 節では，『書簡集』の 5 通の書簡における価値に関する彼らの議論を追う。続く第 4 節は，グラスランの主観的価値理論とフィジオクラシーの費用価値理論を対比させ，第 5 節で結論を述べる。

第2節　フィジオクラートの動向

　ケネーが「自然秩序」の思想に基づいて構築したフィジオクラシーは，1758年の「経済表」の発表以降，急速に広まった[71]。それ以前にケネーの最初の主要な支持者となっていたのは，『人間の友 (*L'Ami des homme*)』(1756-60) の著者として知られるミラボーであった。ミラボーは1757年にケネーから助言を受けたのを契機に，以降ケネーの熱心な支持者になった。ケネーの「経済表」は，1760年のミラボーの『人間の友』第6編にミラボーの注釈と共に収録されることで広まったのであった。さらに，ミラボーは『租税理論』(1760) と『農業哲学』(1763) を公刊し，その中で土地単一税を提唱してケネーの思想を支えた[72]。

　ケネーの主要な支持者の1人であるデュポン・ド・ヌムールは，1763年にフィジオクラートとなった。「商業新聞」と「農業・商業・金融新聞 (Journal d'agricultures, du commerce et des Finances)」を発行していたデュポン・ド・ヌムールは，1768年からはボードーが発行していた「市民日誌」の編集にも加わり，影響力を強めていく。デュポン・ド・ヌムールは，ケネーの著述集である『フィジオクラシー (Physiocratie)』(1767) を公刊した他，自身も『新学問の起源と発展について』(1768) などの著述によって，ケネーの思想の普及に努めた。

　ル・メルシエ・ド・ラ・リヴィエールも熱烈なフィジオクラートの1人である。フィジオクラシーのバイブル的著作である1767年の『政治社会の自然的・本質的秩序 (L'Ordre naturel et essential des sociétés politiques)』において，彼はフィジオクラシーが説く政治形態を「合法的専制 (le despotisme légal)」という概念で示した。これは「ケネーの『正当な専制政治』の理論を発展させた」(安藤 2014, 60) ものであった。

---

71) 「経済表」はこの原表第1版の後に，第2版と第3版 (1758-59年)，略表 (1763年)，範式 (1766年，1767年？) が発表された。

72) グラスランは『分析試論』の中で，ミラボーのことを「『租税理論』の著者」または「『農業哲学』の著者」として，ミラボーの名を出さずにたびたび批判している。

このように，ミラボー，デュポン・ド・ヌムール，ル・メルシエ・ド・ラ・リヴィエール，それにボードら，熱心なフィジオクラートたちは，各自の著作はもちろん，新聞や雑誌の誌上も利用して，フィジオクラシーの学説の普及を目指していた。彼らが掲げていたのは，「王国の政策，さらにはフランスの君主制全体の形さえも」変えるための「明確な戦略」（Orain 2015, 350）であり，そこには，特権階級の利益と対立するような規制緩和や貿易特権の廃止，また，ギルドの解散等が含まれていた。そのため，フィジオクラシーの主張は，特権階級や既得権益者にとって決して好ましいものではなかったのである。それでも，上流階級の人々は国王の信任を得ている宮廷医ケネーにあからさまな嫌悪を表すことはできなかった。

また，フィジオクラートたちはケネーを宗教指導者のように崇拝して，「ヨーロッパの孔子」または「現代のソクラテス」と呼んでいた。このような取り巻きの弟子たちが経済学の中に，神の「意志の支配する自然的秩序の観念」を持ち込んだことについては，「恐らくケネーの本旨ではな」かった（坂田 1950, 10-11）という捉え方もできるかもしれない。

1763年から1766年の初めまで外交官としてパリに赴任中でフィジオクラートとも接していたヒューム（David Hume 1711-76）も，フィジオクラートがケネーのことを崇拝して「現代のソクラテス」「ヨーロッパの孔子」と呼ぶことに嫌悪を感じていた。そのため，フィジオクラートではあったが熱狂的な支持者から一定の距離を保っていたモルレ（Abbé André Morellet 1727-1819）への手紙の中で，ヒュームは次のように書いている。「…… 私は，貴殿〔モルレ〕が貴殿の作品の中で，彼ら〔フィジオクラートたち〕に雷を落とし，叩きのめし，木端微塵にしてくれることを期待しています。彼らは，ソルボンヌの壊滅後に存在した中で最も不愉快で最も尊大な連中なのですから。……」（Hume 1888, 183-88）。

『分析試論』の中でフィジオクラートのことを「革新への狂信を駆り立てた著述家たち（des Ecrivains qui ont poussé le fanatisme de la nouveauté）」（Glaslin [1767]1911, 156）と表現していたグラスランは，ル・メルシエ・ド・ラ・リヴィエールの『政治社会の自然的・本質的秩序』が1767年7月に公刊されると，直ちにそれに対する反論を投稿した。この投稿は翌8月に

掲載され，彼らの論争が始まったのである。

第3節　加工業の価値をめぐる対立

　ここからは，グラスランとフィジオクラート相互の5通の書簡での主張の概略を時系列に示していく。グラスランよりフィジオクラートの書簡の方が，威圧的で皮肉が込められた論調となっている。

1　グラスランの第1書簡

　1767年8月22日付の「商業新聞」に掲載されたグラスランの第1の書簡は，上述したように，ル・メルシエ・ド・ラ・リヴィエールの『政治社会の自然的・本質的秩序』，特に第2巻の「加工業は全く生産的ではない：この事実の論証」と題された「第43章」の内容に対する反論となっている。グラスランは，ル・メルシエ・ド・ラ・リヴィエールが，織布工が消費する食品の価値は，織布工の加工労働の価値に置き換えられると主張している部分を引用している。その引用されたル・メルシエ・ド・ラ・リヴィエールの主張は次のとおりである。

　　織布工は，彼の食糧と衣類を150リーヴル，亜麻を50リーヴル買い，その亜麻を亜麻布にして200リーヴルで売ると，その亜麻布の金額は彼が支払った費用の総額200リーヴルと等しくなる。この労働者はこうして亜麻の最初の価値を4倍にするのだ，と人は言う。しかし，そうではない。彼はこの最初の価値に，必要不可欠なものとして消費したすべての物の価値である無関係の価値を結合させるにすぎない。こうして累積したこれらの2つの価値は，したがって，もはや存在していないのだから亜麻の価値ではなく，亜麻布の必要価格と呼びうるものを成す。価格はこうして，1. 亜麻の50リーヴルの価値，2. 消費される別の生産物の形での150リーヴルの価値を表すのである。(Correspondance 1777, 4-5)

このル・メルシエ・ド・ラ・リヴィエールの考えに対して，グラスランは，労働者によって消費された150リーヴルの食物と衣服は，それら自体の価値を持つのであって，加工労働の価値に直接置き換えられるべきではないと，以下のように主張した。

> その労働者が150リーヴルの価値を消費したことと，また，亜麻を亜麻布に変えたこの労働者の労働が新たな150リーヴルの価値を生み出したこと，すなわち，やがて消費されることになる新たな150リーヴル分亜麻の価値を増やしたことから言えるのは，それぞれが150リーヴルで，その一方は織布工の労働の果実であるような，相互に全く異なる2つの価値が存在したということだけで，それ以外には結論付けられない。(Correspondance 1777, 6)

このように，グラスランは，労働者が消費した食物と衣服の価値と，亜麻を亜麻布に加工した労働の価値は，両方とも150リーヴルであっても，2つの異なる価値であることを指摘したのだった。

2　ボードーの返信

ル・メルシエ・ド・ラ・リヴィエールの考えへのグラスランの反論に対して，翌月1767年9月に発行された「市民日誌」に寄稿したのは，ル・メルシエ・ド・ラ・リヴィエール当人ではなく，ボードーであった。まず，ボードーはグラスランのことを，皮肉を込めてこう表現した。「不名誉の非難を憂えることはないと自負しているG氏」は，「学問の公然たる敵となりそうで」あり，「彼の批判方法からして，反エコノミストの中では卓越した立場に値する」(Correspondance 1777, 8)。

次に，ボードーは，ル・メルシエ・ド・ラ・リヴィエールの『政治社会の自然的・本質的秩序』第2巻の第43章からの長い引用を用いて，加工労働が新しい価値を生み出すことを否定した。その理由を，「労働者は彼自身が作り出したわけでない原料を手に取り，彼が作り出したわけではない食料を消費しながら，その原料を加工する」(Correspondance 1777, 12)だけだか

らだとしている。ル・メルシエ・ド・ラ・リヴィエールと同様にボードーの
考えでは，耕作者は自分や他の人々が使用したり消費したりするすべての物
を生産するのに対して，職布工は自分の加工労働のエネルギーを得るために
耕作者が生産する材料や食料を購入しなければならない。その加工製品であ
る亜麻布は，職布工が消費するための食料と製品の材料のみで構成されてい
て余剰はないのだから，加工労働は不生産的なのであり，亜麻布がそれ自体
で価値を持つことはない。この点が生産的な農業との違いである
(Correspondance 1777, 13)。

　最後に，ボードーはこう付言した。「彼〔グラスラン〕は経済学の真の基本
原理からかけ離れているので，その基本原理を学ぶよう心から忠告する」
(Correspondance 1777, 15)。

3　グラスランの第2書簡

　ボードーの論説に応えたグラスランの第2の投稿書簡は，1767年11月
の「農業・商業・金融新聞」に掲載された。その中でグラスランは，改めて
ボードーやル・メルシエ・ド・ラ・リヴィエールの論理を否定し，加工業も
価値を生み出すという自らの論点を正当化しようとした。

　ボードーらが主張するように，未加工の亜麻から加工された亜麻布の価値
は，労働者が消費する食物等と原料の価値なのではなく，グラスランは，加
工された亜麻布の価値は，その亜麻布を買い取って使用する人に依存すると
して，次の3つのポイントを提示した。

　⑴　亜麻布のうち原料の亜麻の価値を超える部分の価値は，労働者が消
　　　費する食料の価値とは全く異なる別のものであること。
　⑵　これらの2つの価値はすべて別々に富の体系に入ること。
　⑶　これらの2つの価値の1つは，労働者の労働の成果であること。

(Correspondance 1777, 19-20)

　グラスランは，加工されて初めて人々の必要を満たす亜麻布は150リー
ヴルの価値の織布工の労働が不可欠であり，その労働は亜麻布を買う人が必

要とする対象物であり，食料は職布工が必要とする対象物である，と前提を
おく。

　職布工は，まず，自分の労働力を賃金または交換可能なものと交換し，次
に，それを食料と交換することになるが，それは，職布工が労働と引き換え
た150リーヴルの価値を食料との交換に提供していることになるのであり，
単に労働の価値を食料の価値に置き換えているわけではない。

　もし労働者が150リーヴルより少ない食料しか必要としない場合には，
150リーヴルは彼の食料の価値と等しくないのであり，労働者はその150
リーヴルの価値の残りの部分を食料などの必需品以外のものと交換すること
もできる。したがって，労働の価値を食料に置き換えることによって加工労
働が純生産物を生み出さず不生産的であるという論理は正しくない，とグラ
スラン主張する（Correspondance 1777, 24-26）。そして，グラスランは絵
画の例を挙げている。

> ……もし，偉大な画家1人によって描かれた絵画の画布と絵具の価格を
> 評価するなら，あるいは，もし，時計の金属を評価するなら，これら2
> つの芸術作品のうちに見出されうるすべての富を評価することになるだ
> ろう。
> 　この場合，リヴィエール氏の原理は……〔絵画の〕価値は，画家によ
> って使われた沢山の材料と，彼らが必然的に消費した食料の価値にしか
> ならないことを示している。何よりもまず，10,000リーヴルの絵画を
> 制作する巧みな画家は，1枚が1ルイ〔24リーヴル〕の価値もない10
> 枚の絵画を同じ時間で制作する下手な画家より，多くの原料を使い，多
> くの生活必需品を消費するのかどうか，私は尋ねることができるだろう。
> (Correspondance 1777, 23-24)

　こうして職布工や芸術家の労働の価値を食料などの必需品の価値に置き換
えるべきではない理由を述べた上で，グラスランは，いかなる富も支払い手
段も必ずしも土地から生じるのではなく，加工業の労働も富であり，土地生
産物も加工生産物も生産物ないし富として同じ性質を持つこと，そして，あ

らゆる税が土地所有者の負担のみに課されるべきではないことを主張した。

加えて，「人間の知性の傑作」であるケネーの「経済表」は「理屈上のもの（un être de raison）に他ならない」と断言した（Correspondance 1777, 28）。

グラスランはボードーに対して，推論の場所に熱狂を持ち込まないように，また，証明の場に皮肉や敵意を持ち込まないように促し，さらに，フィジオクラートの敵を「傑出した反エコノミスト」「学問の公然たる敵」と呼ぶのではなく，「反ケネー派，反ミラボー派と敵を呼ぶべきである。それによって，フィジオクラシーの反対者たちは，経済学の敵となることなく議論できる」と述べた（Correspondance 1777, 29-30）。

4　弁護士トレヤールの書簡

グラスラン第2の書簡に異議を唱えて投稿されたのは，リムーザンの弁護士であるトレヤールからのもので，1768年1月発行の「市民日誌」に，ボードーによって掲載された。トレヤールは，ル・メルシエ・ド・ラ・リヴィエールやボードーを擁護して，加工労働は原料の価値に何も付加しないことを主張した。

トレヤールによれば，彼が住む地域では，貨幣となる銀が希少であるため，住民には物々交換が必要だった。トレヤールは麻布を製造する自分の工房を所有しており，そこで麻布を作らせるための加工労働の支払いに，ライ麦がどのように使用されたかの詳細を示した。その詳細をトレヤールが示した工程と共に図表4―1にまとめた。

図表4―1における1スチエは7,617リットルである。右列の換算価格は，1スチエは5リーヴル，1リーヴルは20スーとして，トレヤールが示した複数の単位による数値を筆者がリーヴルに変換した。

加工労働の合計は40リーヴル，原料の価格は20リーヴルなので，麻布の費用は60リーヴルとなる。その60リーヴルに，トレヤール自身の労力と商人の利益として3.5リーヴルが追加されて，合計は63.5リーヴルとなっている（Correspondance 1777, 33-34）。

トレヤールは，彼が麻布を作らせることができたのは，労働者の食料とし

図表4−1　労働者の実物賃金

工程名・原料	各工程に充てたライ麦	換算価格
1．コーミング	1スチエ	5リーヴル
2．紡績	2スチエ	10リーヴル
3．洗濯・加工	3/4スチエ	3.75リーヴル
4．操糸	1/4スチエ	1.25リーヴル
5．織布工による手作業	3スチエ	15リーヴル
6．漂白	1スチエ	5リーヴル
加工費用小計	8スチエ	40リーヴル
原料費（麻）		20リーヴル
費用小計		60リーヴル
トレヤールの労力と商人の利益		3.5リーヴル
総費用		63.5リーヴル

て40リーヴルに相当する8スチエの余剰のライ麦を所有していたからだと
説明する。トレヤールは土地の生産性の高さと安定性を根拠にしながら，農
業は1人で耕す耕作地であっても10〜12人分の食料を生産できるとして
いる。それゆえ，6〜7人分の食料を所有する耕作者であれば，労働者に食
料を提供できるため，その耕作者が欲する加工品を作らせることができるの
である。このように，トレヤールは，農業の生産力の大きさを示しながら，
土地と食料の存在が産業に重要であることを主張した（Correspondance
1777, 35-36）。

　ボードーはこのトレヤールの書簡の最後に注釈を附し，「彼〔グラスラン〕
は富と税についての大著を公にしたところである」と，2か月前に公刊され
たグラスランの『分析試論』に言及した。「それを読むことで，彼〔グラス
ラン〕の原理に対する見識を強固なものにした」ボードーは，「経済学を学
ぶようにという我々の忠告を侮辱とみなした」グラスランに，「彼の気が済
むまで彼に対して証明するのは，あまりにも簡単だ」と述べている

(Correspondance 1777, 36)。

5　グラスランの第3書簡

　労働者の賃金をライ麦で換算して示したトレヤールに応えたこのグラスランの書簡は，1768年3月の「農業・商業・金融新聞」に掲載された。グラスランはこの書簡の冒頭で，トレヤールの書簡はボードー自身の見解を代弁していたものとみなした（Correspondance 1777, 37）。それが誤解であったことを後にグラスランが認めたことは次節でふれるが，この第3の書簡において，グラスランはトレヤールの背後にボードーがいることを意識しながら書いている。この書簡は非常に長く，グラスランは産業が価値を生み出す理由を再び証明し，さらに，当時の世論で問題となっていた穀物輸出についての意見も表明している。

　トレヤールの主張では，彼の麻布の価値は原料の麻と労働者の食料となるライ麦の価値に等しいので，加工労働の価値はライ麦の価値に等しいとされ，それらの価値が等しいからという理由で，加工労働は何も増やしていないとした。しかし，グラスランは，加工労働とライ麦はそれぞれ等価交換されているのだから，加工労働が原料の麻に何の価値も付加していないことの証明にはならないと断言した。(Correspondance 1777, 40-41)。

　　　今，あなた〔トレヤール〕が所有しているのは，ライ麦ではなく，麻の加工労働である。もしあなたが労働者にライ麦を与えていたなら，それは加工労働の報酬としてである。その加工労働は，あなたのライ麦と同様に現実の富ではあっても，あなたのものではなく，交換によってしか手に入れることはできない。……加工労働は本質的に富であるにもかかわらず，加工労働が価値を生むことを見ていないという点から，目をそむけられるのだろうか？　(Correspondance 1777, 42-43)。

　ボードーとトレヤールは，原料の麻の20リーヴルと，加工労働の価値としてのライ麦40リーヴルを合わせた麻布の60リーヴルの価値のみを認識している。しかし，グラスランは，原料の麻の20リーヴルと，加工労働の

価値の40リーヴルと，ライ麦の40リーヴルの，合計100リーヴルの価値の存在を見ている。つまり，ライ麦の40リーヴルは，加工労働の40リーヴルとは別に存在していて，ライ麦と労働力を交換した労働者は，ライ麦をすべて消費したくない場合は，別の物と交換するのである（Correspondance 1777, 46）。

　グラスランは，第1の書簡で提起した問題，すなわち，人間の労働が富であるのか否か，また，この労働を原料の価値に付加するのか否かについて，ボードーが明確に答えていないことを指摘し，さらに，フィジオクラシーの学説によって，人間の労働が価値を持つ富とみなされないために，重労働を行う労働者がわずかな食料しか得られない悲惨な状況となることを，ボードーらが理解しないことを批判した。ボードーとトレヤールの議論では，食料が存在する限り人々は生きることができるという前提に基づいているのであるが，労働が価値を持つことを認めなければ，多くの労働者は労働を行うための必需品しか得られないことを，グラスランは説明する。

　　もし慈善的な富者たちによって救済されなければ，非常に熱心に労働していても，どれだけの労働者たちが命を落とすだろうか？　それは，彼らの労働が十分な価値を持たないからである。それでも，ムッシュー，あなたは，彼らがあなたの享楽を増やしさえすれば，何百万人もの人々は飢えで死ぬことはないからと，満足しているのだろうか？　あなたのあらゆる欲求を満たすために必要な彼らには，動物的な生活しか認めないのだろうか？

　　……あなたはまたこう述べている。「食料が残っているときは，人間も残っている。人間を損なえば食料の全滅である。」

　　……農民は栄養を得るものさえ食べられないほど不幸なのである。どれだけのワインが，肉が，衣服が足りないのだろうか？　どれだけの人が黒パンでしか生きられないことか！　あなたの食料貯蔵室や穀物倉庫は，見事に満たされているし，あなたの食料は腐ったり，無駄になったりしている。

　　……私たちの農村に，また，私たちの町の下層階級に目を向けていただ

きたい。そうすれば，彼らの生計のためのこの権利が，既にあまりにも
甚だしく抑制されているのが，あなたに分かるだろう。(Correspondance
1777, 59-60)

　当時，フィジオクラートは彼らの学説が掲げていた自由貿易，特に小麦輸
出の自由化を，彼らの論理に基づいて推進しようとしていた。グラスランも
自由貿易そのものに反対ではなく，外国との貿易や競争が必要なことは十分
に認識している。

　余剰農産物を持つ者は，国外へ高く売却して利益を確かなものにしようと
しがちである。しかし，労働者に食料が行き届いていないにもかかわらず，
国内にある農産物を輸出してしまうことは，労働者の生活を奪い，国内の加
工業も含めた産業全体の発展の機会も奪われ，国際競争力を弱めることにな
る。また，国内の穀物と原材料が希少になり国内価格が上昇することで，輸
出が不利になることも，グラスランは懸念していた。

　いかなる産業も新しい価値を生み出すので，農業はもちろんのこと，国内
の加工産業も維持して，生産活動を行う労働者の雇用を維持し，穀物と原材
料をすべて自由に輸出に回さずに，労働者に必要な食料と国内産業のための
原材料を確保することがまずは重要であると主張して，グラスランはこの書
簡を締めくくった。

第*4*節　「不生産的」労働概念の反証—費用価値 vs. 主観価値

1　グラスランの問題提起の理由

　フィジオクラシーの学説に対するグラスランの問題提起は，加工労働や商
業などのいわゆる第二次産業や第三次産業が純生産物を産出しないという根
拠によって「不生産的」とするのは誤りであり，商工業も農業と同様に純生
産物を産出するということである。そのフィジオクラシーの思想による経済
循環が表わされた「経済表」では，ケネーが提唱した自然秩序に基づいて土
地の生産力に支えられる農業に一義的な役割をおき，加工業を「不生産階
級」として純生産物を産出させない想定にしなければ，いわゆる流動資本に

相当する年前払（avance annuelle）を起点として，土地生産物が食料と原材料となって各階級を循環するという「経済表」の構図が成立しなくなる。

　グラスランが，このフィジオクラシーの学説に抗って，農業以外の産業も純生産物を産出することを主張するにあたり問題視していたことをまとめると，次の2点になる。

　1点目は，フィジオクラシーの理念的モデルが，実態にそぐわない前提をおいていたことである。フィジオクラートたちばかりでなく当時の論者たちは，農業や加工業の労働者（ouvrier, manouvrier）に対して，「労働による疲労を癒して活力を補給するだけで十分であるため，彼らの賃金は生存のための必需品の価格に応じている」（Forbonnais 1767, I, 34）という見地に立っていた。これは，続く古典派経済学にも理論上で受け継がれることになる。

　しかし，グラスランは労働者も少しでも余剰を持てば生活環境を向上させようとする欲求を持つ主体とみなしており，また実際に，労働者も余剰を持って必需品以外の財を手に入れている実情を認識して，以下のように主張する。

　　最も粗野な農民でさえも，便利なあらゆる物に，また一種の奢侈品についても，愚かにも無関心であると思われていることは，本当に正しいのだろうか？　彼に少しばかり余裕があるなら，縁なし帽の代わりに縁付きの帽子を，木靴の代わりに皮靴を履き，もっと薄い毛織物の衣服を着て，質の良いベッド，それに木工細工のある家具や茶碗，銀の留め具やボタンなどを持つのである。食料もほとんど確保できない貧者は，実のところ，食料のことしか頭にないのである。彼がそれ以外の物を追い求めたりできようか？　……最も重要な欲求で頭がいっぱいであればあるほど，他の欲求には気が回らない。もし彼が貧困の中で生まれ，ずっとその状態が続くのなら，彼がたぶんまだ知ることさえないような珍しい品々を求めないということが，まさに真実である。……しかし，最も重要な欲求対象物を確実に所有するようになると，まもなく彼は便利な物を，そしてその後は，風変りな物さえ欲しがるだろう。（Graslin [1767] 1911, 22-23）

このように，労働者たちは活力を維持するための必需品だけで満足するのではなく，彼らも余剰を持てば生活を向上させる品々を求める現実を前提とするグラスランの理論は，「賃金＝生存費」を前提とするフィジオクラートらの理論とは方向性が全く異なるのである。

　もう１点は，フィジクラシーでは加工労働者が生産活動で純生産物を生み出すことを認めず，その純生産物分を労働者自身の必需品の価値に置き換えていたことである。

　それに対してグラスランは，「付加価値の概念」（Meyssonnier 1989, 298）によって，付加価値の集計である総生産を総労働と結びつけ，それらを「総収入および総支出の尺度」（Graslin [1767] 1911, 107, 109）として，いわゆるマクロ経済学の三面等価に相当する体系を想定していた。グラスランは，いかなる労働も総労働の一部を成すものであり，純生産物を産出するのだから，「不生産的」ではないとする。「富裕な土地所有者に用役を提供する人々が，富の総体に何ももたらさないということは，全く真実ではない。なぜなら，彼らの用役そのものが，この土地所有者の富の一部分を作り出すからである」（Graslin [1767] 1911, 111 note）。

　加工労働者が農生物を食料として消費し加工品を製造するとき，フィジオクラートのロジックでは，加工労働は，食料となった農産物の価値に置き換えられるため，加工労働が原料に加えた付加価値は考慮に入れられない。それゆえ，存在するのは，原料の価値と，食料となった農産物の価値だけである。だが，グラスランは，食料となる農生物も，加工労働も，原料も，それぞれが付加価値を持ち，それらの総計が一国の総価値をなすと考えたのである。

　こうした観点に基づいて，グラスランが農業以外の産業も純生産物を産出することを主張した理由は，フィジオクラートが提案した土地単一税では，財政再建のために歳入を増やす目的が達成されないと考えたからである。「生産的」な農業のみが産出する純生産物にあらゆる税の理論的根拠を置く土地単一税では，現実には商工業が付加価値を産出していても，そうした商工業の利益には課税されなくなってしまうため，その分の税収が増えず，財

政再建が難しくなることをグラスランは懸念して，土地単一税に反対したのであった。

　グラスランは，土地を持たない特権階級や，「不生産的」な第二次産業や第三次産業で多大な利益や収入を得ている人々や，特に，学者や医者，芸術家らが，課税対象とならないことを問題視していた。第6章で詳述するように，グラスランはこれらの人々の収入の捕捉は難しいと考え，消費の奢侈度を収入の多さや富裕度に置き換えることによって，購入される商品の奢侈度に応じた累進的消費税を提案したのである。

2　論証か反証か

　では，『書簡集』の中で，グラスランから「生産的」「不生産的」という区別を否定されたボードーは，農業以外が「不生産的」であると論証できたのだろうか？

　まず，ボードーは，農業以外が「不生産的」であることを論証しているというよりも，そのことを繰り返し述べながらグラスランを冷やかすことに終始しており，議論自体には発展性がないと言わざるをえない。

　次に，ル・メルシエ・ド・ラ・リヴィエールやボードーによる「加工製品は職布工が消費するための食料と製品の材料のみで構成されていて余剰はない」という断定に対して，グラスランは彼の第2の書簡で，前掲のとおり，絵画の例を出して反証した。つまり，ボードーらのロジックでは，絵画の価値は「画家によって使われた沢山の材料と，彼らが必然的に消費した食料の価値にしかならない」ことになる。それに従うと，同じ日数で同じ大きさの絵画を制作する2人の画家による1枚10,000リーヴルで売れる絵画と，1枚24リーヴルの絵画は，両者とも使う画材費用は変わらなくても，前者は多くの食料を消費することになってしまう矛盾を，グラスランは指摘したのである。しかし，フィジオクラシーの理論は，農業と単純な加工品に限定しなければ，その費用価値のロジックが成立しない。そのため，フィジオクラシーでは絵画や芸術の価値は例外として扱うことしかできないので，ボードーらはグラスランからのこの指摘に答えなかった。

　労働者の賃金をライ麦で換算して示したトレヤールの例は，現実の支払い

としては納得できる。しかし，交換物の価値は主観的に決まることを前提とするグラスランからは，簡単に論破されてしまっている。なぜなら，グラスランが指摘したとおり，トレヤールとボードーは，原料の麻の20リーヴルと加工労働の価値40リーヴルから成る60リーヴルの麻布しか見ていないからである。だが，実際には，原料の麻の20リーヴルと，加工労働の価値40リーヴル，そして，加工労働と交換されるライ麦の40リーヴルの，合計100リーヴルの価値が存在している。農民の耕作労働が産出したライ麦の40リーヴルと，麻布に加えた加工労働の40リーヴルとは別のものであって，相互に交換はされても，重複させて置き換えてしまうロジックは，現実と乖離していることを，グラスランは主張したのである。

　結局，フィジオクラシーの「不生産的」労働について，ボードーらの論証は成り立っておらず，グラスランに反証されたままの形になった。ボードーの説明がフィジオクラシーの論理の中で停滞しているのが分かると，グラスランは，彼の第3の書簡で，「ムッシュー，あなたの気が済むまで，この誠実で洗練された小さなやりとりを続けましょう」（Correspondance 1777, 38）と煽り返した。

　この呼びかけに続いてグラスランは，すべての労働は生産的で価値を生むこと，労働の価値と消費した食料の価値は混同させるべきではないこと，自然の恵みは労働によって働きかけなければ得られないこと，労働者たちが飢えに直面している事実にボードーが目を向けるべきであることなどを論じた。フィジクラシーの「不生産的」というレッテルが，このような苦境にある加工労働者の安い賃金を正当化する根拠になることを，グラスランは排除しようとしたのである。

3　グラスランの意図

　最後に，なぜ，グラスランが『書簡集』を公刊したのかを考察する。

　まず，5つの書簡を，公刊された原書の各頁の文字数の違いを考慮せずに，頁数だけに着目してみると，すべて誌上掲載記事ではあるが，図表4―2のような差が存在する。グラスランの3つの書簡を合わせた部分は，全体の76％以上を占めている。一方，「ボードーの論説」と「弁護士トレヤールの

書簡」でボードーの手に成る部分は，ル・メルシエ・ド・ラ・リヴィエール
の『政治社会の自然的・本質的秩序』からの引用と，トレヤールの労働者の
賃金のライ麦での換算の例を除けば，グラスランに対する実質的な表明部分
は6頁弱で，全体の10％である[73]。

　これらの5通は『書簡集』としてグラスランによって1777年に公刊され
ているが，おそらく，グラスランは第3の書簡を書いた1768年初頭の時点
で，公刊することを考えていたのではないだろうか。その理由として2点が
推測できる。1つは，前項で挙げたボードーの論証の甘さを確認したグラス
ランは，議論の経緯をまとめて公刊することでフィジオクラシーに対して優
位な主張を示せると目論んだのではないか，ということ。もう1つは，
1768年の初め以降，フィジオクラートの方が議論の継続に見切りをつけて
グラスランを黙殺する作戦に出たため，論争の証を残そうと考えたのではな
いか，ということである。2つめについては，おそらく，1766年10月に
発表され話題になっていたヒュームとルソーの論争書簡（Hume 1766）[74] の
ことも知っていて，書簡集として公刊する選択肢を選ぶインセンティヴをそ
こから受けた可能性もあるだろう。

　ただ，実際には公刊は10年近くも後になった。グラスランの第3の書簡
が掲載された1768年は，まだフィジクラシーの勢いが強かったため，
1767年11月に公刊された『分析試論』も，『書簡集』の投稿記事とともに，
フィジオクラートによって1768年以降，徹底的に黙殺されることになった。
その後，ケネーは1774年に亡くなり，財務総監となっていたチュルゴは
1776年に失脚する。こうしてフィジオクラシーが求心力を失いつつあった
1777年になってグラスランは『書簡集』を公刊したのであり，1779年に
は再版もされている。

　1778年にはグラスランが書いた「第4の書簡」が「パリ新聞」に掲載さ

---

73)　グートゥは，『書簡集』の出版に際してグラスランが自身の投稿文の頁数が多くな
　るように，ボードーらの主張の頁の文字を小さくさせたと主張する（Goutte 2008,
　276）。全体の文字の大きさを揃えたとしても，ボードーらによる実質的な議論の部分
　は，グラスランのものより少ない。
74)　イングランドへとルソーを誘ったヒュームに対してルソーが懐疑心をいだいたこ
　とによって二人の関係が決裂する過程で交わされた書簡集。

図表4－2 各書簡の頁数

	発行年月・誌名	頁数（総頁数内の比率）
グラスランの 第1の書簡	1767年8月22日 商業新聞	5頁（約8.3%）
ボードーの論説	1767年9月 市民日誌	8頁（約13.3%）
グラスランの 第2の書簡	1767年11月 農業・商業・金融新聞	15頁（25%）
トレヤールの書簡	1768年1月 市民日誌	6頁（10%）
グラスランの 第3の書簡	1768年3月 農業・商業・金融新聞	26頁（約43.3%）

れた。この書簡の中でグラスランは「商業新聞」に掲載された第1の書簡を要約し，「農業・商業・金融新聞」に掲載された第3の書簡において，弁護士トレヤールの名前をボードーが借りているとみなしたことは誤解だったことを説明している（Orain 2008a, 65）。

第5節 費用価値と主観価値それぞれの継承

フィジオクラシーの教義に対するグラスランの抗議にもかかわらず，ボードーやデュポン・ド・ヌムールらの普及活動によって，1776年にチュルゴが失脚するまでフィジオクラシーの影響力は続いた。それでも，フィジオクラシーの費用理論や資本理論は，続いて現れる古典派経済学と相容れないものではなく，むしろ，フィジオクラシーを批判的に受容することは古典派経済学の基盤を作り上げるのに役立った。

対照的に，グラスランは古典派の次の新古典派経済学にリンクした主観的な価値理論を先取りしていた。グラスランとボードーの論争は，まさに，新古典派経済学につながる主観価値理論と，古典派経済学に結びついた費用価

値理論との，現実の衝突だったのである。

　時代を先取りしたものであったからこそ，グラスランの経済思想は，当時のフィジオクラシーの勢いと，それに続く古典派経済学の潮流の中で，しばらく忘れられることになり，今日に至っても，彼の功績に比してその認知は遅れている。それでも，次章で見る「水とダイヤモンドのパラドックス」に対するグラスランの見識からも，彼の先駆性は十分に理解できるのである。

第5章
水とダイヤモンドのパラドックス
フォルボネとグラスランの 1767 年における「到達度」

　古くから存在してきた価値論の側面の１つに，必要なものの価値が低く，不要なものの価値が高くなる矛盾した現象の理論的解明という課題があった。本章では，新古典派経済学の時代になってようやくその解へ到達することになるこの「水とダイヤモンドのパラドックス」に対するグラスランの議論を，同時代のフォルボネの認識と比較する。

第 *1* 節　はじめに

　「水とダイヤモンドのパラドックス」（または「価値のパラドックス」「ダイヤモンド・パラドックス」）は，学問の黎明期から提起されてきた価値についての根本的な問題であった。水は人間の生存になくてはならない有用なものだが，豊富に存在するため，その有難みを感じにくく価値は低い。一方，ダイヤモンドは我々の生存そのものには無用だが，その稀有な美しさを追い求める人にとっては価値が高い。このような「有用な物の価値が低く，無用な物の価値が高い」という逆説的な現象を説明するための基礎として，既にアリストテレスは，財の価値が「効用，希少性，および費用から引出」されることを認識していた（Kauder1965, 15 ／訳 25）。以後，このパラドックスを解くことを目指して諸説が論じられてきた。

　本章では，この水とダイヤモンドのパラドックスの解に至る変遷において，1776 年にスミスが『国富論』でパラドックスについて指摘するより前に，フォルボネとグラスランそれぞれが同時期に提示したパラドックスの解を比

較する。共に 1767 年に出版されたフォルボネの『経済の原理と考察』（以下，『原理と考察』と略記）とグラスランの『分析試論』の中で，両者ともフィジオクラシーに反対する立場で価値を議論する際に，水とダイヤモンドのパラドックスの解決を試みていた。この比較によって，フォルボネは効用の概念については示唆しているものの，「パラドックスを解いた」（Orain 2012, 92）わけではなかったことと，他方グラスランは，スミスの認識よりも近代経済学に近づいた先見的な解を提示していたこととを，本章では指摘することになる。

　明確な限界効用の概念に到達していなかった当時の学問的な状況の下で，水とダイヤモンドのパラドックスの解を導くためには，次の条件 1 〜 3 を満たすことが必要である。条件 1 は，各価値を「効用に対する欲求」と「希少性」によって，パラドックスが生じる状況に応じて説明すること，条件 2 は，主観的な絶対価値（使用価値）と相対価値（交換価値）との違いが示されること，そして，条件 3 は，ある財の全体だけではなく，その一定部分の価値の変化も考慮に入れることである。

　以上を踏まえながら，次節ではグラスランとフォルボネらの議論に至るまでの諸説とそれらに対する評価を，第 3 節では水とダイヤモンドのパラドックスの解に至る基礎となるフォルボネとグラスランそれぞれの理論構造を概説する。第 4 節で 2 人の水とダイヤモンドのパラドックスの解を示し，第 5 節で彼らの「到達度」を条件 1 〜 3 と照合しながら検証する。

第*2*節　「水とダイヤモンドのパラドックス」をめぐる変遷

　議論の初めに，アリストテレス（B.C.384-322）の『トピカ』第 3 巻第 5 章における以下の見解を共有することは重要であろう。

　　〔「善いもの」「望ましさ」について〕付加の点から考察できる。すなわち，同じものがあるものに付加された場合，全体をより多くこれこれのもの〔より望ましいもの〕とするかどうか，あるいは，より少なく……付加された場合，全体をより多くこれこれのもの〔より望ましいもの〕とする

かどうかというように。同様にまた，……それが除去されることによって……残りのものをより少なくこれこれのもの〔より少なく望ましいもの〕とするならば，その除去されたものはより多くこれこれのもの〔より望ましいもの〕である。(Aristotle 2014, 407-09 ／訳 119)

「アリストテレスが彼の議論を経済財に適用している」こうした主張からは，アリストテレスが「少なくとも効用逓減の法則に若干の知識を持ってい」て，メンガーやベーム＝バヴェルクに同じ推論があることが指摘されている（Kauder1965, 16 ／訳 26）。

　その後，14 世紀のブリダヌス（Joannes Bridanus 1295?-1358）[75] は，価値と区別した価格（交換価値 valor commutabilium）が，人々の普遍的な要求の強度ではなく，貨幣を保有して取引を行う個人の要求度に応じて変化することを示した（Kauder1965, 18 ／訳 27-28）。その後，16 世紀のダヴァンツァーティ（Bernardo Davanzati 1529-1606）と 17 世紀のモンタナリ（Geminiano Montanari 1633-1687）は，価格が人間の欲望や必要の強さに応じて定まるとし，貨幣となる貴金属は交換される財の主観価値に応じた価値を持つと論じた。だが，水とダイヤモンドのパラドックスに対するダヴァンツァーティとモンタナリの推論は，希少性に帰せられる現象を欲望に，欲望に帰せられる現象を希少性に帰し，欲望ないし願望と希少性とが価値評価につながる過程が不明確なままになっていることで混乱を招いているため，彼らは解を導いたとは言えない（上原 1968）。

　そして，18 世紀に入ると，ロー（John Law 1671-1729）は，諸財の価値は使用価値に基づくよりも，需要に対する量の大小によって変化することを，次のように述べた。

　　諸財は使用による価値を持っている。それらの価値は，使用にどれほど

75）　ブリダヌス（ラテン語名）はフランスの司祭だが，フランス語名のビュリダン（Jean Buridan）で哲学者として知られる。Encyclopædia Britannica および Stanford Encyclopedia of Philosophy の Jean Buridan の項目では没年を 1358 年としているが，Kauder（1965）はブリダヌス（Kauder の邦訳者は「ブリダナス」と表記）の没年を 1366 年としている。

必要で役に立つかということよりも，むしろ，それらの需要に対する量がどれほどかによって，大きかったり小さかったりするのである。例えば，水はとても有用だが，価値はほとんどない。なぜなら，水の量はその需要よりはるかに多いからである。ダイヤモンドがほとんど役に立たなくても大きな価値を持つのは，ダイヤモンドに対する需要がその量よりはるかに大きいからである。……諸財の価値は，その量か，または，その物に対する需要の変化によって変わるのである。(Law [1705] 1720, 4)

　ローは，使用価値と主観的な需要量，つまり，効用と希少性を区別しながら，効用より希少性が価値評価に影響を持つと説明したものの，そこから交換価値の概念を導出できなかった。また，このような水一般とダイヤモンド一般についての効用と希少性による説明は，水とダイヤモンドのパラドックスの解としてはまだ不完全であった。その後，1751年に出版されたガリアーニ (Ferdinando Galiani 1728-1787) の『貨幣論』における次の記述がある。

　　人が次のように言うのを聞く。「1リップラ[76]のパンは，1リップラの金より効用がある」と。……もしパンも金もない人について言えば，パンの方が有益なのは確かだ。パンを残して金をつかんで飢え死にする人は1人もいない……しかし，飽食している人にはパンほど余計なものはあるか〔パンほど余計なものはない〕。(Galiani [1751] 1955, 67-68／訳 41-42)

　ガリアーニが飢えや飽食という「人間のおかれた条件」(上原 1968, 429) に配慮した点は評価できるだろう。また，「1リップラ」というガリアーニの比喩は，彼が「ある物の種類についての効用ではなく，具体的な部分量についての効用を考えている」ことを示しているという根拠で，「『価値のパラドックス』を解決しえた」(上原 1968, 427-28) という解釈を生じさせるこ

---

76)　1リップラ (una libbra) は1ポンドに相当 (現代では約450グラム)。

とにもなった。だが，パンにも金にも「1リップラ」を想定するのは，部分量について考慮しているのではなく，水一般とダイヤモンド一般のように，当該財全体を想定するのと変わらないのである。

　ガリアーニは「日本の砂」も例に挙げながら希少性も決定要素として，価値は「効用と希少性」から成る（Galiani [1751] 1803, 58-59／訳36）ことを明言した。このように効用と希少性に着目したガリアーニは，「一貫して主観価値説に立って」いた（上原1968, 435）ようにも思われがちである。しかし，ガリア―ニはローの認識から大きく前進した解を提供したわけではなかった。

　また，ガリア―ニは効用と希少性からだけでなく，労働時間や人数によって，すなわち労働費用によっても価値を見出す面があるので（Galiani [1751] 1803, 73-79／訳46-49），ガリアーニにとっては労働があらゆる価値の源であるという解釈（Say, J.B. [1803] 1819, 50）もあれば，これを否定する解釈（McCulloch, J.R. [1825] 1849, 92-93）もある。

　ガリアーニの『貨幣論』は，モルレ（André Morellet 1727-1819）による仏語の抄訳が当時存在していた（Bousquet 1955, 20）ため，ガリアーニのパリ駐在期間（1759-69）に交流したフィジオクラートらは『貨幣論』の抄訳を知っていたと考えられる。このガリアーニの駐在期間は，スミスのフランス滞在期間（1764-66）とも重複しており，スミスがパリで，直接にせよ間接にせよ，ガリアーニの思想を知った可能性はある。いずれにせよ，以上からまず導かれるのは，水とダイヤモンドのパラドックスの解には，価値の概念の区別，すなわち，スミスの「交換価値」と「使用価値」に相当する明確な区別が必要だということである。この2つの価値概念について，スミスは1776年の『国富論』の中で次のように説明した。

　　注意すべきは，価値という言葉に二つのことなる意味があり，ときにはある特定の物の効用を表わし，ときにはその物の所有がもたらす他の品物を購買する力を表わすということである。一方は「使用価値」，他方は「交換価値」と呼んでいいだろう。最大の使用価値を持つ物が交換価値をほとんど，あるいはまったくもたないことがしばしばあり，逆に，

最大の交換価値を持つものが，使用価値をほとんど，あるいはまったく
もたないことがしばしばある。水ほど有用なものはないが，水はほとん
ど何も購買しないだろうし，水と交換に手にいれられるものはほとんど
何もない。逆に，ダイアモンドはほとんど何の使用価値ももたないが，
しばしばそれと交換に他の物をきわめて多量に手にいれることができる。
(Smith [1776] 1976, 44-45 ／訳 (1) 60-61)

　こうして，スミスは「交換価値」と「使用価値」とを区別した上で，交換
価値によってダイヤモンドが高価となり，水はほとんど価値を持たないこと
を説明した。だが，スミスは 1763 年に行われたとされる「講義」において
は，市場価格すなわち交換価値について以下のように述べていた。

　　品物の市場価格は，たいへんちがった事情によって規制される。買手
　が市場にくるとき，かれが売手にむかって……どれだけ費用がかかった
　かと，たずねることはけっしてない。品物の市場価格は，つぎの三つの
　ことに依存する。
　　第一は，その商品にたいする需要あるいは必要。……
　　第二に，その商品が，それの必要に比して豊富か希少か。もしその商
　品が希少であれば，価格は上昇するが，もしその量が需要に供給するの
　に十分以上であれば，価格は下落する。こうして，ダイアモンドやほか
　の宝石が高価であり，他方で鉄が，はるかに有用であるのに何倍か安い
　のは，このためなのであるが，これは主として最後の原因による。すな
　わち，
　　第三に，需要する人びとの貧富。(Smith 1978, 31-32 ／訳 287-88)

　このように，スミスは市場価格が需要の程度と希少性によって決まること
を「講義」では明確に述べていたにもかかわらず，『国富論』では「労働が
すべての商品の交換価値の真の尺度」(Smith [1776] 1976, 47 ／訳 (1) 63)
として，価値尺度についての主張を転換した。
　いずれにせよ，労働を価値尺度とすることによって，水は人間の生存に不

可欠な使用価値を持つとしても，採取や保管，運搬などの労働量が加えられない限り，交換価値を持たないことになる。また，ダイヤモンドに対する需要は「すべてその美しさから生じる」のであるとしても，「その美しさという値うちはその希少性によって，つまり鉱山から取得するときの困難さと費用によって，大いに高められ」，「賃金と利潤が……その高価格のほとんどすべてになる」(Smith [1776] 1976, 191 ／訳（1）302)。スミスはこうして使用価値である効用を交換価値の尺度からはずし，短期の市場価格と，長期の自然価格に論点を絞る。

　水とダイヤモンドのパラドックスは，労働に価値尺度をおいた「古典派経済学者たちには解くことができない」問題であった。それゆえ，スミスが労働を価値の尺度として効用を除外した時点で，「スミスと彼の後継者」である「古典派経済学者たちにとって」解くことができないこの「パラドックスは存在しない」も同然となった。その結果，「使用価値と交換価値との相違についての説明は，1871年まで謎のまま」であり，「ジェヴォンズ以前にはパラドックスについて示唆するものは何も公刊されなかった」とされた (White 2002, 660, 677)。

　スミスを始めとする古典派経済学による労働という価値尺度を乗り越えて，使用価値すなわち効用を価値尺度として復活させたのが1870年代のいわゆる限界革命以降の近代経済学であり，「全部効用」と「限界効用」を区別する主観価値理論によって問題は解決されることになる。

　スミスがフランスからイギリスへと戻った直後の1767年に，フランスでは相次いで著作を公刊したフォルボネとグラスランが，水とダイヤモンドのパラドックスについて論じていた。因みに，スミスはフォルボネの著作を所蔵していたが，グラスランの著作は所蔵していなかった。以下ではフォルボネとグラスランの思想が水とダイヤモンドのパラドックスの解をいかに導出したのかを検証するが，まず，それぞれが主張した理論の特徴に対する理解が必要となる。

第3節　フォルボネとグラスランの富・序列・価値

1　フォルボネの理論構造

　フォルボネの『原理と考察』は，フィジオクラートの哲学的かつ衒学的な教義や政策を現実的ではないと批判し，産業と貿易の推進を目指す経済政策を展開したものである。

　ケネーによって提唱されたフィジオクラシーは，神によって設計された社会秩序や法則を想定する自然法思想に基づき，農業と自由交易を重視する政策を主導しようとしていた。前章まででも見たように，農業はその土地生産物が前払[77]を超えて純生産物を生み出すため「生産的」であり，農業以外の加工業などの産業は，原材料となる土地生産物を加工・変形・運搬するだけで，純生産物を生み出さないため「不生産的」であるとして，土地所有者が所有する「生産的」な「純生産物」のみに課税する土地単一税を推進しようとしていた。

　このようなフィジオクラシーの理念や政策に対して，フォルボネは，国家の豊かさを導くために重要な加工業を「不生産的」とするフィジクラシーの概念を翻すことを『原理と考察』で試みたのだった。フォルボネは，農業だけでなく，加工業もまた，国家を豊かにするための重要な役割を担っているため「生産的」であることを主張した[78]。また，国家が豊かさを享受するためには奢侈を容認するべきであるとする一方で，過度な奢侈や，特定の階

---

77) ケネーの「経済表」（Quesnay [1758] 1972）の中では，前払は毎年の労働者の食料と必需品として計上されるが，やがて投下資本として資本蓄積の概念へと導くものであった。

78) フォルボネは「重農主義の体系をたびたび『形而上学』であると揶揄している」（米田 2005, 197）。フィジオクラートたちは「もっぱら生産に従事する人間は，他のいかなる情念にも動かされず，単純な必需品しか知らず，また，日々利益から利益を引き出す守銭奴のように，その余剰のすべてを新たな生産に向ける，という哲学的な農業の計画を至る所で作り上げている。しかし，それは不可能なのであり，欠陥がある〔考え方である〕」（Forbonnais 1767, III, 115）。このように，フォルボネはフィジオクラシーの「ビジョンは人間本性に反しているから，実現不可能であるとみる」（米田 2005, 199）。しかしながら，フォルボネもまた，フィジオクラートと同様の「もっぱら生産に従事する人間」像に基づいて論じる場面が，この後に示される。

層だけに偏った奢侈は排除するべきであるとも考えていた[79]。

　フォルボネに対しては「なんの独創力もない折衷主義者」（Schumpeter 1954, 174／訳362）という評価があるとしても，彼はフィジオクラートとは主張が異なることを強調しながら，生産力と消費力の拡大を目指していた当時の重要な論客の１人であった。フォルボネの価値理論の特徴を，富の定義，序列の概念，そして，価値の定義の３点を明らかにしながら，浮かび上がらせよう。

　まず第１点目の富の定義について，フォルボネは人間の所有物（propriété）を富（richesse）と財（biens）に分けた。彼は，「現実的な収入を生み出す利点を持つ土地のみが，富の名に値する」として，土地および農業を「根源的または自然の富（richesse primitive ou naturelle）」と呼び，その土地が産出した原材料から新たな価値を生み出す加工業を「副次的または人工的富（richesse secondaire ou artificielle）」とした。また，収入によって購買された所有物，例えば「高価な家具」や「消費に供される産物」のように，新たな価値を生まない諸物について，フォルボネは，「我々が与える意味での富ではなく」「単に財」であるとした（Forbonnais 1755, I, 3 - 5）。

　第２に，序列の概念である。これはガリアーニや彼以前の先行する議論にも存在していたもので，生存のための必需品から順に，便宜品や奢侈品へと類別する概念である。フォルボネは各財をそれぞれ第１の序列（le premier ordre）から第５の序列に分類する。第１の序列は労働者たちの生存に不可欠な，前払に相当する必需品であり，第２から第５の序列（または「副次的序列」）は高次になるほど奢侈の度合が増す[80]ことを示しており，便宜品，奢侈品が占める。

　第３に，価値の定義である。まずフォルボネは，効用は前払を超えた超過

---

79)　フォルボネは「おそらくマンデヴィルを念頭において，虚栄心などに基づく過度の奢侈をも容認する奢侈容認論を『奇妙な逆説』（Forbonnais 1755, II, 144）であると批判している。ただし，このような批判は不徹底なものとならざるをえない」（米田 2005, 195-196）。なぜなら，「彼は他方では，能力以上に支出して破滅する者がいるとしても」，「富は持ち主を変えるだけで，…『国家には何でもない』としているし，……消費需要の視点から，過度であっても富者が支出をやめてしまうことを恐れざるをえないからである」（米田 2015，239-240）。

部分である収入の中に存在するとして，労働者の必需品を含む費用部分には効用という概念を適用しないことを表明している。つまり利益や余剰部分における欲求の対象となる物に対してのみ効用を見ているのであり，その対象となる「あらゆる物は，交換が表示する効用の度合との必然的関連の中に存在する」とした（Forbonnais 1755, I, 3‐8）。その上で，フォルボネは価格または価値を成す一般原則として次の4つの関係を示した。

①生産物が作り出す利益（生産費用を超える部分）
②生産と消費の全体的関係（消費者の需要に対する収穫の豊富さ）
③利潤と仲介コストの関係
④前貸しの適正さと交換の迅速さの関係　　　　　（Forbonnais 1755, I, 25）

　フォルボネは，①と②を「内在価値」（valeur intrinsèque），③④は「内在価値に付随するもの」（addition à la valeur intrinsèque），そして，①〜④を併せたものを「流通価値」（valeur courante）と呼ぶ。①の「利益」は純生産物であり，フォルボネはこの利益を「生産の効用」（l'utilité de la production）と呼び，それが「あらゆる労働と競争の尺度」（mesure de toute espèce de travail et de concurrence）となると述べ，効用を純生産物・収入・利益と一元的に捉えている。②は生産物が希少か豊富かを示しており，過剰な生産が低価を，希少性が高価を導くという価格決定条件として扱われている（Forbonnais 1755, I, 25-27）。

　市場での価値の大きな変動は，③と④の「内在価値に付随するもの」を要因とするものよりも，①と②の内在価値の変動の結果であり（Forbonnais 1755, I, 27-31），「商品の価格または価値は，その一般的な利用が，効用性，利便性，そして快楽への欲求に応じて諸物と成立させることになる平衡値

80）「純生産物を持つ土地所有者は，幻想や気まぐれへの欲求を満たすために高次財を追い求め」（Forbonnais 1767, I, 22），「純生産物を持つ土地所有者が奢侈品消費を行う」というフォルボネの想定は，フィジオクラートと同じである。それに対して，グラスランは奢侈品消費を土地所有者に限定するロジックではなく，労働階級の中にも奢侈品消費を行える財資力を持つ者が現れていることに着目して，財政再建策を考えていた。

（compensation）」（Forbonnais 1755, I, 33）であった。フォルボネは価値の定義には希少性より効用を重視していた。

　富や価値についてのこのような理論構造を基盤としながら，フォルボネは，大衆の消費力が底上げされ，産業が活性化されれば，国民全体が富裕になるという理念を掲げ，生産主導的な見地に立って議論していた。「生産者は自己の消費分を超える余剰」を「この生産者の余剰を求める消費者」（米田2005, 166）の余剰との交換を促進することで，つまり，「全員が欲求の相互性（la réciprocité des besoins）と，交換の相互的欲求（l'utilité réciproque de l'échange）を通じて豊かになる」（Forbonnais 1767, I, 9）ことを説いていた。

　しかし，フォルボネの議論は，余剰を持つことが可能な市民のみを念頭においたものとなっていることも指摘せざるをえない。なぜなら，フォルボネは，貧しい労働者たちは余剰を保有しないものとみなしているため，彼らには相互欲求による交換が不可能だからである（Forbonnais 1767, I, 33-34, 75-76）。

　ケネーの「経済表」においては，労働者の食料や必需品である前払の「移動」が示されているとしても，その労働者の食料や必需品は，市場を介した実質的な流通を通じてではなく，農村内で，または，農村から職工階級へと移動して消費されてしまうと想定されている。この点はフォルボネも同様であった。

　確かに，「食料への欲求が労働と生産の直接の原因」（Forbonnais 1767, I, 6）であり，「労働のための食料は，労働者が労働から引出す効用であり，それが社会保存の原理」（Forbonnais 1767, I, 25）であるとしても，後段で取り上げる「ダイヤモンドと小麦」の価値比較においては，労働者は必需品しか必要とせず，土地が豊富に産出した食料を前払として受け取って消費するだけで満足する単純な存在として，フォルボネが描出していたのを，我々は見ることになるだろう。労働者階級をこのような特徴の存在とする前提は，その後の古典派の生産費説の理論においても続くのである。

　それゆえ，国民全体の富裕という理念から貧者が除外されているフォルボネの論理に従えば，相互的欲求によって，持てる者はますます持てるように

134

　なるが，貧しい労働者はそのまま取り残されることになるだろう。このような
フォルボネの理論フレームは，価値論においては，次節で扱うグラスラン
とは異なる視座にあり，水とダイヤモンドのパラドックスの解における差異
にもつながるのである。

2　グラスランとの比較

　グラスランの『分析試論』のテーマは，フィジオクラシーの政策の要である
る土地単一税に代えて累進的消費税の導入を提言することであった。グラス
ランは，「農業王国」を標榜するフィジオクラートが，毎年「自然の無償の
贈物」として農業が純生産物を生み出すという根拠で「生産的」とする土地
への単一税によって，農業階級のみに税負担を強いようとしていることと，
七年戦争（1757-63）に加えて宮廷の乱費によって財政が窮地にあったにも
かかわらず，免税特権階級が存在していることとを憂慮した。

　そこで，貧しい労働者たちの生活に必要な食料や必需品には税を課さず，
生存を左右することのない便宜品から奢侈度が上がるのに合わせて高率を課
す累進的消費税を導入することを目指した。次章で扱うこの累進的消費税に
よって，奢侈品消費を多く行う免税特権階級にも税を負担させ，歳入を増や
すことができると考えたのである。そして，便宜品や奢侈品を税対象とする
ための根拠として，あらゆるものが欲求と希少性に基づく価値の性質を持つ
ことを主観価値理論によって示したのだった[81]。

　前節のフォルボネの理論における富の定義，富の序列の概念，そして価値
の定義を，グラスランと比較しよう。

　まず，富の定義においてグラスランがフォルボネと異なる点は，グラスラ
ンが資本財も消費財も含めて富としていることである。フォルボネは収入を
生み出す土地，農業，加工業を富とみなし，その収入によって得た消費財や
便宜品はもはや収入を生まないものとして財と呼んだ。グラスランは，欲求

---

81)　グラスランの主観価値理論の詳細については，第3章を参照されたい。グラスラ
　　ンの主張に対しては，序章第2節の先行研究で示したとおり，スミスの先駆者とする
　　解釈（Desmars [1900] 1973），リカードウの比較優位への先駆性（Dubois 1911），古
　　典派の基礎（Faccarello 2009），ワルラスの一般均衡への先駆性（Orain 2006），ヴェ
　　ブレンとの近似性（Maherzi 2008）などが指摘されている。

と希少性に基づく相対価値を持つ限り，あらゆる財もサービスも，農業も加工業も，さらに商業も富とみなした（Graslin [1767] 1911, 13, 31, 34, 48）。このように，フォルボネは富と財について収入を生むか否かで分けたのに対して，グラスランは相対価値を持つ限り財は富に含まれるとしていた。

　次に，富の序列の概念では，フォルボネと同様に，グラスランも生存に必要な物から奢侈度が増すにつれて高次に位置付ける序列を想定している。しかし，この序列の概念においてグラスランがフォルボネや他の論者から際立つのは，「富の序列」と名付けた序列を2つの表，すなわち「グラスラン表」[82] に分けて明示していることである。フォルボネは5つの序列という概念を提示してはいるが，議論の中では，第1の序列にあたる労働者の必需品と，第2から第5までの副次的序列となる中流階級以上にとっての便宜品や奢侈品に大別するに留まっている。一方，グラスラン表1では原初的な生活に必要な4つの欲求対象物，グラスラン表2では文明化によって便宜品や奢侈品が加わった10の欲求対象物について，各序列の規範的な重要度に基づく欲求の度合を数値化して例示している（Graslin [1767] 1911, 20）。そして，労働者でさえ余剰を持てば便宜品と交換して生活を向上させるとして，各対象物の所有者を固定しない（Graslin [1767] 1911, 22-23）。

　最後の価値の定義については，フォルボネは収入や利益あるいは余剰に効用という概念を適用して，その効用と費用の合計を市場での流通価値として示しているが，価値に対して効用を用いていても，そこには明らかな主観性は反映されていない。グラスランは，ある対象物が上述の富の序列全体に対して持つ欲求の比率と，その対象物の賦存量全体に対する当該一部分量の比率，つまり，欲求と希少性の複合的比率を直接価値とした上で，これらの絶対価値どうしの比率を相対価値（交換価値）と定義した（Graslin [1767] 1911, 13, 17 note）。

　こうしたグラスランの富と価値の定義によって，いかなる序列にある富であろうと「生産的」「不生産的」の区別なく，すべての富に価値についての同じ性質と基準が適用されることになる。そして，これをもとに，貧者の食

82）　第3章第3節第3項を参照。

料と必需品には課税しないことを前提にして，相対価値を持つ富である限り，その奢侈度に応じた累進税率による消費税を課すことを，『分析試論』の中で提案していたのであった。

　さらに，グラスランは，貧者の労働も，労働しない富者にとっての欲求対象物，すなわち欲求と希少性に基づく富であり，富者の欲求と労働量の希少性による価値を表示する賃金（または必需品などの物品）と交換されると考えている。貧者の労働は，賃金を支払った富者にとっての欲求対象物として新たな効用を富者にもたらすのであり，労働者が自らの労働力と引き換えに得た賃金や必需品は，労働者にとっての欲求対象物である（Graslin [1767] 1911, 24）。

　国民の安全・保護を担うために存在する国家による行政サービスもまた，グラスランの視点では，欲求と希少性に基づく国民にとっての富である。行政官の生活を賄うための費用が税であり，国民はその税と交換することで，行政官が行う行政サービスを，国民が必要とする効用として受け取るのであり，行政官は自らの行政サービス労働と交換された税から，彼の生活の糧となる部分を効用物として獲得するのである（Graslin [1767] 1911, 25）。

　フォルボネもグラスランも共に，フィジオクラシーの教義と政策を現実の状況から外れているとして批判し，加工労働が「生産的」であることを主張して，それぞれの価値論を展開していた。しかし，富とその序列そして価値について異なる見地に立つ彼らの「水とダイヤモンドのパラドックス」の解には，次に見る乖離が存在することになる。

第4節　1767年の「水とダイヤモンドのパラドックス」

1　フォルボネの解

　フォルボネは，「『自然の秩序』の下にあれば，有用なものを高く価値付け，無用なものは低く価値付ける」という規範的な前提を置くことで，貧者を対象としてパラドックスの解を示した。フォルボネによれば，文明社会であっても，貧者は依然として「自然の秩序」の下にあるため，同量の小麦とダイヤモンドについては，生存に必要な小麦の方に高い価値を持ち続けるのであ

る。貧者のこのような価値の認識とは異なり，余剰を持つ富者は，「自然の秩序」がその支配力を弱めるので，必需品より奢侈品に対する欲求が高まり，規範的な効用に関係なくダイヤモンドが高い価値を持つことになる。「自然の秩序」に支配されている貧者にとっての必需品の価値は，以下のように説明されている。

　　もし，自然の秩序と，人が労働と商品から引出す実際の効用にしか従わないのなら，〔商品の価格または価値と人々の効用への欲求との〕均衡は非常に不当に決まるだろう。なぜなら，必需品についてのこの原則に従うと，美しくカットされたダイヤモンドで満たされた樽は，良質の小麦で満たされた樽より劣った評価となるはずだからである。しかし，それが当てはまるのは最も重要な第1の必需品に価値を置く人々である。彼らの労働は粗野で安易であるから，多くの人間がそれくらいの労働はできるのである。この労働が産出する商品は，それゆえ，その他の商品より，需要に比べていつでも豊富なのであり，各自が自らの充足を増やすために行う努力さえ遠ざけてしまう。そもそもこれらの人々は単純であり，彼らが送っている生活の中で活力を保っていることしかできない。物質的で体のためになる確実な必需品が，彼らの疲労に対する唯一の価格なのである。
　　そういうわけで，農村の労働者の賃金は，生存に必要な商品の価格に相応して，常に他より低く保たれているのである。(Forbonnais 1767, I, 33-34)

　このように，フォルボネによれば，貧者は労働による疲労を癒して活力を補給するだけの自然の恩恵を得られれば十分であるため，彼らの賃金が生存のための必需品の価格に応じたものになっているのであった。労働者には再生産のための一定量の必需品だけを想定し，彼らの賃金が必需品の価格と連動しているということは，労働者には余剰が生じえないことになる。
　フォルボネが，彼の理念上では，相互的欲求のメカニズムによる産業の発展によって，労働者も豊かさを享受するようになると論じていることは前述

した。だが，フォルボネの価値論においては，富者は奢侈を享受する権利を有するとし，労働者は「自らの充足を増やすために行う努力さえ遠ざけてしまう」ほど「単純であり」，労働力の回復に必要とされる以上の豊かさは求めないような人格が想定されている。フォルボネの構想の中に明確に存在するこの階級間での人格的相違は，古典派経済学にも引き継がれ共有される理論的前提であるとしても，彼が標榜した相互的欲求による発展がその恩恵を貧者にまでトリクルダウンさせる可能性を考慮しないことを意味するものである。

　また，フォルボネが示した労働者にとっての同量のダイヤモンドと小麦の比較は，ガリアーニが「パンも金もない人」について述べた「１リップラのパンは，１リップラの金より効用がある」と述べたことの繰り返しにすぎず，部分量の価値を考えているわけではない。

　フォルボネが第３から第５の序列と位置付ける奢侈品の価値について，「自然の秩序」が機能していない富者の評価を，彼は次のように説明する。

　　　　第３から第５の序列の商品は，富者によって，つまり，多くの贅沢な品々の所有者によって評価される。市民の間でこの余剰における不均衡の程度が大きくなればなるほど，気ままな望みがふくらみ，これらの気ままな望みを満たすために従事する労働者の報酬との釣り合いや一般原則が弱まるのである。(Forbonnais 1767, I, 34-35)

　つまり，フォルボネは，貧者は労働の活力を取り戻す欲求しか持たないため，ダイヤモンドを優位に評価することはないが，奢侈を享受する富者は，自然の秩序がその支配力を弱めてしまうため，ダイヤモンドに高い価値を付すということを，パラドックスの解としていたのであった。

　しかし，こうした議論の中で，フォルボネは希少性によって価値が逆転する可能性については示唆していない。彼は，希少・豊富が高価・低価に結びつくことは述べた（Forbonnais 1767, I, 27-32）し，「自然の秩序」の減退から生じる欲求と嗜好の変化によって，富者には小麦よりダイヤモンドの方が高い価値を持つことも示した。だが，小麦が極端に希少になったら，富者に

とってさえダイヤモンドより小麦が高い価値を持つことになる可能性や，富者が貧者の小麦をダイヤモンドと交換する欲求を持ちうるような状況にまで，解を推し広げることはなかった。

2 グラスランの解

では，グラスランの解はどうか。まず，通常の状況でダイヤモンドと小麦に対する富者と貧者それぞれにとっての，絶対価値と相対価値の違いを次のように述べている。

諸物の間に相対価値が存在する現実の状況においては，1粒のダイヤモンド (un diamant)[83] は，パンを事欠く人々にとっての1升 (mesure) の小麦と同じだけの大きな価値が本質的にあるわけではないのに，この1升の小麦と単純に交換されず，1000升か2000升もの小麦と引換えにしか交換されないだろう。なぜか？　それは，既にあらゆる欲求対象物を所有し，なお，有り余るほどの余剰の小麦を持つ一定の人々が，この自分の余剰の小麦と，彼らに不足しているおそらく唯一の欲求対象物であるダイヤモンドを交換しようとするからであり，また，富者が有り余る小麦のすべての部分をダイヤモンドと交換することは，貧者が〔偶然彼の手元にある〕ダイヤモンドを，貧者自身が欲求を持つ小麦と交換することと，同じだからである。(Graslin [1767] 1911, 151-152)

これと対照的に，「まさに現実の欲求対象物として存在し，それゆえ真の富である空気，光，水」は，「一般的な欲求の範囲を相対的に超えた量の中にいつでも存在するので，それらの個々の部分は，ほぼゼロであるほど低い価値しか持たない」(Graslin [1767] 1911, 36 note)。だが，それらは，ある条件下での希少性と欲求によって認識されることで，通常とは異なる大きな価値を持ちうることを示したのが，第3章でも引用した次の説明である。

83）「un diamant」は「（1つの）ダイヤの指輪」とも解釈できる。いずれにせよ，ダイヤの部分価値を問題としている。

それら〔空気，光，水〕の総量は，消費者の数とはいかなる相関関係にはなく，言わば無限のものであり，各人の欲求に対応する各部分は非常に小さくなる。また，その価値は同じようにごくわずかである。もし，何らかの希少性か，あるいは，単に欲求対象物の量と欲求の大きさとの間に，例えば，大海原の船の中や砂漠の中で，水についてしばしば起こるような，ある種の関係が存在すれば，この富の価値はただちに感知されるだろう。そして，この富が他のあらゆる富のように，欲求と希少性の度合に複合的に相応するということは，誰もが知ることとなろう。(Graslin [1767] 1911, 36-37)

また，小麦の価値の希少性についても，次のよう例を挙げている。

　　包囲された都市で飢饉が始まったことが分かると，１ボワソー[84] の小麦はそれだけで，どんなに貴重な物より大きな価値を持つ。……なぜなら，この１ボワソーの小麦は欲求と希少性の２つの性質の最高の度合において構成されるからである。(Graslin [1767] 1911, 29-30)

　こうして，「大海原の船の中」や「砂漠」の水，そして「包囲された都市」の小麦は，誰にとっても欲求と希少性による大きな絶対価値を持ち，富者にとってはダイヤモンドの価値とさえ逆転することになるのである。グラスランは，いかなる富の部分価値も，状況に応じ，効用に対する欲求と希少性に基づいて増減することを強調していた。

第5節　フォルボネとグラスランの「到達度」の評価

　では，フォルボネとグラスランによる水とダイヤモンドのパラドックスの解が，第１節で示した３つの条件を満たしているかについて検証する。条件１は，価値を「効用に対する欲求」と「希少性」によって，現実に起こりう

---

84)　１ボワソー（un boisseau）は12.7リットルに相当。

る状況に応じて説明すること，条件2は，絶対価値（使用価値）と相対価値（交換価値）との違いが示されること，そして，条件3は，ある財の全体だけではなく，その一定部分についての価値も考慮に入れることであった。

　まず，フォルボネについて見ていく。条件1について，フォルボネはダイヤモンドと小麦によって例示したが，富者にとってのダイヤモンドは「自然の秩序」の機能が低下した結果として生じる効用欲求と嗜好の変化によって高い価値を持つことは述べたものの，ダイヤモンドの希少性には明確にはふれなかった。

　また，小麦が希少になったら，富者にとってさえダイヤモンドより小麦が高い価値を持つことになる可能性にも言及しなかった。貧者にとっての小麦については，労働力の源としての効用を認めたが，必要量の小麦が存在することを前提としていた。

　条件2の絶対価値と相対価値の区別については，富者にとってのダイヤモンドは，実際の効用すなわち絶対価値とは無関係に交換価値が増えると想定されている。しかし，絶対価値と交換価値（相対価値）の区別は不明瞭である。

　もう一方の労働者の食料については，絶対価値としての効用が認識されているにせよ，労働と交換される食料を生存のためにすべて消費する労働者像が想定されているため，そこに交換価値の認識はなく，労働者には交換価値を適用しうるような余剰も存在しない。

　条件3については，1樽分のダイヤモンドと小麦を取り上げて，一財全体での価値を検討しているが，部分価値については考慮していない。

　ではグラスランはどうだろうか。条件1について，グラスランは，常に価値を「効用に対する欲求」と希少性の両面によって説明している。通常は価値が低い財の希少性が高くなる状況についても，「大海原の船の中や砂漠の中」の水や，「包囲された都市」での小麦について具体的に言及している。

　条件2および条件3に関しては，1粒のダイヤモンドが，絶対価値としては1升の小麦以下であっても，交換価値としては何千升の小麦ほどの高いものであることを示している。これによって，絶対価値と相対価値の区別と，ある財全体と一定部分の区別が為されていることが分かる。わずかに先行し

ていたガリアーニもグラスランに近い知見を持っていた。だが，ガリアーニは全体と部分に分ける考察にまでは辿り着かなかったのである。各条件についてのフォルボネとグラスランの違いを図表５－１に示した。

　以上から，フォルボネの議論では，希少性によって価値が逆転する可能性が考慮されておらず，十分な解に至らなかった。フォルボネは，労働者が必需品しか手に入れないことを前提にしたため，水とダイヤモンドのパラドックスにおいては解を発展させることができなかったのである。

　グラスランの主張の中でも，通常は，貧者にとっては少量の小麦が高い絶対価値を持つのに対して，富者にとっては人間の生存に必要のないダイヤモンドが，欲求と希少性の高い度合の交換価値を持ち，小麦はわずかな価値しか持たないことが述べられた。それでも，一定の状況においては，富者か貧者かを問わず，少量の水や小麦がダイヤモンドより欲求と希少性の高い度合の価値を持つことが説明されたのである。換言すれば，水も状況によって，あるいは消費可能量によっては，限界効用が高いことを示しているのである。グラスランは，相対価値を持ついかなる富も，その部分価値は，状況に応じ，欲求と希少性に基づいて増減すると述べ，全体価値と部分価値を分けて，部分価値の変化を指摘したことは先駆的であった。

　その後，スミスは確かに「使用価値」と「交換価値」との区別を提起した。ところが，スミスは価値基準を労働量に置いたため，採掘や保管，運搬など何らかの労働が付加されない限り，水そのものは価値を持たないことになってしまっていた。スミスは1776年の時点では，そのような何らかの労働が付加されることで水の価値が認識できるという結論を引き出したところまでで，パラドックスの解を保留したことになる。

　これは「スミスと継承者たちにはパラドックスは存在しなかった」（White 2002, 660）のではなく，労働を価値尺度とした彼らには事実上パラドックスを「解けなかった」のであり，パラドックスは依然として解かれないまま保留されていたのである。

　反対に，1767年の時点で解を引き出したグラスランにとっては，もはやパラドックスは存在しなかった。もちろん，限界効用や最終効用度，あるいは全部効用といったタームでは表現しなかったものの，以下のジェヴォンズ

と同じレベルの説明を行っていたことになる。

　　〔ダイヤモンドであれ小麦であれ果実であれ〕われわれは決して絶対的に
　ある物は効用を持ち，他の物は効用を持たないと言うことはできない。
　……さらに考察すれば，われわれは同じ産物のすべての部分が等しい効
　用を持つということもできない。……水は一定量までは欠くことはでき
　ない。それ以上の量はさまざまな程度の効用を持つだろう。しかし一定
　量を超えると，効用は漸次ゼロに下がる。(Jevons 1871, 52-53)
　　われわれは毎日水のほとんど無限の効用を享受しているが，……干ば
　つのためにその供給が不足したとすれば，われわれはふだんほとんど思
　ってもみないほどのその高くなった効用度を感じ始めるだろう。(Jevons
　1871, 62)

　あらゆる財に対して，効用に対する欲求と希少性に基づく同じ価値基準を
持つグラスランの価値理論は，スミスから始まる古典派を超えて，1870 年
代以降の効用理論を示唆するものであり，水とダイヤモンドのパラドックス
の解にも 100 年早く到達していたのである。

図表 5 − 1　奢侈品と必需品に対する効用と希少性の各認識の違い

		フォルボネ		グラスラン	
		ダイヤ	小麦	ダイヤ	小麦・水
条件 1	効用・欲求	○	×	○	○
	希少性	×	×	○	○
条件 2	絶対価値	○	○	○	○
	相対価値	○	×	○	○
条件 3	全体価値	○	○	○	○
	部分価値	×	×	○	○

第6章

グラスランの累進的消費税論

消費の規範性と担税能力

　前章までに言及してきたグラスランの『分析試論』の中の主観価値理論は，フィジオクラートが土地所有者の純生産物に対する本源的課税が最も理に適っているとする土地単一税を主張していたことに反対し，その対抗案として累進的消費税を提言するための理論的前提であった。本章は，グラスランが『分析試論』の目的とした，フランスの財政再建のための累進的消費税論を扱い，その論理と意義の検証を行う。

第*1*節　はじめに

　グラスランは，フィジオクラートが主張した土地単一税では，多くの財資力を保有していても土地所有者でなければ課税される根拠がないため，納税者は土地所有者に限定され，結果として，当時の逼迫した財政を改善する歳入に限度が生じることを懸念していた。そこでグラスランは，消費の規範性[85]を担税能力（facultés contribuables）[86]と結びつけることによって税の公平性を担保する累進的消費税を提案し，歳入の増加を図ろうと考えていたのであった。

　グラスランの累進的消費税論には4つの特徴がある。第1に，各人の所得や財資力は正確な捕捉が困難であったため，所得や財資力の代替として，消

---

85)　人間が享受する消費物についての，生命維持に直接関わる効用の度合と，奢侈性の度合とを併せた概念を，本書においては「規範性」と呼んでいる。後出の注99を参照。

費能力がそれらの指標とみなされていることが挙げられる。当時は，特に富者の財資力を客観的かつ正確に捕捉することは制度的にも技術的にも難しく，各々の実際の所得に厳密に即して税を徴収することは不可能であった。さらに，所得の捕捉が困難であるばかりでなく，所得税が定率の場合には，高所得者よりも低所得者の可処分所得の方がいっそう深刻に減少することになる一方，所得が高額になるのに比例して高率となる累進税率の場合には，経済活動への意欲が減退する可能性があるという問題点があった。これらを踏まえ，グラスランは消費能力が各々の所得や財資力に比例するものとし，消費能力と担税能力を関連付けることによって，特に富者の奢侈品購買力に担税能力を見出そうとしたのであった。

　第2に，消費税の累進性が，主観価値理論の規範的な側面に基づいて提起されていることが指摘できる。担税能力に合わせたグラスランの消費税案では，生存のための質素な必需品には課税せず，必需品を超えて便宜品，奢侈品へと至る消費に対して段階的に税率を高くする累進的なしくみが提起された。これによって，貧者に税を負担させず，生命維持の必要性から離れた奢侈性の高い消費を行える財資力に応じて消費税を課すことになる。

　このロジックを可能にしているのは，階級社会という当時のバックグラウンドである。現代であれば，富者が安価な消費物を買う可能性もあり，また，貧者であっても資金を貯めたり，借金をしたりすれば，多少は高価な消費に手を出すことも不可能ではない。それゆえ，厳密な意味で担税能力が適用さ

86）　租税は，公平性の観点から，各自の担税能力に応じて賦課する応能原則と，公共サービスの受益に応じて課税する応益原則に大別されるが，消費税は，応能原則と応益原則の両方の点で所得税に優っている。ただし，現代のように所得捕捉力が高まった時代においては，所得税は納税者の担税能力に細かく配慮できるのに対し，消費税は消費の多様性から課税対象が納税者の担税能力と完全に一致しない可能性があるため，個別の担税能力等への配慮に関しては所得税の方が優っているとされる。しかし，グラスランは，所得や財産等の正確な補足が不可能であった18世紀当時の事情を背景として，消費税の有効性を主張していることに留意されたい。なお，今日では，消費税は，一般消費税（売上税および付加価値税），個別消費税（物品税）と，消費を申告して納税する総合消費税（支出税）に分類されるが，グラスランが想定しているのは，一般消費税と推測される。また，グラスランが主張した税の形態については，種々の呼称が一般化されていなかった18世紀当時の状況と，物品税のように特定の商品だけが税の対象ではないことを考慮すると，「累進的消費税」として論じるのがふさわしいと考える。

れる直接税とは異なり，間接税の場合には実際の可処分所得と必ずしも比例的でなくなる可能性がある。

しかし，現代とは異なり，18世紀においては，そのような消費形態は市場の仕組みとしてもほぼ起こりえないため，階級や収入の多寡によって消費する対象物は決まっていたとみなせるだろう。つまり，当時は，必需品を十分に購入できる家計でなければ，上質の衣服や装飾的な家具を買うことはできず，それらを買えるようになって初めて，宝石にも意識が向く，という消費形態が前提となる。グラスランはそうした消費の順序を，グラスラン表（第3章）において，享受される欲求対象物の体系として示したのである。

さらに，商業社会の進展によって余剰を得られるようになった労働者や商工業者が，その余剰に応じて便宜品へと消費を広げている現実を見ていたグラスランは，余剰を得た労働者たちがより高価な商品に漸次手を伸ばす可能性を視野に入れていた。そして，もともと高い収入を得ていながら税を免れている医者や学者や役人らが行う奢侈品消費にも着目していた。こうして，それぞれの消費力に応じて，また，購入品の奢侈度に応じて，累進的な税率で消費税を負担させることで，歳入の増加を期待できると考えたのである。

第3に，高い消費税率が課されたとしても，あるいは，それによって実質所得が減少したとしても，富者は奢侈品消費を減少させないという，いわゆるラチェット効果（あるいはデモンストレーション効果）に相当する概念が想定されていることも，グラスランの理論の特徴である。累進的消費税論については，現代的な資源配分上の観点においては，需要の価格弾力性が高い奢侈品よりも，価格弾力性が低い必需品に対し，相対的に高い税率を課す方が効率的であるという論理が存在し，今日ではラムゼイ・ルールと呼ばれているが，18世紀の時点で，グラスランはこうした点を認識していたことになる。というのは，グラスランは，富者にとっての奢侈品消費はプライドを保持するのに欠かせない必需品消費なので，「価格が前年の2倍になろうと」，高率の消費税が課されようと，その消費は減少しない（Graslin[1767] 1911, 199）と考えていたからである。つまり，累進的消費税における奢侈品への課税は，富者にとっては価格弾力性が低い消費への課税となるため，消費を減らす誘因にはならず，また，税の効果によって富者の実質所得が減少して

も，消費習慣は変えないと，グラスランは想定しているのである。

第4に，関税と累進的消費税の効果を併せて歳入増加が図られていることである。カンティロン（R.Cantillon 1680?-1734）は，一国家の貨幣量の増減がもたらす繁栄と窮乏の循環を論じたが，グラスランは，カンティロンのこうした貨幣的循環論を受容し，厳しい財政状態にあった当時のフランスが，まさにカンティロンが論じた衰退局面にあると認識していた。

しかし，グラスランは，カンティロンの貨幣的循環論には，貨幣過多による衰退局面の徴候に対して，その衰退を回避するために講ずるべき関税政策が欠けていることに注目する。グラスランは，完成輸入品に対して過度にならない一定の関税をかけることで国内の産業を守るとともに，国内で加工生産するための奢侈品の輸入原材料に関税をかけることによって，完成した製品がより高価になったとしても，その高価になった奢侈品への消費税を富者が負担することで歳入を増加させることができ，国内の加工製造産業も衰退せずに済むと考えたのであった。その際，グラスランはマブリ（G.B.d'Abbé Mably 1709-85）の奢侈批判を反批判し，マブリが主張する節制では財政再建が不可能であると説いた。

これらの特徴を持つグラスランの累進的消費税論は，消費の規範性を消費税の累進性に結びつけ，各人の担税能力に合わせることによって，「公平性のルール（régle de l'équité）」（Graslin [1767] 1911, 164）を担保するものとなっている。

その後，スミスが，消費税の利点として，消費税が各納税者の自由意思に基づいていることから公平性を担保していること，確定的であること，そして，支払方法についても好都合であることの3点を挙げている（Smith [1776] 1976, 895-96／訳263-66）。それでも，「租税の転嫁問題に対する洞察において，その同時代人の中でも優れていた」（Schumpeter 1954, 175／訳313）グラスランが，スミスに先立って論じていた累進的消費税論は，現代にまで続く消費税論の一角を成すものとして，俎上に載せるに足るものである。

税については，古代ギリシャの時代にも市民からの徴収基準や，物品税，輸出入税，港湾税，船税等も含めて議論されていた。17世紀のイングラン

ドではペティ（William Petty, 1623-87）が累積的内国消費税（Accumulative Excise）と呼ばれる最終消費財全般への課税を提案しているが，これは中間財への課税を最終消費財へ累積させてまとめて徴収するもので，グラスランの累進的消費税とは仕組みが異なる。それでも，「各人が実際に享受しているものに応じて支払うべきであるというのが自然的正義（natural justice）」であり，最終消費財への「この税は誰にも強制されることはなく，自然の必需品で満足しようとする人々にとっては非常に軽いものである」（Petty 1662, 94）と指摘するペティの主張からは，グラスランの累進的消費税へと向かう系譜が見えてくる。また，ペティの税論からはスミスの四原則に準ずる主張も読み取れなくはない。

このように17世紀から18世紀の税の議論の中で，グラスランの累進的課税論は論及される機会が少ないものの，Orain（2006, 2008b, 2010），Faccarello（2008, 2009），Maherzi（2008）は，彼の税論全体について，それぞれ，モンテスキューの影響やフォルボネとの類似性等に重点を置き俯瞰的に論じている[87]。グラスランはモンテスキューの言葉「人頭税（taxe capitale）は隷属状態により合致した税であるが，商品税は自由により合致した税である」（Montesquieu 1748, 350／訳396）を引用した上で，さらに「税が消費物に課される時，この自由は，消費するかしないかによる，支払うか支払わないかの自由なのであり，……税の支払いは自由な消費の結果であり一部分である」（Graslin [1767] 1911, 163, 168-69）と述べていることからも，モンテスキューの影響は明らかであり，さらにそれを発展させている。

本章では，グラスランの累進的消費税論を上述の4つの特徴から分析的に捉えることで，消費の規範性と担税能力とを関連付けたグラスランの意図に焦点を当てて検証を行う。次節では，フィジオクラシーの土地単一税とグラ

---

87) オランは，グラスランが提案した累進的消費税はモンテスキューだけでなくフォルボネのものを派生させたものとしている（Orain 2008b, 143）。マヘルツィもフォルボネとの類似点を示唆している。グラスランもフォルボネも，国内産業の推進と，一定の保護貿易という主張は一致しているが，グラスランはフォルボネの論理の曖昧さを『分析試論』で指摘している（Graslin [1767] 1911, 111-12 note）。ファカレロは，グラスランが取り上げたマブリについて言及し（Faccarello 2008, 110-111），また，グラスランの消費税論がモンテスキューに負うとしても，公平性を担保する一方法であることを評価している（Faccarello 2009, 35-36）。

スランの累進的消費税とを比較した後に，4つの特徴のうち第1から第3の特徴を明らかにする。続いて，第3と第4の特徴の関連を取り上げるが，そのために必要なカンティロンの貨幣的循環論とマブリの奢侈批判を，グラスランの意図に沿って第3節に提示する。第4節で，カンティロンの貨幣的循環論で欠如していた関税の効果を取り入れることで，グラスランが歳入の増加を図ったことについて論じ，終節では，1760年代のフランスにおけるこの累進的消費税論の意義について，その後のスミスの消費税論から見て評する。

第2節　土地単一税と累進的消費税

　ルイ15世時代（在位1715-74）のフランスは，オーストリア継承戦争（1740-48）や七年戦争（1757-63）のための多額の軍事費だけでなく，王族や愛妾ポンパドゥール夫人の乱費によっても厳しい財政状況にあった。それを支える租税負担の大部分は農民に課せられ，特権階級である貴族と僧侶は税を免れていた。財政改善のために間接税やタイユ[88]は増税され，さらに，10分の1税[89]や20分の1税[90]が課された一方で，徴税請負人は恣意的な徴収や売官によって利益を得ていた[91]。

1　フィジオクラートの土地単一税

　こうした税の実態を懸念したケネーは，「借地農論（フェルミエ）」（1756）や「穀物論」（1757），そして「租税論」（1758?）で担税能力に応じて徴税することを主張し，また農業王国としての統治システムを「経済表」（1758-

---

88)　タイユはアンシャンレジーム期の直接税で，対人タイユ（各収入への税）と対物タイユ（財産に対して賦課）があるが，財政難に比例して税率は次第に高率となっていった。

89)　教会が教区の農民に課していた税であったが，封建領主が徴収するようにもなっていた。

90)　1749年から施行された税で，課税に反発した特権階級は免除された。

91)　例えば，科学アカデミーの会員の化学者ラヴォアジエ（Lavoisier, A.L. 1743-94）。彼は元々富豪であり，化学の実験や研究のための費用にも事欠かなかったにもかかわらず，1768年から徴税請負人を本業として多大な収入を得ていた。

67) に集約させていった。ケネーは，「土地の純生産物は三人の所有者，すなわち国家，土地所有者，10分の1税徴収者〔教会〕に配分される」（Quesnay [1767] 1768, 124 ／訳231）という前提に立って，間接税を廃止し，賃金や諸財への租税ではなく，土地所有者の純生産物にのみ課税する土地単一税[92]を直接税として租税の中心に据えることを提案した。

　ケネーが提唱した農業王国としての統治思想であるフィジオクラシーは，自然の恩恵によって豊富な純生産物を生む農業だけを「生産的」とし，加工品は原材料の価値と労働者の生活資料の価値からのみ成るため純生産物を生まないという想定によって「不生産的」とみなす。その上で，フィジオクラートは，あらゆる租税は直接的であれ間接的であれ，自然の恩恵を豊富に受ける土地所有者の純生産物によって結局は支払われるというロジックの下で，「生産的」な農業から生じる純生産物だけに本源的な担税範囲を限定する土地単一税が，農業労働者に支払われる前払である再生産資本を損なうことのないシステムとして，最も効率的で適切であると主張していた[93]。

　こうして，歳入の最善策として土地単一税を提唱する一方で，ケネーは歳出について「政府は節約に専念するよりも，王国の繁栄に必要な事業に専念すること。なぜなら，多大な支出も富の増加のためであれば，過度でなくなりうるからである」（Quesnay [1767] 1768, 120 ／訳228-29）という理念を掲げた[94]。ケネーのこうした経済政策についての思想を，彼を取り巻いていたミラボー，ボードー，デュポン・ド・ヌムール，メルシエ・ド・ラ・リヴィエールらは狂信的に支持していた。

　このフィジオクラシー思想に基づく土地単一税を批判し，それに代わる税

---

92)　ケネーは金銭的富への課税については，「国家から掠め取られ，…首都に蓄積される金銭的富」は「公共的證券……商業證券の割引によって……莫大な利得を得させる」もので，「主権者の収入に寄与すべき富のうちに加えない」ため「課税を免れる」とし（Quesnay [1758?] 1908, 142 ／訳352），都市の富者に対して税を課すことは求めなかった。

93)　しかし，ケネーは「農業生産者〔借地農〕に，彼らが地主に支払う地代に比例して，一定率のタイユを賦課することを提案していた」（渡辺 1961, 501）。

94)　支出を削減するのではなく「支出の良き使用こそが，前払いの増加すなわち資本の蓄積のために決定的な要件」であり，それが「ケネーの『経済表』の根本的な着想」（菱山 1961, 47。傍点は原著）であった。

政策として，グラスランは『分析試論』において累進的消費税[95]を提案したのであった。土地単一税によって不生産階級とされる人々が税を免れることについては，次のように述べている。

芸術家あるいは商人が自分の食料より多くを得ると，彼は確かに彼の才能を上達させたり，彼の商売を広げたり向上させたりするために，その余剰を使うことができる。……しかし，もし彼が作り出すすべての利益を完全に彼の意志で，彼の状況を拡大し向上させることにしか使わないのなら，利益のうちのその部分は彼にとって日常的に用いる富なのだから，土地の純生産物以上に税を免れてはならない。(Graslin [1767] 1911, 134)

このようにグラスランは，フィジオクラートが不生産階級とする人々の担税能力を確信していたのである。

2　グラスランの累進的消費税

グラスランの『分析試論』は，フィジオクラートであるチュルゴが主宰したリモージュ農業協会による「土地所有者の収入に及ぼす間接税の効果の論証と評価」というテーマの懸賞論文に応募したものであった。しかし，グラスランが提出した論文は，グラスランが「尊敬すべき友（Compagnie respectable)」(Graslin [1767] 1911, 2）と呼んだチュルゴの思惑に沿った論旨，すなわちフィジオクラートが主張する土地所有者への土地単一税政策の正当性の擁護どころか，逆に土地単一税を完全に否定するものであった。それにもかかわらず，チュルゴはグラスランの論文の秀逸性を認めるようフィジオクラートを説得し，2等に相当する賞を与えた[96]。

グラスランは，フィジオクラートが農業生産物を「自然の無償の贈物」と

---

95) グラスランは自身が提起している累進的消費税を impôt progressif sur la consommation という表現ではなく，消費税（taxe sur les choses de consommation, taxe sur les objets de consommations)，間接税（impôt indirect）または「各納税者の能力に累進的に応じた税（contribution dans une raison progressive des facultés de chaque contribuable)」(Glaslin [1767]1911, 122, 173, 205 他）として論じている。

呼ぶことに対して，こう反論する。

> 土地の生産性は自然の無償の贈物，ないしは，自然の創造主である神によるものである。しかし，生産物を自然の無償の贈物と呼ぶことはできない。なぜなら，創造主は人間が自らの額に汗することによってのみ，それを手に入れることを望んだからである。……労働がこれらの生産物を手に入れるための唯一の手段であり，……権利である。(Graslin [1767] 1911, 79-80)

　フィジオクラートの論理では，自然が「無償の贈物」を与えるのだから農業の純生産物に税負担を課しても問題にならないとしているが，農地の地味にも配慮してグラスランは次のようにも述べる。

> 肥料を施されることなしに，1に対して10返す土地が存在するのは確たる事実である。一方では，ひどく不毛なため，耕作者にかろうじて種子を返すとしても，前払を先取りされた彼の純生産物は，全生産物のせいぜい1/10しかない土地も存在する。もし税が現物でこの生産物の1/5を徴収すると，税はすべての純生産物を取り上げてしまうだけでなく，再生産に充てられる部分も損ない，耕作を無に帰せしめる。それゆえ，この税の形は，徴収の点では悪でも不当でもないが，それ以上に納税の点では不平等で不公平であるし，またさらに，農業を破壊しかねないのは確かである。(Graslin [1767] 1911, 125)

　それでも，グラスランの論理では，生産物の市場価値は労働量によって決まるわけではない[97]。「実際，劣等地で収穫された1ミュイの小麦は，優良地で得られた同じ1ミュイの小麦よりたとえ4倍多くの費用が含まれている

96）　チュルゴは，土地単一税に反対するグラスランの論旨を反批判した（[1767] 1914）が，グラスランが累進的消費税の根拠として論じた主観価値概念を，自身の未定稿「価値と貨幣」（[1769] 1919）に反映させたことは，第3章に述べた。

97）　ファカレロはグラスランが労働価値説で論じていることを主張する（Faccarello 2008, 122-24. Faccarello 2009, 28-29）。

としても，高い価値があるなどということはない」し，「リヨンの工場のために発明された機械を使ってわずかな費用で作ることができた織物の価値は，同じ時にはるかに多くの労働費用をかけて作った織物より，大きくも小さくもない」（Graslin [1767] 1911, 11-12）のだから，「いかなる物もその価値は，費用とは無関係」（Graslin [1767] 1911, 12 footnote）だとグラスランは主張する。

　グラスランは富を「人間の欲求（必要・効用・嗜好）と希少性との複合的度合に応じて相対価値を持つ物」と定義することで，土地生産物だけではなく市場で取引されるすべての対象物を富とみなしていた（Graslin [1767] 1911, 13）。グラスランのこの『分析試論』を評した後のチュルゴは，富を「取引可能な財，すなわち，ある価値を持つ享有の対象物」と定義し，グラスランに近づく[98] が，「現実の富がすべて租税を支払いうるわけではない」（Turgot [1767] 1914, 630-31 ／訳128-29）と付言する。チュルゴは，フィジオクラシーの教義に則って，加工業は「不生産的」であり，費用を上回る利益を生み出しえないものとし，「生産的」である農業が作り出す純生産物，すなわち土地所有者の収入に対する土地単一税の正当性を説いていた。

　これに対してグラスランは，土地所有者だけでなく，特権階級はもちろん，その他にも大きな利益を得ている職業者，例えば工場経営者，貿易商，画家，弁護士，医者，金利生活者（Graslin [1767] 1911, 11, 46, 80, 131）等も税を負担するべきであることを主張した。土地所有者への土地単一税とは異なり，税を免れている者にも税を負担させるための消費税を提案する論拠として，あらゆる財も労働もサービスも，欲求と希少性に基づく価値を持つ富すなわち純生産物を産出することを，次のように述べる。

　　純生産物は加工業の中にも存在しうるのである。……加工業の生産物は

98）　チュルゴの1767年以降のこのような富の定義（Turgot [1767] 1914, [1769] 1919）には，グラスランの富の定義が反映されている。この定義に至るまでのチュルゴの富の定義は一貫しておらず，「人間の数」や「有用物の生産」を富と呼んだり（Turgot [1753-54] 1909, 377 ／訳20），「動産の富」という概念で資本蓄積を説いたりしていた（Turgot [1766] 1909, 562-66 ／訳93-96）が，いずれの見解にも「価値」「欲求充足」という概念は含まれていなかったことについては，第3章を参照。

土地生産物のように常に富となるだろう。それでも，税を払いうるのは純生産物だけなのだろうか？　この前提が土地だけに特有なものではないということであれば，また，土地所有者，耕作者，工場主，商人らが，彼らの費用を超えて引き出す利益，つまり，各々にとって収入と呼びうる利益に対して税を払うことが可能であれば，それでよいのである。これによって，執拗にもっぱら土地の富の中にだけあるとされてきた国家の収入は，大いに増大することだろう。(Graslin [1767] 1911, 11)

　こうして，グラスランは免税とされた特権階級を含むあらゆる階級に，各々の消費能力に応じた税を課すことで税収を増やし，国家財政を立て直すことを主張した。グラスランの税理論は，各納税者の担税能力に応じて徴収すべきとする根本的な着想はケネーと同様であるとしても，担税能力についての判断基準と，それに基づき税を負担させる担税対象とが異なっていた。つまり，フィジオクラートの土地単一税は，土地所有者に限定して担税能力を見出し，土地からの純生産物のみを担税対象としたのに対し，グラスランは土地所有者に限定せず，土地からの純生産物以外も含め，各々の収入に応じた消費能力に担税能力を見出し，各々の消費を担税対象としたのである。

　グラスランが提唱した消費税は，貧しい労働者たちの生存に必要な「最も重要で絶対的な必需品には課税されず」(Graslin [1767] 1911, 129)，必需品から離れて奢侈品になるほど高率に負担させる累進性を持つものでもあった。消費税に対してグラスランが前提としたこの累進性は，彼の主観価値理論で提示された「富の序列（l'ordre de richesse）」における規範性[99]に基づいて，消費対象物の課税率を変えることを示していた。

---

99)　グラスランの「富の序列」は，生命維持に直接関わる効用度と，生命維持とは無関係の奢侈度との度合に準じたものでもある。そのため，グラスランが用いた用語ではないが，彼の消費税論を扱う本書においては，この度合を規範性と呼んでいる。グラスランだけでなく，ガリアーニもチュルゴもこの規範性を想定して主観価値を論じているが，人間の主観的欲望の程度や種類についての議論は，イギリスにも存在していた。ジェヴォンズは，それがフランスにおいて頻出していたことを挙げる一方で，バンフィールド（Banfield, T.E.）〔Banfield, T.C.の間違いであろう〕が1844年にケンブリッジ大学で行った講義を下にした著作『労働の組織（The Organisation of Labour）』で「欲求・欲望の高低を経済学の中に消費理論として構築すべきだ」と述べていた見解を引用している（Jevons 1871, 46-51／訳31-33）。

第1から第10までの10段階に便宜的に分けられたグラスランの「富の序列」では，第1から第4の対象物は原初的な生活における必要性に準じて，例えば，第1の対象物は生存に必要不可欠な水や食物，第2の対象物は基本的な衣類や防寒具，第3の対象物は最低限の住居，第4の対象物は狩猟または農耕のための道具というように，そして，第5から第10の対象物は文明化による便益品から奢侈品へと順に該当することになる。つまり，第1の対象物は生命維持に直接関わるため規範性が高いのであり，第2の対象物以下は規範性が次第に低下し，生存に全く必要のないダイヤモンドのような奢侈品は，それに対する主観的欲求の強い人々が存在するとしても，また，どれほど希少で相対価値が高いとしても規範性は低く，「富の序列」では最下位となる。

グラスランの累進的消費税では，最も重要な必需品である第1の対象物には課税しないことによって最貧層の生存を保障し，労働者であれ富者であれ，必需品を超えた消費には，奢侈品に向かうにつれて次第に高率になるように課税されることを，彼は次のように説明する。

　　税の比率は，いかなる形で認識されるにせよ，……第一に，消費税は絶対的な必需品には課されてはならない。第二に，最も重要な必需品から離れる度合によって，その他の物には税が次第に重くなるようにしなければならない，ということになる。この税の第一の法則は，最も重要な欲求対象物は免除されることであると言おう。最も害悪となるのは，おそらく，彼の資力の減少によってであれ，必需品の値上がりによってであれ，生活をかろうじて維持することしかできない人間が，何らかの名目に対して何らかの税を負担する羽目に陥ることである。……第二の法則は，物品税はそれらの相対価値に応じるのではなく，欲求が必需品から離れるのに応じて，各欲求対象物に対して次第に強くなるということであり，それは，我々が唯一の公平性のルールの存在を見た，累進的に増加する比例性において，納税者の間で税を割当てなければならない，ということである。(Graslin [1767] 1911, 163-64, 傍点は筆者)

相対価値に応じるのではなく，「富の序列」に従って累進的に消費税率を定めることを指している上記引用に従えば，仮に飢饉などによって必需品の希少性が高くなることで相対価値が高くなり市場での価格が上がったとしても，必需品は無税でなければならない。一方で，通常は希少性が高く相対価値も高いダイヤモンドが，仮に過剰に存在して希少性が低下することで相対価値が低くなり市場での価格下がったとしても，規範性が低い奢侈品であることには変わりがないため消費税は高率のままとなるのである[100]。

こうして，市場での相対価値とは無関係に，必需品から奢侈品に至るほど消費税が次第に高率となるように規定することと，消費の種類や程度に比例して購買者の財資力が顕示されるものとみなすことによって，奢侈品消費が可能な財資力を有する富者が消費税を多く負担する状態を担保することになる。このような財資力に応じて税を負担するしくみを，グラスランは「公平性のルール」と呼んだのだった。

3　フォジオクラートの反発

では，フィジオクラートはこのグラスランの消費税の提案にどのように反応して，彼らの土地単一税を擁護しようとしたのであろうか。消費税に対する両者の認識は全く異なっており，フィジオクラートは主に次の4つの理由を挙げてグラスランの累進的消費税案に反対し批判している。

第1の理由は，消費税などの間接税は，煩雑で徴税費用がかかるが，その分を売買の際に価格に上乗せできず，実際の生産物価格を低下させざるをえなくなるため，耕作者はその損失に応じて耕作のための支出を切り詰めるだろうから，その結果，生産物は徐々に減少し，土地所有者ひいては君主の収入まで減少させてしまう，というものである（Du Pont de Nemours [1768] 1910, 21-23）。それゆえ，「間接税は，税の目的に，君主の権威確立の目的

---

100)　グラスランは「絶対価値」「相対価値」という用語によって，スミスの「使用価値」「交換価値」の概念を提示する。ただし，スミスは「交換価値」の根拠を相対的な労働量に置くが，グラスランは市場における「相対価値」を各交換物の欲求と希少性の複合的比率を比較して決定されるものとみなすのである。これにより，グラスランが『分析試論』の中で，スミスより新古典派に近づいた形で主観性を強調して「水とダイヤモンドのパラドックス」を解いたことは，前章で述べたとおりである。

および社会の目的に反する」(Du Pont de Nemours [1768] 1910, 24) と批判した。実質的な生産物価格を引き下げるとするデュポン・ド・ヌムールとは別の角度から，ケネーの見解では，間接税によって生産物に懸ってくる「過度の経費は……不自然な価格を与え，……生産物を高価にし，……真の価格と消費とに有害」(Quesnay [1758?] 1908, 154 ／訳369) なものとされていた[101]。

これらに対してグラスランは，消費税はその対象物の価格に上乗せさせるものであって，その対象物の価値自体を増減させることはないのだから，消費税のために生産物価格を下げざるをえなくなるという主張は当たらないとしている (Graslin [1767] 1911, 163)。しかし，グラスランもまた消費税の徴収が個人税より多くの費用を伴うことを認めており，その徴税費用は「国家のための収入を増やさず，納税者の負担となる」だけでなく，「国民の富を減らすことに他ならない」(Graslin [1767] 1911, 200) とも言及している。では，このように徴税費用がかかることを認めても，なぜ，グラスランは累進的消費税を提言しているのだろうか？

グラスランは，国家と国民の関係について，国家を国内外での国民の安全確保や保護等の国家的行政サービスの「所有者」，国民をその行政サービスの「消費者」と認識した上で，国家の行政サービスは国民にとっての欲求対象物であり，税と交換されるという交換メカニズムを想定している。この想定から，国民は国家による保護などの行政サービスを税によって買うという構図を描いていた[102]。これは，チュルゴが，租税とは国家から個人へ与える利益の代償であるという利益説を主張していた (島 1937, 96) のとは対照的である。グラスランによれば，「税は〔国家による〕保護という富と，それ以外の富との，各相対価値に応じた交換の中に形成される。それこそが，まさに自然の掟であり，税の根本的原則なのである」(Graslin [1767] 1911, 173)。

---

101)　徴税費用と価格上昇の可能性については，スミスも懸念している (Smith [1776] 1976, 896-98 ／訳 266-68)。

102)　「グラスランは税を〔国家による保護との〕交換価格として定義した」(Maherzi 2008, 30)。

グラスランは，免税階級の存在が無くなり，国民が各々の能力と資力に応じて税を確実に負担するような，彼が提唱した累進的消費税体制となれば，その累進性のために多少なりとも煩雑で徴税費用がかかるとしても，言い換えれば，その徴税費用が納税者の負担となるとしても，その負担は国家による保護，安全の確保，公正，そして分配の等しさを可能にし，それを保証するために必要な費用であり，税の一部分であると考えていた。つまり，「税は保護を買うのであり，……その〔徴税〕費用は安全，公正，そして分配の平等さえも買うのである」（Graslin [1767] 1911, 200）。

フィジオクラートによる第2の批判理由は，消費税は「貧者の負担になる」というものである（Turgot [1767] 1914, 641 ／訳136）。しかし，グラスランの提案は必需品のみを消費する貧者には課税されない設定であり，貧者の生活を直接的に脅かすものではないため，その批判が当たらないことは明確である。

第3に，富裕な賃金労働者（salariés riches）は常にごく少数だから，彼らの高価な消費に課税してもほとんど何も得られないという理由である（Turgot [1767] 1914, 640-41 ／訳135-36）。しかし，人口全体に占める「富裕な労働者」の割合は多くはないとしても，当時のフランスでは貴族や聖職者だけでなく，医者や芸術家，金利生活者らも税を免れて「高価な消費」が可能であったことに鑑みると，そうした免税階級からも税を徴収できれば「ほとんど何も得られない」どころか歳入が大きく増えるのは明らかであるため，この批判理由も当たらないことになる。

さらに，第4の批判理由は，少量でも高価な商品ほど密輸が容易であるという前提を置くチュルゴが，それらの商品の密輸の危険性によって見積もられる税収の損失を考慮するならば，少量で高価な商品ほど比例的に消費税の累進税率を減らすべきだという，グラスランとは真逆の主張である（Turgot [1767] 1914, 648 ／訳141）[103]。ここでの密輸は，関税を免れる輸入というより，むしろ消費税や通行税を免れるための国内での闇取引と解される。チュルゴは，密輸の危険率は消費税にとって「超えることのできない」「最

103）　スミスも，多くの人が密輸品を購入する誘惑を断ち切れないことを指摘している（Smith [1776] 1976, 898 ／訳269）。

大」のものであり，「税が15％で，密輸の危険が10％なら，ほとんどの人は密輸に向かう」（Turgot [1767] 1914, 647-48 ／訳 141）ことをその理由として，少量で高価な商品の消費税率の相対的引下げを主張した[104]。

このように，グラスランの累進的消費税論は，フィジオクラシーの全盛期においてその中心的提言の1つである土地単一税を根本的に批判するものであったため，グラスランとフィジオクラートは各々の財政再建政策案をめぐって対立していた[105]。グラスランはこの累進的消費税の枠組みに関税の効果を組み入れることで財政再建を図る税制度を提案するが，その際，自説の正当化のための根拠として，また，批判対象として示したのが，次のカンティロンとマブリの議論だった。

第3節　カンティロンの循環論とマブリの思想

グラスランは，上述の累進的消費税論を対外交易論と関連付ける根拠を，カンティロンの『商業試論』（[1734] 1755）における一国家の繁栄と窮乏についての貨幣的循環論と，カンティロンが論じた政策に対するマブリ[106]の見解とから導出する。

グラスランは，まず，「カンティロン氏は，国民により高い水準の富をもたらしたのと同じ原因が，貧窮と不安に当然のごとく戻すということを，その証拠と共に示した。……それは私のテーマに非常に近い」（Graslin [1767] 1911, 191）と述べ，続いて，カンティロンの循環論とそれに対するマブリ

---

104)　チュルゴはグラスランの『分析試論』を評しながら「消費税に段階をつけることは実際上不可能である」と述べる。それでも，密輸の危険を考慮して「価値の多い財貨ほど比例的に税を減らす」場合，「富裕者の支出は確かに最も少なく課税される」（Turgot [1767] 1914, 647-48 ／訳 141）と認識している。

105)　第4章で示したとおり，自らを「エコノミスト」と称していたフィジオクラートたちは，グラスランを「傑出した反エコノミスト」，「学問の敵」と呼んでいたが，それによって自らやフィジオクラートの批判者が経済学の敵とされないよう，グラスランは「反ケネー派」「反ミラボー派」と呼ぶべきだと主張していた。

106)　マブリはフィジオクラシーの専制的性質とその自由放任政策に反対し，平等と共有財産に基づいた自然的秩序と，さらに共産主義的な思想を主張した。主著は『経済学者への疑問』（1768），『立法論』（1776）など。マブリの弟は『感覚論』『商業と統治』を著したコンディヤック（E.B.de Condillac 1715-80）。

第6章　グラスランの累進的消費税論　161

の見解とを，『フォシオン対談』(1763)[107] の中のマブリの「注解」から引用して提示している。

　フォシオンは紀元前400〜300年頃のプラトン門下のアテネの軍人で，政治家でもあり，マケドニアに自由と独立を脅かされていたギリシャの国家および人民に，徳，理性，情念，節制，労働，習俗などを説いていた人物である。マブリは，人々の奢侈への嗜好と国家の繁栄との関係を議論するいわゆる18世紀の奢侈論争において，奢侈に反対する立場を取っており，理性や節度のある国家を目指すフォシオンの思想と政策に共感していた。マブリの「注解」には，七年戦争で敗戦したフランスの精神的堕落に対する諫言ばかりでなく，フィジオクラシーへの批判も込められている。

　マブリによれば，商業とそれによって生み出される貨幣が国家の活力だと思い込むのは，人々の情念（passions）にすぎず，理性（raison）がそのような判断をしているのではない。徳（vertu）こそが諸国家の活力であるにもかかわらず，商業を拡大して国家を富ませることばかりを主張している人々は，「フォシオンのように富に付随する得失を秤量」することもなく堕落して貪欲になり，またたく間に国家の終焉を見ることになるのだとマブリは嘆き，カンティロンの循環論を借りながら次のように説く。

　　その国家が過去と現在の状態に目を開いて，富と商業の無益さと悪弊を確信するようになったら，そして，その習俗を改革したら，新しいいくつかの法の助けを借りて節制と名誉心と無私無欲をかつての富の代わりにしたら，新たに身につけたこの節度の方がかつての金銭欲よりも国家にとって有益でないかどうか尋ねたい。貪欲と奢侈を追放すれば，国家は貧困の中でも豊かになり，商業から来る富によってかつて守られた以上によく市民たちの勇気によって守られるだろう。
　　……カンティヨン〔カンティロン〕氏によると，国家は大きな富を獲得するようになると，その富が鉱山によるものでも，商業によるものでも，

107）　古代ギリシャの政治対話の翻訳という想定の体裁をとって政治における道徳を説いた『フォシオン対談』はマブリの生前に広く読まれていたが，ルソーはこれを自身の著作の剽窃だとみなしてマブリと絶交した。

外国から取り立てる貢租によるものでも，いずれにせよ急速に貧困に陥ることは免れがたいという。古代史にも現代史にもこういう大変動の例は山ほどある。(Mably 1763, 239-40 ／訳 631. Graslin [1767] 1911, 193)

　カンティロンはロックの貨幣数量説を発展させ，貨幣供給量の増加が流通に，そして貨幣的循環現象に及ぼす影響と経過を論じた。「貨幣が潤沢で豊かな国は，しかし物価の上昇によって交易条件は不利となり，輸出は減少し輸入が増大するが，これとともに貨幣は流出していき，産業活動は停滞する。……現実の諸要因がそこに作用する結果として，生じうるものは均衡ではなく『循環』であった」(米田 2016, 180)。カンティロンは貨幣の流通速度が増大すると現金の増加と同じ効果を持つことを指摘した上で，循環の直接的な契機となる貨幣が増加する原因を，国内の鉱山から生じる場合と，貿易差額から生じる場合とに分けて説明する。いずれの場合でも「貨幣の増加はそれに比例した一国の消費の増大をひき起こし，それがしだいに価格の高騰を生む」(Cantillon [1734] 1755, 215 ／訳 107) ことになり，「新しい貨幣は消費に新しい動きを与え，そのうえ流通に速さを与える」(239 ／訳 117)。
　しかし，その一方で，「豊富な貨幣は奢侈に耽ける多くの富裕な個人を生み」，「この国の貨幣は，こうした奢侈品の支払いのために，外国に流出する」(243-44 ／訳 119)。これについて，マブリは次のように解説する。

民衆はすでに豊かさに慣れているだけに，窮乏をいっそう痛切に感じる。農業者が食料品を以前ほど売らなくなるため，土地は以前ほど耕作されなくなる。職人たちは餓死するか，外国へ行って命をつながねばならなくなり，一方富める者の奢侈は相変わらず多額の金を国外に流出させ続ける。貧しくなって御用金の徴収すらもうできない国は，それでも支出を減らす決心はつかず，計画と事業を財産と釣り合わせる決心もできないから，富によるおごりが窮乏への転落を加速させる。(Mably 1763, 240-41 ／訳 632. Graslin [1767] 1911, 193-94) 〔傍点箇所は筆者による修正訳〕

このような転落を防ぐための方策として，まず，カンティロンはこう提言している。

　ある国家が貿易によって勢力を拡張し，豊富な貨幣が土地と労働[108]の価格を上げすぎるとき，製品の過度な価格高騰を予防し，かつ奢侈の不都合を防ぐために，君主または立法府は，貨幣を引き揚げ，それを不測の場合に備えて保管し，強制や欺瞞の手段以外のあらゆる手を尽くして貨幣の流通を遅くするように努力すべきであろう。(Cantillon [1734] 1755, 244-45 ／訳 119．Graslin [1767] 1911, 194．)

しかし，カンティロンもマブリも，こうした金融引締め政策を景気が過熱する中で適切な時期を見極めて行うことは実際には不可能だとしており，カンティロンは次のように考えている。

　そのための適切な時期に気づくことは容易ではないし，またいつ貨幣が国家の福祉と国益のために必要とされる額以上に豊富になったのかを知ることも容易ではないので，この種の知識にほとんど頭を使わない君主や共和国の指導者たちは豊富な国家収入を使って安易に勢力を拡張し，全くつまらない口実を設けては他の諸国を攻撃することばかりに熱中するようになるのである。(Cantillon [1734] 1755, 245 ／訳 119-20)

マブリも同様に述べている。

　指導者たちも奢侈の進行を止めるどころか，率先して奢侈の模範を示すだろう。節約を政治的には悪徳とみなし，金の流通について間違った原

108）「土地と労働（de la terre et du travail）」はカンティロンによる。同じ箇所をマブリとグラスランは「食料や商品（des denrées et des manufactures）」（Mably 1763, 241 ／訳 632. Glaslin [1767]1911, 194.〔「des manufactures」は「製造（加工）品」とするべきであろう。〕）としている。

理を立て，金持ちの異常な支出が貧しい者の生活維持に必要だと本心から思うだろう。たまたま政府が金を流通から引き上げ，賢明でまっとうななんらかの手段によってその流通を遅らせ，それで国庫の貯えを作り出しても，フォシオンが考えたとおり，それは自らの体内に蛇を隠し養う〔危険を隠すことでその危険を大きくしてしまう〕ことだというのは明らかではないだろうか。（Mably 1763, 242／訳632. Graslin [1767] 1911, 194）

　上記を踏まえて，カンティロンは，一国が豊富な貨幣によって引き起こされた逆境を回復して，再建を図るための2つの対処法を提示する。1つは，実際の貿易バランスを毎年継続的に有利に保てるようにすること，もう1つは，製造加工業を繁栄させることである。つまり，国家が衰退して貨幣が希少になったときにこそ，安い価格で輸出できる状態にあるのだから，国内雇用を生み出す製造加工業を盛んにし，それらの製造加工品を輸出することで，貿易バランスの回復を目指すことができる（Graslin [1767] 1911, 195）。同時に，それは「常に外国がその国の有用な労働者たちに支払い，彼らを扶養する」（Cantillon [1734] 1755, 308／訳152）ことにもなる。それでも，貨幣がまたその国家で豊富になれば，大量の消費と奢侈が行われるようになり，次の衰退に陥ることになるのである（Cantillon [1734] 1755, 256／訳125. Graslin [1767] 1911, 195）。

　一方，マブリは，繁栄と貧窮の循環に対してカンティロンが論じた上述の2つの対処法は，その循環を繰返すだけだとして批判する。そして，フォシオンの政策の方を支持して以下のように述べる。

　次のような結論を下すべきではないだろうか。富を得させるのも貧困を続いて招くためにすぎないような手段を一国の幸福の本源とみなすのは，偽りで誤った政治にすぎない，と。真の政治にはもっと持続的な手段が要る。富を戦争と平和の鍵とみなす国家が，いつ果てるともない大変動をくぐって，奢侈から貧困へ，貧困から奢侈へと移り動くように運命づけられているというのは，だから真実なのである。……カンティヨン氏

も，富と商業の結果のみを考察するかわりに，……社会の全体を観察していたら，おそらくフォシオンと同じように考えただろう。過大な富で財政が破綻した国に，「年々，通商の現実的な均衡を回復させるように」せよなどと言うどころか，むしろこの衰退を利用して奢侈と貪欲を抑え，良俗を確立し，……少なくとも余計な富なしですますことを学べと忠告するだろう。カンティヨン氏の言う富と貧困の循環を再開させることしか考えない……政策などより，こういう政策の方がすぐれていないだろうか。(Mably 1763, 243-44 ／訳 633-34. Graslin [1767] 1911, 195-96)

こうしてマブリは，国家が大きな富を獲得するに至っても必然的に貧窮に陥る周期があることを認めつつも，フォシオンが提唱したような節制によって積極的にその循環を断ち切る政策を主張していた。つまり，カンティロンが景気後退局面では貿易バランスの有利な維持と製造加工業の繁栄によって景気を回復させる必要を主張したのに対し，マブリはカンティロンの政策では循環を繰返すだけであると批判し，奢侈と吝嗇を排除した習俗によって循環から離れる必要性を述べたのだった。

以上の議論を盛り込んだ上で，グラスランはカンティロンの主張を批判的に取り入れ，また，マブリとは異なる見解として，累進的消費税を論じるのである。

第4節　累進的消費税と関税の効果

グラスランは，カンティロンによる一国家の繁栄と窮乏の貨幣的循環論についてはマブリと同様に認める一方で，貨幣過多による国内での高価が貿易に不利に作用し始める兆しに対して，その兆しから次第に現実の貧窮に陥ってしまうのを予防するために，カンティロンが「彼〔カンティロン〕の国が最初に用いた」方法，すなわち自国に有利なように関税を操作する方法を論じていないことを，次のように指摘する。

カンティロン氏が豊かな国の衰退の原因を立証する際に，彼の国が最初に用いたのだから，彼が知っているはずの，それを予防する方法について言及することなく満足しているというのは，驚くべきことである。この方法は，その国家の富の増大に応じて，外国の食糧と商品に税を課すことによって，それらがその国に入るのを妨げることであり，ほぼ同じ比率の恩恵によって，その国家の産物と商品の輸出を優遇することであり，そして究極的には，我々の加工業に活力を与えるのに役立ち，また，……必要とされる時にはより有利に輸出されることになる原材料の流出に，最大の注意を払って反対することである。私は，……輸出入税は，単なる禁止法より効果的な方法であることを，ここで指摘しなければならないと思っている。それは経験が常に示したことなのである。(Graslin [1767] 1911, 196-97)

　これに対してフィジオクラートは，グラスランが「マーカンティリズムの熱烈な支持者（champion du systèm mercantile）」(Dupont 1844, LIV) だとして反発した。Dubois (1911) はグラスランの立場について，マーカンティリストの一面を認めながら次のように説明する。

　　グラスランはマーカンティリスト，つまり，一国内での貴金属の増加に対する擁護者であり，それゆえ保護貿易主義者である。言ってみれば，彼はムロンやフォルボネらのようなネオ・マーカンティリストである。実際，彼は，単なるマーカンティリストのように金銀が典型的な富であるとは思っていないし，現実的な富に数えられるとも考えていない。『貨幣は富ではなく，相互の現物の富の交換を仲介する保証に他ならない』と彼は述べる。だが，通貨の増大は，外国に優る価格水準の上昇を生じさせ，この国民が他国に対して高く売って安く買うことになるので，国民の富裕のための強力な要因である。(Dubois 1911, xviii-xix)

　その富裕の結果，相対的に自国の商品が高価となって輸出が減り，安価な輸入品の流入が懸念されることになるが，その対策としてグラスランが主張

している関税は，マーカンティリズムに基づく貿易差額の蓄積を目指すものではない。なぜなら，彼自身は極端な保護貿易主義者ではないからである。グラスランは次のように述べる。

〔景気の後退期に入り〕困窮の状態にあるとき，関税は……国家の富の増大への最大の影響力を持っている。……関税は，国内商品の価値を増加させ維持する目的がある場合，競合する外国の安価な商品の輸入に主に課されなければならない。それでも，それは両国での価格差に応じていなければならない。(Graslin [1767] 1911, 190-91)

グラスランは，むしろ，当時の実際の関税が恣意的であることを懸念して，関税が「両国での価格差に応じたもの」となることを主張していたのである。つまり，彼が望んでいたのは，国内の一定の基準価格よりも低い価格での輸入品に対して基準価格に達するまでの関税が課せられる，いわゆる差額関税制度[109]に相当する制度の導入であった。これによって，同種の商品の国内生産者は保護されるとしても，輸入品との適切な競争が生じることになるので，過度な保護状態ではない市場が維持されることになるだろう。適切な関税調整によって外国製品価格と国内価格の相対的な変動を和らげることができ，結果的に，貨幣的循環における衰退局面を予防的に回避できることを，グラスランは示したのである。

他方，グラスランはマブリに対しては，マブリの提言によって豊かさが排除されることを憂慮し，マブリの奢侈批判に対する反批判を次のように表明している。

カンティロン氏の見解は，『フォシオン対談』の著者〔マブリ〕に，私が示したものとはかなり異なる概念を与えた。彼〔フォシオン〕の政策の諸原則に従うことで，彼〔マブリ〕は，最も良く統治された国家が必

---

109) 差額関税制度は分岐点価格制度（gate price system）とも呼ばれ，輸出品価格が高ければ低関税になってしまう問題点もあるが，今日でも日本の例えば豚肉等の輸入に適用されている。

然的に通らなければならない豊かさと貧しさの変遷の中に，豊かさを締め出して，より堅固な基盤の国家の幸福と習俗と美徳を確立する新たな論拠を見たのであった。(Graslin [1767] 1911, 198)

　グラスランは，マブリが主張したような，豊かさや奢侈を排除することで繁栄と衰亡の循環から免れる方法を目指したのではなく，これまで税を免れて過度な豊かさを享受している階級や職業の人々から，彼らの財資力に応じた徴税を行えば，現実的に陥りつつある国家の貧窮を回避して財政を再建することが可能であると考えたのだった。

　グラスランの累進的消費税論では，富者にとっての奢侈品は，彼らの地位や品位を保つための必需品とみなせるものであって，価格弾力性が低いこと，そして，そこに消費税が加わっても，富者の見せびらかしや気まぐれのための奢侈品消費は減少しないというラチェット効果を前提として議論されている。後にヴェブレン（Veblen, T.B. 1857-1929）が示した顕示的消費を富者の行動に見ていることになる。

　こうして，奢侈品に対して高率の消費税を支払うことになっても「享楽の対象物の価格に一体化されているから……それを支払うときに多額の税を支払っていることを意識しない」（米田 2005, 320）富者の担税能力を確信したグラスランは，さらに，彼らの担税能力に，「国内の奢侈品産業に必要な外国からの原料への関税を富者に負担させる手段」（Graslin [1767] 1911, 190）を見るのである。つまり，輸入原材料の関税分が完成品価格に上乗せされても，その奢侈品を富者が消費することによって，国家はより多くの歳入を得ることが可能となる。この方法について，グラスランは次のように述べる。

　　実際に，税によって奢侈品の価格を吊り上げるさまざまな方法を組み合わせることで，単独の税のみで10分の1を納税することによって被ることになるより少ない苦痛で，富者に彼の富の半分を支払わせる可能性があることが分かる。〔「富の序列」の〕最下位の欲求の対象物〔奢侈品〕が希少で，こうした対象物に対して，前年の2倍支払わなければならな

い年に，富者は文句を言うだろうか？ 彼のいかなる欲求対象物につい
ても事情は変わらないだろう。彼の見せびらかし，あるいは，気まぐれ
のあらゆる楽しみが少なくなるだろうということは事実である。しかし，
彼はそこに税とは無関係なそのままの諸物の序列しか見えないだろう。
そもそも，永続的に変わらない諸物のこの状態は，いかなる財産の減少
もはっきり認識させないだろう。……しかしながら，平均以下の人々に
とって，また，必需品をほとんど持たない人々にとっては，なんという
救済になるだろうか！ (Graslin [1767] 1911, 199)

このように，グラスランの累進的消費税論は，カンティロンによる一国の
繁栄と窮乏の貨幣的循環論を受容し，カンティロンが提起しなかった関税政
策と，市場での奢侈的な消費行動とを結びつけるものであった。過剰な保護
政策とはならない関税が課された輸入原料を用いて国内で製造加工された奢
侈品を富者が消費することで得られる関税分と消費税分の歳入を，財政再建
のために活用できることを，グラスランは示したのである。
　グラスランが財政再建政策として提案した累進的消費税の根源に存在して
いる「誰が税を支払うべきか？」という問題（Orain 2008b, 142）に対して，
彼はフィジオクラートとは異なる論拠によって，最貧層以外のすべての人々
が，国家による保護との交換のために支払うべきという解を示した。
　だが，むしろ，グラスランは「誰がどれだけの税を支払えるのか？」とい
う問題に取り組んだと捉えるべきであろう。グラスランは，税は補足困難な
収入に課すのではなく，各自の担税能力と意思に基づいて行われる消費に対
して課すことが，階級や職業の違いを超えて「公平性のルール」に適うもの
になると考えた。そのために，彼は，財資力の指標とみなす消費能力を各々
の担税能力とし，消費の規範性に基づいて消費税の累進性を設定することで，
各自の担税能力に合わせようとしたのであった。その結果，グラスランの累
進的消費税は，税は「交換に供する部分に課すのであって，受取る部分には
課さない」（Graslin [1767] 1911, 200）という彼の理念を体現したものとな
っているのである。

第5節　税の四原則と消費税

　グラスランがこの累進的消費税を提言してから約10年後，スミスは税に関する四つの一般原則を示した。各人が能力すなわち収入に比例して納めるべきとする公平性，税額あるいは税率の明確性，奢侈品に対する消費税が最も都合の良い支払い方法だと例示された便宜性，そして，最小徴税費である（Smith [1776] 1976, 825-827／訳133-137）。さらにスミスは，自由意思に基づく消費税は「課税の四つの一般原則のうち，はじめの三原則に合致する」が，「第四の原則に反している」と述べた（Smith [1776] 1976, 896／訳266）。

　このスミスの見解に先立って，グラスランは，消費税の公平性を挙げ，さらに，消費税の利点として「消費税は，納税者の都合の良い瞬間を追い，その時を待ち，決して間違うことはない」ことと，「税の支払いは自由な消費の結果であり一部分でさえある」（Graslin [1767] 1911, 168-69）ことを，すなわち，明確性と便宜性に相当する特徴を指摘していた。そして，グラスランも勿論スミスと同様に消費税の徴税費用の問題点を認めた。つまり，グラスランは税の原則と消費税について，スミスとほぼ同じ認識を持って提起していたことになる。

　しかし，スミスと異なるのは，グラスランは消費税の徴税費用を，それ以外の3つの利点とは異なる問題点のままにしなかったことである。グラスランは，国民が国家による保護，安全，公正，分配の平等を買うために必要な費用という意義を，消費税の徴税費用の中に見出すことで，徴税費用という現実的な問題を消費税の理論の中に組み込んで捉えようとしたのである。

　生存に必要な必需品には課さずに，それを超えて奢侈品に至る規範性に応じて，消費における効用享受の度合に比例させようとしたグラスランの累進的消費税が仮に実現していたなら，たとえ煩雑で徴税費用が必要であるとしても，特権階級から得られた税収は当時の逼迫した財政を再建する一助となった可能性は否定できないのではないだろうか。だが結局，グラスランの累進的消費税案は実現しなかった。それでも，主観価値理論の規範的な側面を論拠として免税特権階級にまで及ぶ累進的消費税を提言した『分析試論』が

グラスランによって公表されると，当時，フィジオクラートが発行する新聞雑誌では批判的見解を掲載したが，グラスランの主張を賞賛する新聞雑誌も存在し，共に論議を呼んでいたのである（Orain 2008a, 63）。

第7章
グラスランの貿易論
穀物輸出をめぐるフィジオクラシー批判

　1750年代後半から1770年代半ばにかけて強い影響力を保持していたフィジオクラートは，ケネーの思想を批判する者を厳しく排除しようとしていたが，その非難の直接の矛先となっていたのがグラスランだった。グラスランはケネーの「経済表」を「何ら真実を表していない空想表（un tableau de fantasie）」（Graslin [1767] 1911, 118）と指摘して，フィジクラシーの経済思想そのものを否定していたからである。

　本章では，フィジオクラートが主張していた経済思想を改めて俯瞰しながら，穀物輸出についてのフィジオクラートとグラスランの見解を取り上げて，彼らの相違を検証し，グラスランの貿易論を明らかにする。

第*1*節　はじめに

　ケネーは，土地所有者の収入を増やして再生産への投資を増加させるためには，国内価格が「高価（haut prix）」である必要を説き，商業の自由によって実現するとしたその価格を「良価（bon prix）」「自然価格」と呼んだ。高価（良価，自然価格）とは，農業の収益を長期的に確保しうる価格であり，国内が恒常的に高価であるほど外国との貿易はより有利になることが主張された。ケネーによれば，高価で有利になった貿易は，土地所有階級により多くの収入をもたらすので，再生産への投資を増やすことができ，それが農業を活気づけ，国家はますます富裕になっていくことになる。

　だが，ケネーの高価と貿易の構想には疑念も呈しうるだろう。「豊穣と高

価は繁栄である」という彼の表現が示すような，国内の高い価格で穀物を多く輸出することで利益が増えて国内が豊かになるとするケネーの提起は，それが実現するならば輸出国側の国民にとっては好ましいものではあろう。しかしながら，自国の価格が上昇しても輸入の相手国は取引に応じ続けるという，相対的に高価の輸出品を持つ国にとって都合の良いロジックによる交易は，継続して成立するだろうか。

さらにケネーは，加工品や製造品が輸出によって得られる純生産物はわずかであるとし，それらのわずかな利益も，土地生産物が低価であることによる農業分野の損失にもとづいているという理由を示して，加工品など第二次産業の生産品の輸出は推進せず，未加工の穀物や原材料の輸出が望ましいことを強調した。だが，このような政策をとれば，自国は農業国に留まり続け，産業全体を発展させる機会を失うことになるのでないだろうか。

グラスランがフィジオクラシーに対してさまざまな批判を行っていたことは前章までにも示したが，これらの論点も含めた両者の見解は，グラスランの言葉を借りれば「全く無関係（si étrangers）」で「共通語（langue commune）がない」（Graslin [1767] 1911, 83）ため，彼らの根本的な市場観や高価と穀物輸出についての発想，そしてそこから導かれる各々の主張を客観的に対比させるのは難しい。

階級の枠組みにとらわれることなく，交換対象物の所有者と消費者が市場に存在し，市場価値はいつでも主観的な欲求と希少性によって複合的に決まるという理論を持つグラスランには，自然価格の概念はない。強いて言えば，ケネーもグラスランも，商業社会の経済的発展を目指すための理論や政策を主張していた点についてだけは共通しているとみなせるが，それぞれの理論構造も，そこから導かれる政策も，互いに同時代人としてまったく受け入れがたいものであった。

さて，ケネーの穀物輸出と高価の主張に対して，グラスランは次の2点を指摘した。1つは，外国に輸出された穀物の収入全体を，国内の過剰な価値によって利益として計算するべきではない，ということである。ケネーは高価を前提としているが，グラスランが示したのは，国内で需要がなく価値を持たない余剰穀物を輸出することによって，国内に十分な穀物が残っている

第 7 章　グラスランの貿易論　　175

としても，心理的な希少性が生じて国内の穀物は高価になっていく可能性を
導く，消費者側から見た主観的な因果関係である。この因果関係によって輸
出がその後の国内に高価を引き起こす誘因になるとしても，この因果関係が
生じる前の，すなわち心理的希少性が高価を引き起こす前に輸出された穀物
の価格に対して，輸出後に生じた国内の高価を適用して，輸出された穀物の
利益を大きく見せるべきではないというのが，グラスランの考えである。

　もう 1 つは，国内の穀物の価値が高ければ，それだけその国家の全員にと
って富の増加であると考えるのは間違っている，ということである。輸出が
行われれば，国内で価値を持たなかった余剰部分に見返りを得るので富の増
加になるだろう。しかしながら，対外商業を考慮しない状態で穀物価格が上
昇すれば，国内の他の商品の価値は，国内の貨幣量が不変であるかぎり相対
的に低下することになるので，国内の穀物が高価であることと国富の増加と
を結びつけるべきではないとグラスランは主張した。

　さらに，ケネーが「農業国」を標榜し，土地所有階級が得る純生産物を利
益の基準にしていることについても，グラスランは農業以外の産業が育成さ
れなくなる可能性を危惧している。

　これまで，ケネーについては，国内外で数多くの研究が存在しており，そ
れらの中には，ケネーの商業の自由化と高価ないし良価の主張についての貢
献や重要性を認めるものも多い。もちろん，ケネーが，経験的に把握された
自然法則である物理的法則を自然法として解し（平田 2019, 119），そうした
哲学的な見地から自然の摂理に基づく経済循環の理論を構築したことは，経
済学の歴史の中の礎の 1 つであるだろう。

　他方，グラスランも含めてケネーの経済思想に反対する立場の者の多くも，
自由化の理念や意義は共有していた。だが，まだ未成熟で飢饉や暴動が頻発
するような当時の経済社会を，農業中心の理論を土台としながら完全に市場
の自由化に委ねてしまうことの危険性を，グラスランは訴えていた。

　このような 1760 年代の貿易自由化に関する議論についての研究は，ケネ
ーの思想から見た側面が多く，まだ限定的であると言えよう。さらに，フィ
ジオクラシーの経済政策の現実性を反証しようとしていたグラスランについ
ては，研究対象として取り上げられることはあっても，そのほとんどが彼の

主観価値理論が主なテーマとなっており，ケネーの経済思想の中核でもある高価の論理をグラスランが崩そうとした点は，見過ごされている。むしろ，ケネーの自由化や高価の主張の貢献や重要性が，経済学の歴史研究の中で成果として確立されているがゆえに，高価の論理に対する反証を試みた同時代の論者には，関心が向きにくかった可能性も指摘できよう。

　以上を鑑み，本章では，高価と穀物輸出についてのケネーとグラスランの理論的関係を掘り下げる試みの端緒となるよう，彼らの認識の違いに焦点を当てる。両者の比較によって，ケネーは高価による穀物輸出の有利性とその有利性がもたらす富裕を提唱したが，グラスランは自由な商業活動を共有しながらも，その先に，前章で見たような，高価の不利をもたらす貨幣的循環も見通していることが分かるのである。

　以下では，次節と第3節で，ケネーの高価についての見解を確認する。次節ではケネーと彼の信奉者であるフィジオクラートらがケネーの経済思想を共有していく動きを追いながら，ケネーの対外商業についての考えを確認する。第3節では自由化政策の現実と，自由化思想に向かわせた一要因の人口問題を示した上で，ケネーが唱える高価の有利性の問題点を挙げて，それが後節での議論につながることを示す。第4節は対外商業についてのグラスランの主張の検討であり，ケネーに対する彼の批判を具体的に取り上げる。第5節でグラスランの機械論の思想にふれながら，彼らのそれぞれの経済思想が有する時代的な意義を述べる。

第2節　「経済表」以外の論稿から見るケネーの経済思想

　前章までも，ケネーらフィジオクラートの主張については扱ってきたが，グラスランが受け入れることのなかったケネーの経済思想について，後段で扱う高価の主張との関連性を考慮しながら整理していこう。

　経済学者としてのケネーの主要な活動期間は，1755年から1767年までであり，概ね彼の60歳代から70歳代初めの時期にあたる。ケネーの経済思想を象徴する「経済表」は，1758年からの「原表」，1763年の「略表」，1766年（1767年？）の「範式」の3つの種類に大別されるが，「原表」発

表前の 1756 年にミラボーが『人間の友』(1756-60) を公刊したこと機に，ケネーとミラボーは盟友になる。その前年の 1755 年から 1756 年に執筆されたケネーの経済的論稿には，「借地農論（フェルミエ）」「穀物論」「金利論（金利に関する考察）」，また当時の未発表稿「租税論」「人間論」がある。「人間論」も，冒頭の人口論を除き，ほぼ全般にわたって経済に関する見解が述べられ，他の 4 稿への参照が求められているので，内容としては経済的論稿とみなせる。

　これらのケネーの論稿の中の特に「租税論」を基礎として著されたミラボーの『租税理論』が 1760 年に公刊されると，そこで示された税制度の是正案に対する現行制度の支持者たちの反感を買い，ミラボーは投獄される[110]。そのミラボーの『租税理論』の執筆に自らも関わったケネーは，自身も投獄されるのを恐れたのか，以後 5 年ほど「沈黙を守って」(浅野 1991, 2)，表向きには経済的な著作を公にしなかった。だが，1766 年から翌年には経済表「範式」，さらに「（第一）経済問題」「第二経済問題」「農業王国の経済統治の一般準則と注」(以下「一般準則」と略記) の論稿を残している。

　「経済表」以前の「借地農論（フェルミエ）」「穀物論」「租税論」「金利論」「人間論」の 5 稿のうち，「借地農論」と「穀物論」は『百科全書』に寄稿されたものである。「租税論」「金利論」「人間論」も『百科全書』への寄稿の目的で書かれたが，1757 年のダミアン事件のため『百科全書』の刊行許可が一時取り消されたことで寄稿が中止となり，発表されないままとなっていた。「金利論」は後に 1766 年の『農業・商業・財政新聞』で発表されているが，「租税論」と「人間論」はケネーの存命中に公にされることはなかった。

　その「租税論」の趣旨は，前述のとおり投獄の原因となったミラボーの『租税理論』(1760) の基盤となっている[111]ため，フィジオクラートの著作の公刊を事実上管理していたデュポン・ド・ヌムールが，それを懸念して公

---

110) パリに近いヴァンセンヌの牢獄に 5 日間収監され，その後フランス西部のビニョンに 2 ヶ月間追放されていた。

111) 「租税論」の冒頭では，チュルゴによって「その後〔ミラボーの〕『租税理論』および『農業哲学』〔1763〕の中にとり入れられたケネー氏の論稿」という注釈が付されている。この論稿中には他にもチュルゴの注釈が多く加えられている。

開は控えられていたことが推測できよう。チュルゴが注釈を加えた「租税論」の原稿は，チュルゴが1761年から1774まで地方長官（intendant）を務めていたリモージュの文書保管所に所蔵されており，1908年になって公開された。

「人間論」については，『百科全書』への寄稿が頓挫したことを受けて，デュポン・ド・ヌムールが1769年の『市民日誌』に「人間論」を掲載することをケネーに約束したにもかかわらず，それは果たされなかった。その「人間論」の手稿は1889年にパリ国立図書館での所蔵が発見され，これも「租税論」と同様に1908年になって公開された。

このような経緯を考慮すると，ケネーのこれら5つの経済学的論稿のうち，「人間論」と「租税論」は，ケネーにごく近い人間を除き，その論稿の内容を知る人はいなかったことになる。「租税論」がミラボーの投獄による影響から公刊が控えられていたのは理解できるとしても，なぜデュポン・ド・ヌムールは約束に反して「人間論」を公にしなかったのだろうか。理由としては次の3点が考えられる。

まず，「人間論」では，フィジオクラシーの特徴である純生産物の概念がまだ明確でなく，その用語自体も使用されていないことが挙げられる。それでも，生産費用を示す「基礎価格」と，基礎価格に利益を含む「良価」は主張されている。ケネーは「生産物の生産にとって必要な支出は……もし販売価格がこの基礎価格以下になるときには，それは損失と変じる」（「人間論」訳307[112]）と述べており，基礎価格を超える利益にあたる純生産物についての主張をすでに確立していたことを示している。それでも，純生産物というキーワードへの言及がないことは，デュポン・ド・ヌムールにとって「人間論」を公にする意味を持たなかったと考えられる。

2点目として，「人間論」には，坂田（1950, 31-35）が指摘したとおり，「メルカンティリスムに対する対決の核心が充分明らかになっていない」ことが指摘できる。ケネーの「わが海上商業は，われわれが販売する生産物の高い価格により，かつわれわれが購入するそれの廉価によってのみ，われわ

112）　以下「人間論」からの引用は坂田訳の頁数を示す。

れに有利であることができる」（「人間論」309）という主張は，重商主義の貿易差額による蓄積を肯定するものとも受け取れよう。つまり，重金主義的な単なる貨幣蓄積が目的ではないとしても，「人間論」の時点でのケネーは貨幣を多く獲得し所有することの優位性を強調しているのであり，フィジオクラシーの主張の要である重商主義批判が徹底していない。このため，デュポン・ド・ヌムールは公刊を見送ったのではないだろうか。いずれにせよ，ケネーは「人間論」の執筆以後も，貨幣所有の優位性に基づく国内高価による利益を提起し続けるのである。

　3点目は，「人間論」では，貿易商人が良価によって国家の富裕に貢献するなら生産階級に加えられるべきだとしていることである（「人間論」305）[113]。前出の貿易差額主義的な主張の引用に続いて，ケネーは「貿易商にしてこの原則を遵奉するものは，国民を富ますために活動する人間であり，市民の尊敬に値し，ひとが彼等に名誉を与える値打ちのある人間であるだろう。」（「人間論」309）と明記している。これは，後にフィジオクラシーの理念として確立される農業以外の産業を不生産的とする考え方と矛盾するものである。

　ただ，一方でケネーは，同著の中で，「国内商業に限られる商人は，厳密に云って，何物をも生産しない」（「人間論」325）とも述べて，商業の不生産性を主張している。それは，「大都市に定着する夥しい商人は，その数に比例するところの利得の欲求によって，商品の価格を高め，市民に損害を与えるのである。」（「人間論」326）という記述からも分かるとおり，この「人間論」の時点で，ケネーは国内の商人に対しては不生産的とみなしていると解せよう。

　他方で，貿易商人に対しては，高価によって国家の富裕に貢献するかぎり，つまり，ケネーがその後の著作でもしばしば危惧するところの，貿易商人による国家間の取引利益の収奪がないかぎり，あるいは，利益を含む高価での交易によって適切に土地所有階級への見返りが担保されるかぎり，貿易商人

113）　これについて，1908年版の編纂者シェルによって付された目次では，「よい意向を持つ貿易商（les négotiants bien intentionnés）は，生産する人間の階級に入れられるべきこと」（「人間論」345）という事項名を付されている。

もまた生産階級とみなしている。

このように「人間論」では，貿易商人は，国内高価と外国廉価の条件下で，国内に富をもたらす事業に携わるため生産階級であり，対照的に，国内商業だけに携わる商人は，富をもたらすことなく商品を移動させるのみの不生産階級であることをケネーは示している。さらに，国内商業に携わる商人については，もし利得のために国内の価格操作をするなら，損害をもたらす存在でもあるとみなされている。しかしながら，後の「経済表」の「注釈」等では，外国貿易の費用である貿易商人への支払いは，土地所有者の収入から差し引かれる負担の重い支出とされて，できる限り節約するべきであることや，貿易商人による超過利益の取得に対する批判が主張されるばかりで，貿易商人が生産階級に属するという認識は見出せない。

1908年公刊の「租税論」「人間論」の編纂者パウエルはその注釈の中で，「『人間論』を公にしなかったのは，恐らく，彼〔ケネー〕のその後の教説とのこの矛盾の自覚のためであろう」（「人間論」306）と記している。ケネーとしては，デュポン・ド・ヌムールが前述の約束を果たして「人間論」が公にされることを望んでいたが，デュポン・ド・ヌムールによってこれらの矛盾を指摘され，公刊の保留を認めざるをえなかったと見るべきであろう。

ケネーの「人間論」では，このように，純生産物の概念が明確でないことに加えて，商人に対する二面性が描き出されていた。それでも，加工業が原料を変形するだけで何も付加しないことと，加工品輸出は利益がもたらされないことなどのケネー独自の見解は，すでに強固なものとなっている。

次節では，「よい意向を持つ」商人によって行われることを前提とする対外商業についてのケネーの考えを追っていこう。

第3節　ケネーの理念的交易論

ケネーは，対外商業が自由化されていない状況を前提とし，そこから敷衍して，それが自由化され国内が高価になることで有利な貿易が導かれることを示していく。当時のフィジオクラートの動向も含めながら，交易におけるケネーの高価の理論の主張を検証しよう。

1 高価と経済発展

まず，前節で示したケネーの経済思想の著作や「経済表」が当時の論者たちに直接的に影響を及ぼしていた1756年から1766年を中心として，農産物価格の動向を，図表7－1で確認しておこう。

農業物価指数は大局的に見て，1756年から1763年の七年戦争の後は高くなっている。18世紀前半の相対的に低い農業価格は，コルベールが行った政策の継続に原因を求めるのが通説であるが，中世以降，穀物取引を政府の監視下にある公設市場での取引に集中させることによって，消費者へ低価格で穀物を供給するように規制をかけていたためでもあり，コルベールの政策だけにその根拠を求めるのは妥当ではない。むしろ，穀物は安定的に低価格だったととらえることもできよう。だが，ケネーらフィジオクラートは，コルベールによる重商主義政策が原因で穀物価格が低価に抑えられているとみなして異議を唱え，政府による穀物の低価格政策を批判し，自由な取引を主張するのである。

ケネーらの登場前にも，財務総監マショー（在任1745-54）[114]らは商業の自由化を主張していたし，同時期に通商監督官だったグルネも自由化推奨者として知られているが，グルネは自由化と保護政策の両面を一貫して主張していた。彼らの後に，フィジオクラートの財務総監ベルタン（在任1759-63）とラヴェルディ（在任1763-68）によって大規模な国内外の穀物取引の自由化政策が取られてから，穀物価格が上昇している。しかしながら，この上昇は，自由化政策による好循環の結果ではなく，1766年の不作を契機にして買占めや投機が起きたことによる。その経緯は，図表7－2の，革命までの約半世紀の財務総監の政策と併せて見ていただきたい。

1766年の不作では，翌1767年にかけて穀物価格の高騰に抗議する暴動が起き，ガリアーニやディドロらもフィジオクラシーの政策に対する批判をあらわにした。これを受けて，フィジオクラートではないテレが財務総監に

114）マショーは，財政再建のために，聖職者や貴族の不公正な免税特権を排して，収入の5％を例外なく払わせる20分の1税を導入しようとしたが，特権階級から反対され実現しなかった。

図表 7-1　フランスの 18 世紀の農産物価格の推移（1771-89 年＝100）

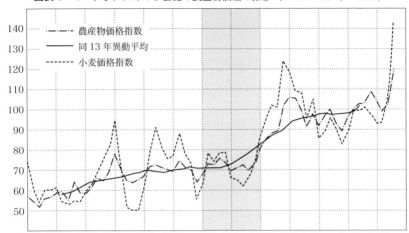

是永 1974, 92.〔出所：*Histoire Economique et Sociale de la France*, Tome II. P.U.F., 1970, 386-387.〕（経済学者としてのケネーの活動期は 1756～66 年）

なると（在任 1769-74）自由化政策を停止し，財政再建を目指したが，改めて自由化を掲げた後任のチュルゴの在任中（1774-76）の 1775 年から大暴動が起こり，チュルゴは失脚する[115]。

　自由化政策の推進によってこのような現実となることを，ケネーは予見できたのだろうか。

　賃金は穀物価格に対応して決まるとみなすケネーは，生産物の価格が下がることは貧民にとって有利なのではなく，貧民の賃金を低下させてしまうとしている（「一般準則」226)[116]。そして，高価が続く限り国民全体にとって有利であり，貿易でも利益をもたらすことを次のように説明する。

　〔国内の生産物〕価格は，それが自然秩序にしたがっていて恒常的に高

---

[115]　これらの経緯については富樫 2011 を参照。
[116]　以下「一般準則」からの引用は平田・井上訳の頁数を示す。

図表7－2　18世紀後半のフランスの各財務総監の政策

（網掛け部分の財務総監はフィジオクラート）

在任期間 （年）	財務総監	政策方針と国内情勢	
1745-54	マショー	自由化	
1754-56	モロ	自由化	
1756-59	Moras，Boullongne，Silhouette	1756 〜 63 年 七年戦争	
1759-63	ベルタン	1763 年　七年戦争終結 1763 年　国内の穀物取引自由化	
1763-68	ラヴェルディ	1764 年　穀物輸出入自由化 1766 年の不作により 1768 年まで穀物価格高騰	
1768-69	ダンヴォ	自由化 穀物価格高騰により食料輸入増加	
1769-74	テレ	1763 年と 1764 年の自由化二法を廃止 財政改革	
1774-76	チュルゴ	自由化 1775 年の不作により暴動（小麦粉戦争）	
1776-81	ネッケル	自由化批判　財政改革	
1781-87	カロンヌ	自由化　財政改革　税改革	
1787-88	ブリエンヌ	自由化　財政改革　税改革	
1788-90	ネッケル	→革命	

価であればあるほど，外国との間で行われる取引により多くの利益をもたらすのであり，農業をますます活気づけ，諸種の国内生産物の価値をより十分に支え，主権者や地主により多くの収入をもたらし，そして最後に，より多く国民の通貨を増やし，また生産物の最初の所有者でない人びとの仕事や雇用に対する報酬として支払われる賃金の総額を増やしもする。（「経済表の分析」訳 134-35）[117]

---

117)　以下「経済表の分析」からの引用は平田・井上訳の頁数を示す。

しかしながら，少なくともフィジオクラートの財務総監たちが自由化を推進した時期には，ケネーが目指したような効果が実体経済に表れていたと言えないだろう。結果的には，政権の中枢に入った彼らがケネーの理論に沿って自由化へ舵を切っても，実体経済は理論通りに機能することはなかった。

その原因を，数年ごとに発生する現実の不作や，あるいは，政府が価格操作を行っているのではないかといったさまざまな憶測から散発的に生じる食糧暴動などの，想定外の理由に求めることもできよう。それでも，ケネー自身は，国内で凶作となっても，豊作の国からの輸入によって均衡を保てることを説いていた。

だが，輸入による均衡や安定が生じるどころか，人々のさまざまな心理的要因や思惑から混乱ばかりが生じており，各財務総監は，自由化に伴う混乱を緩和するために局所的な自由化規制を用いながら対応するしかなかった。このように，ケネーの理念による自由化政策は，理論通りの安定的な帰結をもたらすことはなかったのである。

さて，ケネーのロジックに従えば，商業の自由化と取引に対する免税を行えば自然価格へと上昇し，生産階級の収入が増え，再生産への投資も増やすことが可能となるのであり，それによって，生産量が増えて，生産階級の収入がさらに増えれば，労働者の賃金も増えることになる。そして，国内の高価によって貿易も有利になり，その利益もまたすべて生産階級のものとなって，拡大再生産が続くことになる，とケネーは信じていた。

ケネーのこの高価のロジックの背景には，ミラボーの人口問題の提起が存在している。ミラボーは『人間の友』で，国家の盛衰は人口の多さによって決まること，そして，重商主義政策が農業を軽視してきたことで人口が減少していることを指摘した[118]。人口が減少すれば労働人口も減少するので，

---

118)　人口が減少しているという認識に先鞭をつけたのは，モンテスキューの「ペルシャ人の手紙」（1721年）である。その第113〜123の手紙で，政治的暴動や戦争と関連付けて，人口が減少していることを説明している。しかし，メサンスやモオーら統計学者が1760年代から行った調査でも，またその後の調査でも，フランスの人口は実際にはフランス革命期にわずかに減少に転じた以外は，19世紀にかけて増加していた（岡田1984，188）。「人間論」の中のパウエルの注釈にもフランスの人口の推計がケネーらの認識よりはるかに多いことが指摘されている（「人間論」234）。

生産もまた減少し，ひいては国力も減退することを懸念していたのである。

それでも実際には，当時のフランスの人口は増加を続けていて，18世紀後半にはイギリスの約2.5倍の人口を擁し，19世紀末に至るまで減少に転じることはなかった。しかしながら，ケネーもミラボーの人口減少についての考えを共有していた。その上で，ケネー自身は，「人口の増加よりも収入の増加に注意を傾けること。なぜなら大きな収入によって，康楽が得られることは，人口が多過ぎてその必要とする生活資料の需要が逼迫することよりも望ましいからである」（「経済表第一版」17-18）と述べて，人口が集中している都市部での労働階級の食糧事情と，人口が減少した農村の労働力不足を注視していた。

いずれにせよ，ミラボーもケネーも，人口減少問題ないし人口偏在問題の解決という目的のために主張していたのは，農業の推進によって農業従事者を増やし，農村の人口を増加させることであり，また，その結果「土地からの贈物（dons de la terre）」である食料が増産されれば，生活資料の需要が逼迫せずに国内の人口全体も増加し，ひいては国力が増進するという連鎖だった。

こうしてフランスの農業が国内の需要を十分に満たす以上に発達し，余剰の土地生産物を輸出すれば，その輸出利益はそのまま農業に関わる階級すなわち土地所有階級の利益になるので，その利益から農業への投資を促進でき，拡大再生産が進み，農業生産量がますます増えるという，ケネーにとっての好循環が導かれるはずであった。農業生産が増大すれば，ケネーが懸念した農村人口は必然的に増加に転じるだろうし，農業人口の増加によって，輸出してもなお国内の食料は豊富となるので，人口は増え，国力が増大するという理想的な連鎖が達成されるのである。

それゆえ，ケネーは「粗生生産物〔穀物〕の対外商業をけっして妨げないこと。なぜなら，売行あっての再生産だからである。」（「一般準則」225）と述べ，未加工の農産物，主に穀物の輸出を奨励した。

　　もし穀物その他の粗生生産物の外国貿易が中止されたとすれば，農業は現在の人口状態に制約されることになり，人口が農業によって増加す

ることはなくなる。粗生生産物の外国への販売は土地の収入を増加させ
……地主の支出を増加させ……人びとを王国に引き寄せ……粗生生産物
の消費を増加させる。こうして消費の増加と外国への販売とが相まって，
農業，人口，収入における躍進を加速させるのである。(「一般準則」
263)

　このように，商業の自由と国内の高価と穀物輸出の利益を結びつけるケネ
ーの理論は，農業生産量の増加によって人口減少問題と人口偏在問題を克服
し，国力を増進させるという発展のシナリオでもあったのである。
　しかしながら，土地生産物の国内価格が高価か低価かにかかわらず，食料
となる以外の余剰農産物を，輸出品として販売しても，あるいは国内の加工
業の原材料として国内で加工業者に販売しても，どちらも土地所有階級の利
益になる点については同じはずである。もし国内の加工業者がその余剰農産
物を原材料として加工品を製造してその完成品を輸出すれば，余剰農産物の
まま輸出するよりも多く外国からの見返りが得られることになる。
　だが，なぜケネーは，敢えて国内の加工産業に過度に原材料が供給される
のを回避して，その原材料分を輸出に充てようとしたのだろうか。国内に加
工品や便宜品が多く生産されることは，望ましくなかったのだろうか。
　ケネーの考えでは，便宜品や装飾品の「奢侈は，農業の経営的支出にとっ
ても，農業の改善のための支出にとっても，生活資料の消費物のかたちでな
される支出にとっても害となるもの」(「一般準則」227)だったから，とい
うことがその理由であろう。奢侈への嗜好は，農業を衰退させる要因になり
うるため，人々の奢侈への欲望を刺激しないように，土地生産物を未加工の
まま輸出にまわし，国内加工業の原材料を必要以上に供給しないことが必要
だったのである。このように奢侈的欲望を刺激する加工業を抑制し，加工業
にたずさわる人口を農村へ移動させることで人口偏在問題を解決しようとす
るのが，ケネーの意図であった。
　だが，土地生産物の高価による輸出利益と拡大再生産との好循環で国家が
発展するというケネーの農業王国の理論は，まさに七年戦争も経過していた
中で，周囲の諸外国，特にイギリスやオランダなどとの常に良好ではない関

係の中で，現実的に有利な理論でありえたのだろうか。ケネーのロジックに
よって良価すなわち高価を維持することになるフランスの輸出品は，いつで
も相手国から輸入されて交易が成り立つのだろうか。さらに，いったん農業
国を標榜し，原材料の供給国となることに甘んじてしまえば，加工製造業の
発展が遅れてしまい，ひいては国力にも影響しうるということは，18世紀
であっても十分に認識可能だったのではないだろうか。グラスランはケネー
の思想のこうした認識の無さも痛烈に批判している。

　対外関係について，ケネーの考えをさらに検討していこう。

2　対外商業と高価の利益

　ケネーが穀物の高価を実現させるための議論の出発点ないし理論的前提と
して挙げたフランスの状況は，次のとおりである。

　第1に，外国との穀物の輸出入が行われていない。第2に，国内の地方間
移動にも通行税や関税が課されているため，地域間の流通が阻害されている。
第3に，流通の妨げによって，穀物の耕作は各地方の消費分に限定されてい
るため，土地の多くが荒れている。第4に，その限定的な消費量の穀物を，
一握りの土地所有者が独占的に耕作することで，彼等が穀物に対する排他的
特権を持っている（「一般準則」250）。

　だが，ケネーの時代にフランスで穀物の輸出入が法的に禁じられていたわ
けではない[119]。一方，イギリスにおいては，七年戦争中の1757年から
1759年には穀物貿易は禁止されていた。それでもケネーの認識は次のとお
りであった。

　　穀物商業の自由を有するオランダ人とイギリス人は，彼等の国におい
　て，われわれがフランスにあってつねにそれに曝されている穀物価格の
　非常な変動を経験しない。というのは，吾が国にあっては，外国との穀
　物の輸出入商業が禁止されているからである。（「人間論」262）

119）「人間論」のパウエルの注釈によると「穀物の輸入は，ケネーの時代には，決し
　て法によって禁止されたのではなくて，もろもろの規制や……特別の許可に制約され
　ていたのである」（「人間論」263）。

このように，フランスでは穀物の輸出入が禁じられ，価格変動にさらされる状況が続いていることを理論の起点として置き，貿易を自由にすれば価格が安定することを，ケネーは次のように敷衍していくのである。

まず，国内商業の自由が保証され，商業を妨げている税の撤廃によって，より多くの生産物を流通に回すことができるようになれば，消費量を超える生産量を意欲的に生産できるようになる。こうして生産・交換・消費が活発化することによって，国内の生産物の価格は「基礎価格」(prix fondamental) である生産費を超えて上昇する。そして，自由な対外交易と免税が実現すれば，再生産を可能にする利益を加えた「自然価格」あるいは「良価」ないし「高価」が実現する。

この実現によって，「他国との……完全に自由な輸出入の商業を営む王国にあっては，価格は……毫も著しい変動を示さない」とケネーは述べる。なぜなら，「この王国に於ける価格は他国に通用する平均価格 (prix commun)[120] に等しいからである」。

さらに，「この王国における凶作及び豊作は……価格に何の変化をも及ぼさない」。なぜなら「これ等諸国間の自由かつ容易な商業によって，或る年度に欠乏状態にある国々は，豊富な国々から供給をうけ」るからであり，また，「価格はつねに……これ等の国に於ける基礎的な平均価格[121] に立脚する中位の状態に止る」(「人間論」262) からである。

他国と穀物の輸出入を行わない国では，その一国内での収穫量の変動によって，年ごとに価格も変動することになり，安定した再生産につながらない不安が常につきまとうが，商業国間で各国の豊凶作に応じて取引し合えば，

---

120) 坂田は prix commun を平均価格と訳しており，それが第3章で見たようにチュルゴの著作の訳等にも継承されている。ケネーの著作では，金額を数量で除して算出されたものを prix commun とする箇所が「借地農論」「租税論」「穀物論」にもある。しかし，commun には平均の意味はないので，ケネーが平均価格を示したかったならば prix moyen を用いたであろう。平均的な価格をケネーは prix commun として，文字通り共通価格ないし共有価格とみなそうとした可能性が考えられるので，訳出には慎重さが求められる。次の注も参照。

121) 「基礎的な平均価格 (prix commun fondamental)」は「基礎的な共通価格」と解す。

各国の穀物価格は毎年同一となる，とケネーは示しているのである。

　かくして穀物の自然価格として商業国の間で継続的な共通価格が成立することになる。つまり，「若し貴国の穀物が一層低い価格であるならば，貴国の対外貿易の自由は，貴国をしてその輸出を決意させるであろうし，その時から，貴国の穀物の価格は，貴国に於いて，それを外国に販売する価格と等しくなるであろう……相互的な対外貿易の利益はここにある」（「人間論」262）。

　ケネーにとって，穀物の輸出入が禁じられている状況から，自由な商業と免税によって廉価の穀物価格を押し上げて，商業国間での共通価格となる自然価格が実現すること，そして，商業国間で豊凶作が生じても価格を変化させずに状況に応じて穀物を交易し合えること，これらが対外商業の第一義的な利益であった。

　自然価格での対外商業がもたらすこの第一義的な利益は，確かに社会にとって望ましいと言えよう。ケネーが提起した自然価格は，変動しない長期均衡価格が想定されているからである。

　しかしながら，「輸出を決意」した「その時から」国内で「それを外国に販売する価格と等しくなる」という主張は，自然価格が観念的な想定であることを露呈させざるをえない。また，以下で，自然価格が個別の取引についても当事国どうしにとって常に利益となるのかを検討するが，その中では，自然価格が市場で変動しうる交換価格ないし相対価値として論じられている面も見えてくる。

　さらに付言しておくと，ケネーが批判対象とするコルベールは，ケネーが批判を繰り広げる100年前に財務総監だったが，コルベールの時代の17世紀は地球規模の小氷期と呼ばれる寒冷気候によって農作物の不作や飢饉，それに起因する疫病の大流行に見舞われていた。そのためコルベールは，国民に対する小麦の安定供給を急務と考え，国内での穀物生産の増産と同時に，備蓄量に応じて穀物の輸出入の調整を行いながら供給量を確保し，市場での低価維持を目指していた。すなわち，ケネーが示した「欠乏状態にある国々は，豊富な国々から供給をうけ」るという対外商業の重要な利益は，コルベールも示していた共通の認識であった。コルベールの政策については悪政と

誤解されている面が多いが，コルベールは周辺国との戦争が多発する中で自国の穀物の凶作時に他国からの穀物輸入がいつでも可能とはならないことも考慮して，自国内で穀物備蓄の安定的確保と，穀物の持続的低価格供給を目指す政策を選択した。

それに対してケネーは，完全な自由化の下であれば凶作時の不足を輸入によって補うかぎり，価格を変動させずに供給を維持することが可能だと主張したのであった。このケネーの堅固な自由化思想による政策は，結果として凶作時に機能せず，国内では暴動が発生し，財務総監だったチュルゴは罷免され，これによってフィジクラシーの勢力が弱まることになるのである。

さて，ケネーは，貿易が自由競争で行われる状態にあっては，「商品が貨幣と等価の富となり，貨幣が商品と等価の富となる」（「人間論」274）ので，「いずれの側の損得もない等価交換だけが存在する」（「経済表の分析」132）のだと述べている。つまり，対外商業で得る利益は，「一方が貨幣を余計獲得したならば，他方は余計商品を獲得した」ことになるわけで，それは「一方がその貨幣から利潤を得，他方がその商品から〔利潤を〕得たことを示す」のだとする。それゆえ，貨幣であれ商品であれ，交換前には国内に存在しなかったものをそれぞれが得ることで両国は一層富裕になったのだから，それが利益なのであり（「人間論」274），その等価交換は量的な同等性ではなく「価値の同等性」として成立しているのだと，ケネーは説明している（「（第一）経済問題」162）[122]。

しかしながら，ケネーが価値の同等性による等価交換とするこの相互の輸出入は，両国が「一層富裕」になることに直接結びつくのだろうか。自国から出ていくものより自国に入ってくるものの価値や効用が増えなければ，一国が「一層富裕」になることにはならないのではないだろうか。具体的には，輸出できる余剰生産物を多く持つ国には，貨幣や商品が多く入るので「一層富裕」になる。だが，対価として提供できるものが少ないのに，例えば凶作となり大量の穀物の輸入に迫られる国は，商業国間で変動しない高価での支払いに充てることで自国の富や生産物を多く失うことになるだろう。

122）　以下「（第一）経済問題」からの引用は平田・井上訳の頁数を示す。

第7章 グラスランの貿易論 | 191

　ということは，対外商業に，自国の余剰生産物を売るために参加するのか，それとも，自国に差し迫って必要な外国の生産物を買わなければならないために参加するのかによって，その交易によって富裕になるのか貧しくなるのか，すなわち有利な取引となるか否かは，異なるのではないだろうか。

　商業国がそれぞれ輸出しても困窮しない対価物を十分持っている前提で，対外商業の利益を強調するケネーが，不利益を被る側の国を期せずして描出しているのが，自国の生産物が高く売れて利益を得る例として示した「(第一) 経済問題」である。

　そこでは，2国間（フランスとP国としよう）で3億桝（＝3億リーヴル）分どうしの交換という形で相互に輸出入が行われていたとされる。つまり，フランスの3億桝分の商品（穀物としよう）と，P国の別の3億桝分の商品または貨幣の交換が行われていたという想定である。ここに，フランスが国内事情（規制の撤廃＝自由化）で穀物価格が6分の1だけ騰貴することが提起される。互いに外国の価格騰貴は自国には影響しないという前提で（「(第一) 経済問題」161），価格騰貴が起こっていないP国は，変わらずフランスの3億桝の穀物を輸入するために，3億6000万桝分の商品または貨幣を対価として輸出することが示される。ケネーによれば，結果的に，価格が騰貴したフランスは，自由化によって6000万の利益の増加となる（「(第一) 経済問題」161,165）。

　「人びとが留意するのは，桝の同等性ではなく，価値の同等性なのである。……それは，類似生産物の桝が国内〔P国〕より外国〔フランス〕では6分の1だけ少量であることを想定している」（「(第一) 経済問題」162）ので，フランスの穀物3億桝の輸入が必要なP国は，その価値と同等となる3億6000万桝分の対価を払いながら，フランスから購入し続けることになるのだとケネーは述べる。

　以上の点について，ケネーは価格騰貴によって有利になったフランスの立場から，その価格が自然価格であることを理由として，この6000万の増加を利益として強調する。だが，P国は3億6000万桝分を輸出して3億桝分しか輸入できなくなるので，P国にとっては6000万桝の損失となることに，ケネーは立ち入らない。

しかし，フランスの一方的な価格高騰に直面したP国が，フランスの3億桝分の穀物の対価として，自国の3億6000万桝分の商品または貨幣をフランスに輸出せざるをえなくなった不利な取引は，現実的に成立するだろうか。

仮に，P国がその条件で，3億桝のフランスの穀物を3億6000万リーヴルの貨幣で支払って輸入したとしよう。P国の国内貨幣量が一定であれば，P国内では，フランスから輸入した穀物は以前の3億リーヴルから3億6000万リーヴルに価格が上昇し，その他の商品の価格は相対的に下落し，経済は混乱するだろう。この混乱によって，P国は同じ取引を継続することはできないだろう。少なくとも次回の取引では，フランスからは3億リーヴルで買える2億5000万桝分しか輸入せず，不足する5000万桝分については他の国との交易を模索することになるだろう。そうなると，フランスの6000万リーヴルの利益は無くなることになる。

相手国が不利益を被ることから交易を部分的にでも拒否されるこのような可能性は考慮に入れず，ケネーは対外商業について，「われわれが販売する生産物の高い価格により，かつわれわれが購入するそれ〔対外商業〕の廉価によってのみ，われわれに有利であることができる」（「人間論」309）と明言する。

このように，ケネーは，不作の場合は他国から輸入することで不足分を補い合えるという理解しやすい相互利益を貿易の利益として一義的に掲げながらも，他国より自国国内が高価の状態での貿易によって，他国が被る可能性のある不利益の上に，自国の「一層富裕」が成り立つという，いわば自国主義の貿易の側面も示している。ケネーの自然価格（高価，良価）は，国内価格については拡大再生産が可能な価格であり，貿易に関しては国家間での相対価値であるから，国内が高価になるほど，拡大再生産が促進され，貿易でもより有利になるという帰結においては，相互利益の理念は隠れることになる。

見方を変えれば，ケネーには，すべての商業国間で「いずれの側の損得もない」（「経済表の分析」132）等価交換をもたらすという，静態での自然価格の相互利益の理念と，自国が高価になり他国より相対価値が高くなることで自国の利益が増加可能となる動態での自然価格の理論とが，併存しているの

である。ここに，ケネーの自然価格の概念に，相互利益の理念と自国利益優先の理論とのアンビバレンスを見ることができる。ケネーは，高価になったフランスが6000万リーヴルを得て，P国が6000万リーヴル失う形に相対価格が変化した貿易も，3億桝分どうしの交換に変わりがないのなら，両国とも自然価格による相互利益を得ている，とみなそうとしていることになる。

さらに，ケネーは相対的高価によって輸出が不利になる理論を捨象したことも指摘できる。重商主義の時代から認識されていたとおり，相対的高価は自国の輸出にとって不利に陥る可能性があるが，盟友ミラボーによって1755年に公刊されたカンティロン[123]の『商業試論』では，貨幣量が増加して豊かになった国が，外国貿易では他国の同じ商品と比べて高価であるため不利になって，輸出が減少することが説明されている。また，ケネーと同時代のヒューム[124]も，いわゆる「正貨の自動配分論」を提起して，もっとさかのぼれば，17世紀のトーマス・マンも「通貨の自動調節メカニズム」と呼ばれる主張を示して，国内価格の上昇によって外国との価格競争力が低下し，輸出が減少することを論じている。

ケネーがこれらの議論を熟知していたことは想像に難くない。だがケネーは，国内価格が高価になっても，輸出で次第に不利になるどころか，自国の

---

[123] 　前章でも論じたカンティロン（Richard Cantillon, 1680?-1734）は，ジョン・ローのミシシッピ会社の共同経営者であり，自らも投資して大きな利益を上げた。1720年のバブル崩壊後，アムステルダム経由でロンドンへ移る。『商業試論』（*Essai sur la nature du commerce en général*）は1728〜30年ごろに英語で執筆されたと推測されているが，生存中は未公刊のままであった。カンティロン自身による仏訳手稿を保管していたミラボーが1755年に仏訳版を公刊した後，英語版も公刊された。

[124] 　ヒュームは『政治論集』（*Political Discourses*, 1752）の中では，金銀が増加すると物価上昇し，輸出品の競争力が低下して貿易収支が悪化して貨幣が流出するとし，国内産業にとって利点となるのは国内価格の騰貴前までの期間に限られることについて，以下のように言及している。「外国貿易について言えば，非常に多量の貨幣は，あらゆる種類の労働の価値を騰貴させて，むしろ不利益であると思われる。……財貨の高価格は，金銀増価の必然的結果であるけれども，…貨幣が国の全体にあまねく流通し，その効果が国民すべての階層に及ぶまでには，ある時間の経過が必要である。……金銀の増加が産業活動にとって有利なのは，貨幣の取得と物価の騰貴との間の間際ないし中間状態においてだけである」。ケネーはヒュームの「貨幣量を絶えず増大させる……方策によって〔為政者は〕国民のうちにある勤労意欲を活発に保ち，……労働の貯えを増大させる」（『政治論集』訳233-234）という面に沿って理論を成立させてはいるが，ヒュームの「正貨の自動配分論」ならびに「連続的影響説」については考慮しなかったことになる。

有利を相互利益の理念に結びつけている点で，マンやカンティロンやヒュームらとは異なる見地に立っていることになる。換言すると，ケネーは，彼らの貿易メカニズムを前提とせず，むしろフランスの潜在的な農業生産力の優位性を前提として，農業生産物の高価によって対外商業は有利になるというケネー独自の自国発展のシナリオを提示したのである。それが，自然の秩序に従ったケネーの理想の農業王国の姿なのであった。このように高価によって自国の輸出が不利になる可能性を排除している点が，後節で見るグラスランの認識との違いとなるのである。

　さて，ケネーを取り巻くフィジオクラートたちは，こうしたケネーの思想を普及させるために複数の新聞雑誌を発行して執筆活動を行っていた。それらの新聞雑誌には，フィジオクラシーについて読者から投稿された疑問や所見も掲載されていたが，それらはケネーの思想の支持者からと推測される穏和な内容の投稿がほとんどであり，編集者たちはそれらに丁寧に答える形をとることで，フィジオクラシーを広めていた。

　ところが，グラスランからの投稿に対しては，フィジオクラートたちは過剰なほど批判的かつ攻撃的に反応した。「経済表」で表された循環もフィジオクラシーの思想も，グラスランが全く受け入れずに反論していたからである。

第*4*節　グラスランの現実的交易論

　グラスランは自由な貿易に反対していたわけではなく，むしろ自由化は彼にとっても理想であった。グラスランの主観価値理論に基づく市場は，本来的に自由であることが前提だからである。ただ，グラスランは相対的高価という貨幣的要因によって輸出が不利になることや，原財料の輸出に偏った貿易が起こしうる国内の加工産業の弱体化など，経済社会の実情を考慮に入れて議論していた。ケネーの形而上学的理論との違いを検証していこう。

1　貿易に対するグラスランの見解
　グラスランが，市場における主観的な価値を，あらゆる財やサービスに，

さらには公共サービスにも，例外なく適用する理論を提唱していたことは前章までにも示してきた。市場での財の価値は，その財に対する人間の欲求や主観的な必要度と，その財の市場における希少性によって，複合的に決定するとし，ケネーの自然価格や良価のような，費用に利潤を加えた望ましい価格についての議論はない。グラスランは対外商業[125]について，ケネーに対して単に抗うことを目的として交易自体に反対しているわけではない。むしろ，対外商業を推進し，商業社会を発展させて，下層階級にもその恩恵が行き渡るような政策への転換を論じていた点では，ケネーと変わらないと言えるが，両者の理論的な隔たりは大きい。

　まず，穀物輸出を行うことの利点としてグラスランが主張した次の４点を確認しておこう。

　第１に，穀物輸出は，当初は土地所有階級の富の増加にしかならなくても，また，当初は他の諸階級にとっては実質的には変化を及ぼさないものの，相対的な富の減少となる可能性があっても，結果的には国内の富は増加すること。富が増加した土地所有階級の支出が増えることで，他の諸階級にもトリクルダウンによって利益が及び，諸階級の生活の質も向上するとグラスランは考えている。

　第２に，穀物輸出の促進によって耕作の改良と増加が進むので，生産が増大し，穀物の不足の心配がなくなること。

　第３に，耕作への労働力の流入によって，製造加工業など他の労働や輸出労働に従事する労働力が相対的に減少するが，人数が減少した製造加工業などの労働の価値は増加すること。グラスランは労働の価値もその需要と希少性によって決まるとするので，相対的に労働人数が減少する業種の労働は，それに対する需要に対して希少となり，労働の価値は増加する。このような考えは古典派経済学での費用労働価値を想起しやすいが，グラスランにとっては労働も欲求と希少性に基づく価値を持つ富であり，他の財と同様に欲求対象物とみなされるため，古典派経済学で示されるような労働量による価値の概念とは異なることに留意されたい。

125）　グラスランが，対外商業が行われている諸国間を「関係の状態」（l'état de relation）と呼んでいることは，本書第２章で示した。

そして、第4に、穀物輸出の見返りとして商品や貨幣が入ってくるので、相対的に他国より自国の富の増加となることである（Graslin [1767] 1911, 69-70）。デュポン・ド・ヌムールは、グラスランを「マーカンティリズムの熱烈な支持者」（Dupont 1844, LIV）とみなしている[126]が、グラスランは貴金属や貨幣の蓄積を目指す主張は行っていない。輸出される穀物は自国内では価値を持たない余剰であり、それを外国の需要に合わせて輸出することで、自国にとって需要のある商品や貨幣を外国から受け取ることができ、自国内に富が増えるとしているのである。

こうして「他国よりずっと豊かになった国では、下層階級は上流階級より非常に劣った豊かさの状態にあっても、他国の下層階級よりはまだ豊かな状態にある」（Graslin [1767] 1911, 69, 76）ことを、スミスが示したいわゆる「富裕の一般化」の原理に先駆けて述べていることは注目に値しよう。

グラスランは、農業国を標榜して加工品輸出よりも未加工の穀物や原材料の輸出を推進するケネーの主張には、強く反対している。グラスランはその理由として、農業国ポーランドを例に挙げながら2点示している。

その1点目は、輸出用の穀物や原材料を多く生産しても、相手国に穀物や原材料の需要がなければ価値は生じないことである。輸出向けに生産された穀物や原材料が輸出されずに国内に存在すれば、国内のそれらの財は過剰になり価格は下がる。

もう1点は、加工業の原材料となる土地生産物を未加工のまま輸出に回してしまうと、国内の製造加工業が衰退してしまうことである。その国の労働力を農業に振り向けるように誘導すればするほど、それだけ食料に事欠かなくなる可能性はあるとしても、加工業などの二次産業やその技術者や労働者を育成する機会が減り、加工製造品の多くを輸入に依存することになる。土地生産物しか主要な輸出品がない農業国となってしまえば、凶作によって国内の需要に対してすら土地生産物が足りなくなった場合に、他国から必要な加工品を輸入するための対価となる土地生産物に窮するのである。

---

126) 第6章でもふれたが、デュポン・ド・ヌムールらフィジオクラートは、重商主義を強く批判していたので、グラスランをマーカンティリストとみなすことで彼を排斥しようとしていた。

第7章　グラスランの貿易論　197

　グラスランは比較優位によって貿易が成立していることを認識しているが，ひとたび原材料の供給国になってしまうと，国内の他の諸産業全体の発展が遅れ，国力が衰退してしまうことと，豊凶作によって引き起こされる農業国の不安定さと危うさを懸念しながら，ケネーが標榜する「農業王国」へとフランスが向かうことに警鐘を鳴らしている。

　　食料の過剰は，農業国にとって諸外国の欲求に応じることによってしか富とはならない。外国のこの欲求なしには，国内の欲求の大きさを超過する量は，絶対に価値を持たない。なぜなら，欲求は価値の唯一の原因であるので，欲求が消えてしまえば，すべての価値は消えてしまうからである。……もし方針転換をして，国民全員が耕作地を所有し彼らの労働力をすべて農業に振り向けると，他の点はすべて同じであっても，土地生産物が最も豊富なその国は他国より富裕ではないことになる。この場合，欲求以上に耕作することは，加工業のいずれかの分野で有効に利用されるはずだった働き手を奪ってしまい，この国を実際に貧しくすることにしかならない。……土地生産物が外国の欲求対象物ではない場合には，……最も重要度の低い対象物にさえならないのである。(Graslin [1767] 1911, 63-64)

　グラスランは農業を軽視していたわけではない。農業を主産業とすることによって他国に対する食糧や原材料の供給国になりきってしまうことの不利を指摘していたのである。
　ポーランドのような農業国を例として挙げながら，グラスランは，その国民が土地からの豊富な生産物のみで満足して生活しているうちは，その国は豊かな国であるとしている。だが，他国のさまざまな便宜品や奢侈品の存在を知り，それらに対する必要や欲求が生じてくると，農業国の国民は土地生産物だけでは満足できなくなり欠乏や必要を感じるようになるので，彼らはもはや豊かさを感じなくなる。むしろ，相対的な貧しさを感じ取るのである。また，その国の唯一の土地生産物は，未加工の原材料として外国の需要がなければ無価値であることを見透かされて，貿易商人に安く買い叩かれてしま

うし，国内の加工業に力を入れようとしても，その時点ですでに技術的に後れをとってしまっているので，加工産業の発展も加工品の輸出先も容易には見出せないだろう。

こうした実情を鑑みれば，フランス国内の農業の生産性を上げるのはもちろん重要だが，同時に，国内の土地生産物を原材料とする国内の製造加工業も，その生産性や技術を向上させなければならず，農業政策だけに偏らずに産業全体の発展を目指すべきであることを，グラスランは主張していた。付加価値の概念を先取りしているグラスランは，原材料のままの未加工品を輸出するばかりでなく，国民の就労機会を増やすためにも付加価値の高い加工品を国内で生産して輸出することにも，国家全体の長期的な利益を見出していたのである。

2　グラスランの第1の問題提起

では，グラスランは国内の穀物の高価とその輸出に対するケネーの考えにどのように異論を唱えたのだろうか。彼は2点を挙げている。

1点目は，外国に輸出された穀物の収入全体を，国内の超過価値と一緒に利益として計算するのは，重複を成す（faire double emploi）ということである（Graslin [1767] 1911, 66）。

この「国内の超過価値」とは，ケネーが示した「国内の高価」を指しているが，穀物価格に関するケネーとグラスランの決定的な違いは，ケネーは，前節で示したとおり，自由な商業と免税によって実現する国内の高価は直ちに対外商業で有利に作用するという考えに基づいているのに対して，グラスランは，対外商業を行った結果として国内で高価になると説いていることである。

グラスランが提起した輸出の結果としての国内高価の原理は，次のようになる。国内の穀物のうち輸出される部分は，国内では流通したり消費されたりする見込みのない余剰であり，需要のない余剰はそのまま国内に存在しているかぎりでは，備蓄ではあっても，それ自体の価値はない。しかし，その余剰が輸出されることになると，それまではその余剰の存在によって得ていた不足や欠乏に対する安心感がなくなるので，国内の穀物価格は，将来の欠

乏を予測する国民の心理的な希少性が高まるに伴って，上がることになる。この場合，実際には国内で消費される穀物が十分に確保された上で輸出されるのだが，それでも国民に心理的な希少性が生じて，国内の価格は余剰穀物が存在していた輸出前より上昇するのである。その「想像上の希少性」（rareté d'imagination / rareté idéale）が余剰の輸出によって増幅してしまうことを，グラスランはこう説明する。

> 王国内に残った穀物の価値は，輸出がもたらす希少性の比率を超える可能性がある。というのは，個々の部分における物の価値が，常に欲求に比べて希少か豊富かに応じて決まるとはいえ，この原理は，物理的に実在する個々の欲求量に対する物の量を正確に測定しようとしても，たいてい間違っているからである。その理由として，想像力が各欲求対象物の量の評価に大いに関係してしまうということがある。すなわち，豊富さが実際よりかなり大きいように見えることで，各部分の価値が均衡状態から下落する可能性があるのと同様に，希少性が実際より大きく見えることで，それが部分価値を上昇させる可能性もある。……この考察から引き出されるべき結論は，最も重要な必需品である食料に関わる場合には，想像上の希少性は常に，とりわけ我々の国民の特性によって，実際の希少性を超えてしまうということである。(Graslin [1767] 1911, 67 note)。

　このように，国内の穀物価格が上昇するのは，余剰が輸出されて，想像上の希少性が増幅するからなのである。

　グラスランが示したこの心理的希少性によって国内の穀物価格が上昇するしくみと貿易の利益について，仮に，輸出前の国内に，国内消費分が80桝と，輸出されることになる余剰部分が20桝で，合計100桝の量が存在するとして考えてみよう。

　輸出がなければ80桝しか流通しなくても，余剰の20桝が存在する安心から心理的な希少性は低く，国内価格は1桝10リーヴルだったとする。輸出が行われなければ，穀物所有階級にとっては国内で販売される800リー

ヴルの収入しかなかったであろう。ここで余剰の20桝の輸出が行われると，輸出される穀物の総額は200リーヴルである。

しかし，余剰の20桝が輸出された後は，国内には余剰が存在しなくなることによって心理的な希少性が高まり，輸出前の全体量100桝が持っていたのと同じ1000リーヴルの穀物の価値を，国内に残った80桝によって感知するようになる。そのため，輸出後の国内価格は，1桝10リーヴルから12.5リーヴルに上昇する。

> 輸出によって国内でさらに希少となる穀物は，その希少性に比例してすべての部分の価値が増加するが，王国に残っているこの商品は，輸出前にその全体が持っていたのと同じ価値を持つ。しかしながら，輸出が生み出す利益には，その生産物のうち王国から輸出された量の収入全体しか入れてはならないのは明らかである。……したがって，もし外国への輸出の収入に，国内での販売の最も高い価格を，利益となるようにさらに加えるなら，重複を成すことになる。(Graslin [1767] 1911, 66-67)

フィジオクラシーのロジックでは，輸出された20桝にも輸出後の国内の上昇した価格を当てはめることで，穀物100桝全体が1250リーヴルとされるだろう。このように，輸出される穀物の価値まで高価で計上されることを，グラスランは重複とみなしている。

高価ないし自然価格や良価という概念的に設定される価格を想定しないグラスランの考え方に従えば，穀物所有階級の収入は，国内に残った80桝が心理的な希少性で1桝12.5リーヴルに価格が上昇したことによる1000リーヴルと，輸出前の価格で輸出された20桝の200リーヴルの，合計1200リーヴルである。

輸出がなければ，穀物所有階級の収入は国内消費分の800リーヴル（10リーヴル×80桝）のみだったが，輸出後の希少性からの国内価格の上昇による増加分200リーヴルと，輸出の実質的収入200リーヴルを合わせた400リーヴルが，穀物所有階級にとって対外商業によって増えた利益となる。ただし，この400リーヴルのうち，輸出の実質的収入の200リーヴルは外国

からもたらされるので、自国の富の増加になるが、国内価格上昇による増分の200リーヴルは、自国内での富の移動である。

上述の数値は筆者によるものであることを再掲しておくが、グラスランはこのようなロジックを示すことで、ケネーが国内の高価を先に設定して、輸出部分をその高価によって重複計上して対外商業による利益を大きく見せていることを批判した。

さらに、輸送費や貿易商人の利益について、ケネーは、商人は貿易を通じて「同国人からもうけを得るから」「商人の富が増えたとしても、それは収入〔土地所有者の純生産物〕の流通から切り取られる部分を増やすのであり、収入の配分と再生産を損なうものである」（「一般準則」227）としているが、これについてグラスランは次のように述べている。

> 王国から輸出された穀物の価格と、外国へのその輸出価格とを区別しなければならない。前者は、その生産に貢献した全員を含む穀物所有階級に関わりうるのである。後者もこの階級に関わるが、仲介者、水夫、そして、輸出のあらゆる関係者に拡張される。これらの人々の作業と労働への需要が外国で生じた時に、これらの人々の作業と労働は、必然的に欲求の部分的な対象となるのである。(Graslin [1767] 1911, 67)

国内の生産物を外国への輸出する際には、仲介する商人や輸送者の労働が必要となるが、グラスランはそうした商業全般に関わる労働にも、それらの労働に対する欲求度と希少性による価値を持つものとして、商業自体の付加価値を見出している[127]。しかし、ケネーにとっては「商業の経費を節約すればするほど、それだけ国土の収入がもたらす収入が増える」ので、それらの労働は節約するべき単なる費用でしかなかった。

127）「個々の物は商業の介在によって価値を増加させることが可能である」（Graslin [1767] 1911, 48）。「商業が個々の物のあらゆる部分に価値をもたらす」（Graslin [1767] 1911, 50）。「もし支出総額の中に商業による購買を入れるなら、当該物が商人の手から消費者の手に渡るときに、その品物の価値の超過分を付加〔ajouter〕しなければならない」（Graslin [1767] 1911, 50）。

3 グラスランの第2の問題提起

　グラスランのもう1つの異論は，国内の穀物の価値が高ければそれだけ国家の全員にとって富の増加であるとするフィジオクラートの考えは間違っている，ということである（Graslin [1767] 1911, 66）。これは，穀物の高価によって土地所有者の純生産物が増加しても，それが直接的に国富を増加させたことにはならないという反論である。

　ケネーは土地所有階級の収入である純生産物を国家の富とみなすので，穀物が高価になれば純生産物が名目的に増えたことになり，その増えた純生産物から再生産への投資が増えれば「自然の無償の贈物」である土地生産物はますます増えて労働者たちの食料も確保されていく。このとき，対外貿易がなくても国民の富は増えると捉えられているのである。

　それでも，ケネー自身も，「おそらく人は，地主だけにとっての富の増加は，国民全体にとっての富の増加としてみなすべきではない，と言うであろう」と用意周到に反論を予想している。そうした予想される反論に対する反批判として，ケネーは，土地所有者の純生産物こそが国家の富，すなわち「自由処分可能な富」であり，「公の国家を築き」，国家「権力を作り出すものであり」，「土地所有者を生存させ」，「彼らの享受に限りない変化を与える」富であること，そして，生産階級だけでなく不生産階級にも土地所有者の純産物がきわめて有利となることを強調する（「（第一）経済問題」167-68）。

　不生産階級の有利さとして，ケネーは労働者の賃金が増えることを想定しているが，それは便益品が購入可能となるよう生活の質の向上に結びつくものではなく，必需品である生産物が増加することだとしている。労働者は生存して労働するための生活資料しか必要としないことが暗黙の要件とされているため[128]，土地所有者の純生産物増加の波及によるこの不生産階級の有利さは，食料入手の容易さから不生産階級の人口の増加という形をとることになる（「（第1）経済問題」174-75）。この不生産階級の有利さは，当時の人口減少への懸念を解消することにつながるとみなすこともできよう。

　しかし，ケネーのこの準備された反批判に，グラスランは納得しない。グ

---

128)　労働者は必需品しか必要としないとする前提は，当時も以後も多くの論考で共有されていた。

ラスランにとっては，少なくとも対外貿易がない閉鎖経済での国内穀物価格の上昇は，国民全体のストックとしての富が増加するのではなく，その他の加工品等の相対価値は下がることになるので，価格が上昇した穀物の所有階級へ富が移動し，他の階級の富を減らすことになる。

> もし輸出に頼ることもなく，外国からいかなる見返りもない状態で，穀物が10分の1だけ高価になると，彼ら〔フィジオクラート〕は国家の富が10分の1だけ増えるとみなすだろう。……相対価値が大きくなることによってしか穀物を10分の1高く売ることはできない。そして，この相対価値が大きくなるということは，比較される価値の減少である。その結果，賃金生活者の労働の価値である賃金は，穀物などの価値が増加するのに相応して，増加するどころか減少する。(Graslin [1767] 1911, 68)

このように，穀物価格の上昇によって穀物所有階級の収入は増えても，他の諸階級の手中にある貨幣は逆に減少する。それゆえ，「国内での穀物の高価は，この富の所有階級にとってしか富の増加とはならず，その他のあらゆる階級にとっては富の減少となる」(Graslin [1767] 1911, 69) ので，穀物が高価になることで国民全員の富が増えるとみなすのは間違っている，とグラスランは主張する。「もし労働者の賃金と，その他のあらゆる欲求対象物の価値が，土地生産物と同じ割合で増加することが」実際に起こったとしても，それらの相対価値は変わらないのであり，国家の富を増やすことでもない (Graslin [1767] 1911, 68 note)。

さらに，貿易がない状態で，もし穀物の国内価格が上昇することになるとしたら，国民は「凶作への不安」，あるいは，現在の国内消費分まで輸出に回されることになったのではないかという懸念によって，「豊作であっても将来の希少性を感知させる」ようになるので，穀物の高価はさらなる高価をもたらす可能性がある，とグラスランは予想する。このような場合に，穀物価格が上昇するだけで富が増えている具体的な事実もないのに，「国家の富が増加していると思い込むのは不条理」であり，また，「穀物の所有には無

縁で，自分のパンに高く支払ったということでしかこの増加にまったく関与しない諸階級にまで，この増加が有利だと考えることは，さらに不条理」なのである。(Graslin [1767] 1911, 69)

こうして，グラスランは，対外商業がない場合の穀物の高価は，その穀物の所有階級に国内の富が移動するだけであり，その他の階級にとっては富の減少となるので，穀物の価値が高くなれば国家全員にとって富が増加する，という考えは間違っていることを示した。

では，貿易を行う場合には，グラスランにとっても穀物の国内の高価が国家の富の増加となるのだろうか。前節で示したように，グラスランは，外国への輸出による収入は国家の富の増加になるとしているが，ケネーのように国内の高価によって輸出が有利になると考えているのではない。

グラスランの考えでは，穀物輸出による土地所有階級の富の増加が生じると，相対的には他の諸階級の富は減少することになるとしても，他の諸階級の富の絶対量は減少しないのである。その上で，土地所有階級の消費の増加や，耕作の改良と増産の推進によって，他の諸階級にも賃金の増加の形でその利益が着実に波及する。労働者たちの欲求対象物の種類も必需品ばかりでなくなり，彼らの生活の質や様式も変わるのである。

　　もし輸出が穀物所有階級に対して，その他の階級よりも毎年新たに利益をもたらすなら，その他の階級の相対的な富の状態は，穀物所有階級より継続して劣ることになるだろう。しかしながら，国内の穀物所有階級以外の階級もまた，別のあらゆる諸国家より多くの富を次第に獲得するだろうし，また，その国はより高度の豊かさと繁栄に向けてずっと歩むだろう。(Graslin [1767] 1911, 75)

このように，労働者の賃金が増えることについてのケネーとグラスランの見解は異なっており，ケネーは労働者の生存費を一定とする前提から単純に人口増加に結びつけていたため，グラスランのような労働者の生活の質の向上を想定することはなかった。

さらに，グラスランにとっては，穀物輸出の見返りとして国内に入るのが

商品か貨幣（銀）かによる違いが検討材料となる。商品が入ってくる場合，その商品の量が国内で増えていくと希少性が減少し，その商品に対する国内の欲求の度合が減少していくので，その商品の価値は相対的に減少する。

　貨幣が入ってくる場合には，国内での貨幣の価値は各対象物に対して減少し，各対象物は貨幣に対して相対的に価値を増加させるため，国内価格全体は上昇する。それでも，国内ではその価格上昇による商品や財の間での相対価値の変化はない。

　　パンは間違いなくもっと高価になるだろう。少なくとも，もしさらに高価となっても従前より多くの貨幣をいくらでも受け入れるなら，ますます推進される輸出に比例して，パンは継続的に値上がりするだろう。というのは，人々に穀物が必要であるということが，貨幣の総量がその国で増加するのと同じだけの貨幣の量によって表示されるだろうからである。(Graslin [1767] 1911, 75)

　グラスランは，価格を表示する「貨幣が貨幣全体の比率的部分であるかぎり」，貨幣の増加による価格の上昇は，「名目的で実質的ではない」価格表示の変化であると説明する。それゆえ，「パンが高価になると述べるのは，もはや真実ではないだろう。なぜなら，高価というのは，買う物より買われる物の価値の過剰さを表す相対的な用語にほかならないからである。」(Graslin [1767] 1911, 75-76)

　では，貨幣が他国より相対的に豊富になると，貨幣が豊富でない国との関係はどうなるのだろうか。国内価格の上昇は，他国の富に対して国内の対象物の価値を増加させることになる。

　　もしフランスの貨幣が他国より 11 分の 1 だけ豊富であるなら，……フランスの富の他のすべての部分は，他国の富のすべての部分に対して，11 対 10 のようになるだろう。1 人の労働の価値の貨幣評価がフランスでは 11 で，他国では 10 であり，あらゆる物についてだいたい同じようになる。したがって，フランスでの 10 人の労働の価値は 110 であり，

他国の11人の労働を買うだろう。(Graslin [1767] 1911, 71)[129]

　フランス国内の労働が外国に対して相対的に価値を高めると，他国の富を以前よりも多く手に入れられるようになるので，輸入された商品の希少性は減少していく。貧しかった人間も彼自身の労働の価値が高まるのに比例して自分の富をより多く持つことができるので，国内のパンが高価になっても，そのパンが従前より高価かどうかは気にしなくてすむことになる。

　　彼は確実にパンに事欠かなくなるだろう。交換に何も差出す物を持たない人にとっては，あらゆるものが非常に高価であるが，パンを買える価値のある富を何であれ所有することで，パンが安価であることは重要ではなくなる。また，貧者がまったく存在しないようにしようとして，彼らに安上がりに生活できる手段を用意することも重要ではなくなる。(Graslin [1767] 1911, 76)。

　そして，国民全員が，輸出入の利益の波及で増加した収入や賃金によって，比例的に高くなった価格の商品を手に入れることが可能な「豊かな国では，下層階級は上流階級より非常に劣った豊かさの状態にあるが，他国の下層階級よりはまだ豊かな状態となりうる」のである (Graslin [1767] 1911, 76)。
　さて，これまで見てきたように，ケネーとグラスランには，穀物輸出による穀物所有階級の収入の増加が国家の富の増加となっていくしくみについての主張に違いがあった。それでも，両者とも，貨幣が流入することで国内が高価になり，相対的に自国の輸出品が高くなると，高く売って安く買うことができ，自国がますます富裕になることを示唆している。
　ただし，ケネーは，国内の「価格を少しも低下させないこと。というのもこれらの価格が低下すれば，外国との相互貿易は国民にとって不利になるから」(「一般準則」訳226) として，自由な商業によってもたらされる自国の高価が，輸出国として安定的な富裕を継続させるものだと信じた。

---

129)　このようなグラスランの叙述は，費用労働価値の視点とは異なる。

しかし，グラスランは，ケネーと異なり，カンティロンやヒュームらの貨幣的循環論を取り入れた。貿易で優位に立った自国の高価な商品は徐々に外国に売れにくくなり，その一方で，相対的に安価な外国の商品が流入して自国貨幣が流出する傾向を持つので，自国の産業が対外商業に不利になることまでグラスランは配慮している。

> 国家の中の豊富な貨幣は相対的には富を成す。ところが，国家が貨幣を所有すればするほど，その国家の現物の富はすべて貨幣に対して価値を増加させる。これによって，その国の輸出はやがて止まり，同時に外国の食料と商品を必要とするのである。……その低落は急激である。(Graslin [1767] 1911, 196)

このように，自国の価格が有利なために外国の安価な商品が大量に入ってくることで，自国の産業を衰退させてしまったり，高価によって輸出が減少したりすることがないよう，場合によっては関税などで対処する必要性も，グラスランは主張している（Graslin [1767] 1911, 196-197)。

要するに，ケネーは自由な商業と免税が生み出す理想的な発展を描くのに留まり，彼が主張する高価の有利性がいずれ貿易で不利になる可能性は捨象しているのに対し，グラスランは発展の理想をケネーと部分的に共有しつつも，そこから実際に起こりうる貨幣的循環への対策までを含む現実的な発展を論じていることになる。

グラスランが自国産業を守るための関税などが必要となる可能性を示したことは，ケネーらフィジオクラートがグラスランのことをマーカンティリストとして受け止めるのに十分な根拠を与えたであろう。

だが，地方都市とはいえ実体経済の運営に携わって業績を上げ，政策を立案し実行する立場にあったグラスランから見れば，ケネーが理想とした農業王国のシナリオは，現実から逸れた「空論（la chimère)」(Graslin [1767] 1911, 78) にすぎなかったのである[130]。

---

130) それは，行政の現場にいたチュルゴが，フィジオクラートと称されつつも，ケネーと距離を置いていた理由でもあっただろう。

第5節 機械論をもとにした2つの市場像

　ケネーは，国内商業の自由と免税によって自国の高価が実現することをテーゼとして掲げ，その高価によって土地所有階級の純生産物が増え，そこから再生産への投資を増やすことで，さらなる利益を見込む農業国の理想像を提起した。その高価は他国との交易においても維持されるものだった。

　グラスランは，土地所有階級の純生産物だけを利益の基準にするケネーの経済思想を危険視し，ケネーが目指す農業に特化する国家体制の「究極 (nec plus ultrà)」(Graslin [1767] 1911, 61 note) には，穀物しか輸出品がなく，凶作などの不測の事態に対処できなくなる可能性があることを考慮して，加工品の価値や，製造業および商業などの価値を軽視していることに警鐘を鳴らした。未加工の穀物や奢侈品原材料をそのまま輸出するのではなく，それらの原材料を用いた国内の加工製造業の発展も重視するグラスランは，国内の諸産業それぞれが均整のとれた車輪 (roue bien proportionné) として作用することで，市場経済から成る国家社会という機械 (machine) を動かすことを考えていたのである (Graslin [1767] 1911, 70)。グラスランはまさに，現実の経済社会をデカルト的機械論と主観価値論によって規定する体系を示したと言えよう。

　ケネーもまた，デカルトの機械論，そしてマールブランシュの偶因論の影響下にあったが，ケネーの場合は，医学と経済学という「きわめて経験的実証的な立場にたちながら」も，「デカルト―マールブランシュの思想体系とくにその摂理観」にとらわれ，「法則の形而上学的根拠をもとめてやま」ず，「形而上学的思弁から脱却しえなかった」のである (平田 2019, 118-19)。

　また，グラスランによれば，輸出によって国内の穀物価格が高価になっていくのは，国内に心理的な希少性が生じるためであった。それは，ケネーとは全く異なる，まさに主観価値の先駆者たるグラスランならではのロジックである。

　グラスランの現実的な交易論から見ると，ケネーが提唱していたのは，土地所有者の純生産物の確保を提示する「経済表」，すなわちケネーらにとっ

ての「市場」像に整合性を付与するための，予定調和的かつ理念的な交易論であることが浮き上がってくるのではないだろうか。

　ケネーの経済思想については，その貢献がこれまで様々な形で論じられてきており，フィジオクラシーが存在した意義についても認識されていることは，すでに記した。だが，「ヨーロッパの孔子」ケネーが描いた農業王国の構想に公然と反論し，貨幣過多による高価がいずれ引き起こす貨幣的循環の懸念すべき影響とその対処まで含めて取り上げていたグラスランの議論もまた，18世紀後半の，それも1760年代というフィジオクラシーの強い影響下にあってはなおさら，その主観価値理論の先駆性とともに重要な意義を持つのである。

終　　章

　本書は，フランスの啓蒙期に生きたグラスランの経済学の中からさまざまな論点を取り上げ，当時の他の著述家たちとの違いを明らかにすることで彼の先駆性を示してきた。それらを集約すれば，本書におけるグラスラン研究の主たる成果は次の3点となる。

　第1に，原初的共同社会への後退を主張するものだと評価されていたグラスランの「ペテルブルグ論文」に，発展的な商業社会への指向性を見出したことである（第2章）。「ペテルブルグ論文」は，農奴制下のロシアに向けた土地所有公益論であるばかりでなく，分業の利益および余剰の蓄積についても，また，それを実現させる統治体制論も交えながら論じているのであり，数少ない先行研究が示したような原初的共同社会を目指すものでは決してない。それどころか，グラスランは当時のロシアの状況に配慮しつつ，ロシアを商業社会へと誘う立場をとっていることは明白である。そして，分業による利益の理論的な分析は，同時代の著作の中では他に比類のない独特な観点によるものとなっている。労働に関するグラスランの記述に対して古典派の労働価値説で解釈を与える先行研究も存在するが，本書ではグラスランの理論に労働価値を適用することは不適切であることを示した。

　第2に，グラスランの『分析試論』で明示された主観価値理論の先駆性を論証したことである（第3章，第4章，第5章）。グラスランの価値理論は彼の100年後の新古典派につながるものであり，彼の時代からその兆しが見えていた古典派の理論とは親和性がないことは明らかである。チュルゴらの主観価値の先駆性に対する評価は学説史上で定着しているが，グラスランの

主観価値理論は彼らよりも明確に時代を先取りしていたのであり，それどころかむしろチュルゴはグラスランからの影響を直接受けて主観価値理論を表明していたことを，先行研究より明示的に論証した。

また，グラスランは「水とダイヤモンドのパラドックス」も1760年代に解いていた。さらに，グラスランの『分析試論』がメンガーによって所蔵されていたことも提示した。

第3に，グラスランが，スミスに先立って，スミスと同様の税の四原則を示しながら，累進的消費税と差額関税制度を結びつけた財政再建案を提示していたことの意義を明らかにしたことである（第6章）。当時は国民の各々の所得や資産の正確な捕捉は困難だったため，所得税によって担税能力の公平性や正確性を担保するのは実務的には不可能であった。そこで，そうした所得の代わりに，グラスランは，必需品を超えた便宜品や奢侈品の消費を可能にする財力に担税能力を見出したのである。彼は，必需品の消費税は無税とし，それ以外は商品の奢侈性に応じて累進的に高率の消費税を課すことによって，歳入を大きく増やすことを提案した。のちにスミスも『国富論』第3編で消費税の妥当性を示しているが，それが評価されるならば，先だって表明されたグラスランの消費税案も評価されなければならない。

また，グラスランは，経済状況に応じて，国家間の価格差を是正する程度までの関税を課すことも併せて提案しており，こうした提案に対してフィジオクラートからはマーカンティリストというレッテルを張られていた。だが，国家間の価格差を是正する程度までの関税というグラスランのこの提案は，景気後退の折にも過度の保護主義へと偏向させずに，国内産業の競争力を活性化させることを目的としていたのであり，マーカンティリストとして排斥するには当たらない。むしろ，今日でも通用している適切な方策と言えよう。

以上の3点に加えて，ケネーと対比させてグラスランの貿易論の検証も行った（第7章）。ケネーもグラスランも，市場に自由化という趨勢を求めていたことは共通していた。しかし，ケネーが主張した国内の高価による貿易の有利性は予定調和的であり，理念的な貿易論となっていたのに対して，グラスランは主観価値理論に基づきながら，より現実的な貿易論を展開していたことを論じた。

さて，グラスランが経済学の議論に登場した1766年当時は，政府が政策等のアイデアを集めるために，公募論文という方策がしばしば取られていた。グラスランもそうした動向の中で，1766年に2つの公募論文に応募したことで注目されることになった。

その論文の1つは，在位して間もないロシアのエカテリーナ2世が後ろ盾となって結成されたペテルブルグの自由経済協会の主催によるものであり，もう1つは，フランス国内でリモージュ地方長官だったチュルゴが主催したものであった。結果的に，グラスランはそれらを本書の中で示した「ペテルブルグ論文」と『分析試論』として公刊したのである。2つの論文の内容量とそれらの複雑なロジックに鑑みると，共に1766年に課題が発表された2つの論文をそれぞれその年内に完成し提出した事実からは，それらが相当な熱意とスピード感をもって執筆されたことがうかがえる。

ペテルブルグの公募論文の課題は，農民に土地を所有させることは公益に適うか否かについてであったが，前述したように，グラスランは土地所有公益論と共に，分業の効率性と経済発展，そして政治体制についても論じた。「ペテルブルグ論文」では，まさにグラスランの社会観が示されているのである。

フィジオクラートであるチュルゴが主催した公募論文の課題は，間接税は土地所有者の収入に影響を及ぼすか否かについてであった。その課題にフィジオクラシーを支持する論文を期待する主催者の意図を察したグラスランは，逆に，フィジオクラシーに反対する内容の『分析試論』を提出した。

フィジオクラシーの学説が示した区別，すなわち，農業を「生産的」，商工業を「不生産的」とする区別は，後にスミスによっても批判されることになるが，グラスランは『分析試論』でそうした区別を含むその学説全体を否定することで，フィジオクラシー批判の先鋒となった。フィジクラートもまた，グラスランに対して激しい反批判を返していたことは，第4章で取り上げた『書簡集』に見ることができる。

『分析試論』におけるグラスランの主たる目的は，フィジオクラシーの学説に基づく土地単一税に反対し，その代替案として，第6章で論じた累進的消費税を主たる税として導入することで歳入を増やし，財政再建が可能にな

ることを，国家に向けて提案することだった。免税特権階級や，多大な利益を得ている商工業者たちの消費力を前提として，さらには，商業社会の進展にともなって余剰を手にするようになった労働者たちの消費力も確信して，グラスランは奢侈品になるほど税率が高くなる累進的消費税を課すことで歳入を増やすことを提起した。富者にとっての奢侈品は生活の質を保持または誇示するためのまさに必需品であるので，高率の消費税が課されても富者は奢侈品消費を減らさないとグラスランは見込んでいた。つまり富者にとっての奢侈品は価格弾力性が低いと考えたのであるが，ここに，主観価値を標榜するグラスランらしい認識が示されていると言えるだろう。単に商品に課税するとみなすのではなく，各自の自発的な行動である消費に課税することを前面に押し出すことで，消費を行う者の担税能力が透けて見えることになるのである。それでも，富者は無意識のうちに彼の奢侈品消費は価格弾力性が低いことを示す行動をとる可能性，つまり奢侈品消費を維持する可能性が高い，というグラスランの認識が，累進的消費税という提案には明確に表れている。換言すると，20世紀になるころにヴェブレンによって示された顕示的消費と同様の消費行動をとることを，グラスランは富者に見ているのである。

　いずれにせよ，この累進的消費税によって，少なくとも，税を免れている富者が税を負担することになり，当然，歳入は増えることになるため，当時逼迫していた財政状態の改善につながると，グラスランは見込んだのだった。

　一方，グラスランが自らの主張の基盤として『分析試論』の前半に提示した主観価値理論は，第3章で述べたとおり，グラスランの論文の審査を行ったチュルゴに影響を与えることになった。主観価値理論の先駆的著述とされるチュルゴの「価値と貨幣」には，グラスランの『分析試論』の内容が反映されたのである。それでも，「価値と貨幣」以外のチュルゴの著述は，フィジオクラシーに則った費用価値説の立場にあることは明白である。

　チュルゴの他にも主観価値理論の先駆者として挙げられるガリアーニもコンディヤックも，また，第5章で検証したフォルボネも，それぞれの主張の中で費用価値と主観価値が混在している。むしろ，主観価値を認識していたとされる当時の論者たちのほとんどは，基本的には費用価値説の立場をとっ

ていて，交換の心理的な側面として効用，欲求，希少性を概念的に用いていたにすぎないと解釈するべきである。グラスランのように，18世紀において，費用価値の概念を排除し，主観価値によって一貫した価値理論を構築した者は，現時点で認識される限りにおいて，いなかったと見てよいだろう。だからこそ，グラスランの理論の特筆するべき先駆性は認識され評価されるべきなのである。

労働に対する賃金は労働者の生存のための必需品の価値であることを前提とするフィジオクラシーの概念は，古典派経済学へと受けつがれることになる。だが，彼らの100年後，グラスランの主張は限界革命以降の新古典派の価値理論となってよみがえるのであった。ただし，18世紀にグラスランが先駆的な学説を示していたことがわずかながら知られるのは，もっと後になってからである。

グラスランの主観価値理論では，財であれサービスであれ，学者や芸術家，医者，政治家などの労働であれ，市場で交換されるすべては，交換によって得る効用と，それに対する欲求，そしてその希少性の複合的比率によって相対価値が決定するとされる。そして，一般労働者の賃金もすべて必需品として消費されるのではなく，余剰は便宜品に交換されたり蓄積されたりすることが主張された。

以上のような論点を提起していたグラスランが，経済学に関する議論の表舞台に登場していたのは，1766年から1768年までの短い期間であった。この時期は，世論に対するフィジオクラートの影響力が非常に強く，フィジオクラシーを辛辣に批判したグラスランは，フィジオクラートから厳しい反批判を繰り返し受けたり，あるいは無視されたりしたために，早々に公の議論から退かざるをえなかった可能性は否定できない。

グラスランに痛烈に批判を浴びせていたフィジオクラートは，1768年の春以降，グラスランとの論争を意図的に中断した。これによって，『分析試論』をめぐる論争は人々から忘れられ，グラスランの名前が後世の研究者の目に留まる機会は少なくなった。

グラスランの『分析試論』が人々の議論の対象から外されるようになった理由について，リュミネは，フィジオクラシーの知名度と，その直後のスミ

ス『国富論』の登場の陰に隠れてしまったことを挙げている（Luminais 1861, 413）。

　また，デマールによれば，1768年以降，ケネーの信奉者たちは，グラスランの主張が人々から完全に忘れ去られることを目的として，グラスランを黙殺するという手段をとった。フィジオクラートがグラスランを完全に無視するという報復をとったことによって，グラスランの『分析試論』は論争の舞台から退けられてしまったという説である。18世紀後半のフランスでは，熱狂的勢力となっていたフィジオクラートのこうした手段によって，グラスランの『分析試論』だけでなく，フィジオクラシー以外のこの時期の著述に光が当たらなくなったのである（Desmars [1900] 1973, 213-16）。

　だが，フィジオクラートによる無視という現実があったにせよ，むしろグラスランの方からフィジオクラートとの非生産的な論争に見切りをつけて，自ら退いたとみなす方が，より妥当ではないだろうか。なぜなら，グラスランは総徴税官（receveur général des fermes du roi）として1759年から地方の財務を統括する指導的な役職にあり，1768年以降ナントの開墾事業と都市開発に，1768年以降全力を注ぎ始め，見事な成果を上げたからである。狂信的かつドグマティックなフィジオクラートとの非生産的な論争で勝利することより，現実の社会で生きる人々に多くの恩恵をもたらす経済発展を実現する方が，グラスランにとっては生産的だったのである。

　それは，結果としてグラスランの開発事業に対する手腕と学説史上の彼の位置を明確に結びつけることにもなった。

　1870年代からの新古典派経済学は，発展した経済社会の状況に古典派経済学が合わないことを認識し，古典派が前提としていた労働者，土地所有者，資本家の三階級——そこでは，労働者は賃金ないし現物で生存費のみを得て，奢侈品消費は土地所有者と資本家が行うとみなす——を外した新しい理論を再構築した。その100年前の古典派経済学が確立されようとする時期に生きていたグラスランは，古典派経済学に親和性のあるフィジオクラシーが理論の前提としていた三階級すなわち資本家でもある土地所有者，生産階級，不生産階級を拠り所としていたのでは，現実の経済活動を理論として説明できないことを，すでに認識していた。

グラスランにとっては，労働者といえども実際には生存費のみの生活で満足するのではなく，わずかでも余剰を得れば，それを市場で自らの欲求対象物と交換しようとするので，市場は資本家たる土地所有者や上流階級だけのものではなかった。そのような流動的で開かれた市場の理論を可能にするには，都市を中心として労働者も参加する活発な経済活動の存在に目を向ける必要があるが，グラスランはナントとその周辺地域の開発事業によって，それを現実の市場のモデルとして見せたのである。彼が行った開発事業によって，ナントでは多くの仕事や住居が創出され，人口は増え，フランス国内だけでなく周辺国からも裕福な人々や要人たちが観光や開発視察で訪れた。新しい劇場で連日行われた公演は，労働者も観劇することができた。

　グラスランは，労働者も市場のプレイヤーとなりうることを，まさに自らの開発手腕によってそのモデルを実現し，証明して見せたのであり，学説史的には100年後に古典派を批判して新古典派を切り開いていった人々と同じ問題意識を持っていたのである。

　その後，彼の死後まもなく始まった革命によって，ナントは虐殺の舞台になったが，19世紀に入ってから，グラスランの理論に着目した研究も散見されるようになった。しかし，不運なことに，そうしたグラスランについての研究動向もまた，フィジオクラシーの再評価の局面と重なってしまったため，グラスラン研究の広がりに結びつくことはなかった。それは，フィジオクラシーの再評価において，フィジオクラシーの経済学上の貢献が強調される一方で，フィジオクラシーの非合理的なロジックに対する18世紀における批判，つまりグラスランによる批判についての研究が捨象されたことにもよる。

　だが，歴史的研究では，駆逐され葬られた事実が有している重要性を再確認することは大切であるし，さらに，その事実の再評価によって，重要度や優先度の認識が改められることもある。本書が扱った主観価値理論の系譜においては，ガリアーニやチュルゴ，コンディヤックらよりも，グラスランの方が優位に評価されるべきであるのは明らかであり，多くの研究者にそれが認識されるのは，もはや時間の問題である。

　そして，この再評価によって，経済学史の解説書も，少なくとも「18世

紀における主観価値理論（または効用理論）の先駆者」というカテゴリーの中では，その主張の中に費用価値と主観価値が混在するガリアーニやチュルゴ，コンディヤックらの名前から，首尾一貫した主観価値を示したグラスランの名前に書き換えられていく必要があろう。

デマールは，ヒュームが「商業について」の冒頭で，「浅薄な思索家（shallow thinkers）」と「難解な思索家（abstruse thinkers）」の区別を示している（Hume [1752] 1987, 253／訳210）ことを取り上げている。このヒュームの区別を用いて，デマールは，グラスランが「難解な思索家（les penseurs abstraits）」に入る「偉大な思想家（un grand et remarquable penseur）」であると明確に示している（Desmars [1900] 1973, 222-23）。

確かに，グラスランの著述は難解である。それは，本書の第1章で示したように，デュポン・ド・ヌムールが，グラスランの著作に対して，「galimathias simple」（著者の意図を読者が理解不能なほど難解）どころか「galimatias double」（著者も混乱しているため読者も理解不能）であると評したほどである。

それでもデュポン・ド・ヌムールがそれに続けて「非常に才気あふれる人間の著作であることは明らか」という判断を示したことは，注目に値すると言えよう。グラスランの難解な文面の裏にある一貫した論理と信念は，論敵であったフィジオクラートのうち，少なくともチュルゴの理論に主観価値理論の発想への契機を与え，デュポン・ド・ヌムールにさえ是認させたことになり，最終的にはグラスランを無視する戦略を取らざるをえなかったほど，フィジオクラートにとっては手強いものだったのである。

18世紀におけるグラスランやフィジオクラートらの現実的な課題は，当時のフランスの財政再建であった。その挑戦の中で，グラスランは主観価値理論，フィジオクラートは費用価値説によって，それぞれの理論体系を構築した。

グラスランは現実の経済活動の状態と人間の内面の心理的な機能から，フィジオクラートは理念的かつ予定調和的に，それぞれのロジックを作り上げた。そして，激しい論争のあと，グラスランが現実の地域経済開発に専念していた一方で，フィジオクラートは形而上学的な彼らの理論体系を政策とし

て実行に向けていったものの，チュルゴが財務総監となっていた 1776 年には その政策遂行を断念せざるをえなくなり，チュルゴの退任とともにフィジクラシーの影響力や勢力は解体していった。

　彼らのこのような挑戦や論争の軌跡の延長線上にある現代の研究もまた，歴史の中に存在しているという認識の上で，過去に立ち戻って検証することは，たとえ直接役立つ分析道具や精密なデータを与えられることはないとしても，そこに何らかの示唆を見出すことができるだろう。

　一大勢力となっていたフィジオクラートを相手にして闘いを挑んだ孤高の経済学者グラスランの経済思想についての研究は，まだ端緒が開かれたばかりである。グラスランの主観価値理論については，ジェヴォンズが示した最終効用のグラフの方がメンガー表より親和性を持つ可能性についても，今後さらに検討すべき論点となるだろう。

　また，本書の中でもふれたとおり，付加価値と三面等価の概念をグラスランがはっきりと認識していた事実についても，グラスランは再評価されるべきである。

　さらに，ケネーの「経済表」に対するグラスランの批判は，「経済表」に意義を見出す研究の対極を成すものとなるだろう。

　そして，「ペテルブルグ論文」における分業の理論は，『分析試論』の中の交易論と結びつければ，社会的分業あるいは国際分業に対するグラスランの指向を明らかにしうる敷衍性をも有している。

　グラスランの経済思想は，現時点では研究者が少ないとしても，こうした新たな論点を視野に入れることで，さらに検証を発展させうるスケールを持つものである。今後グラスラン研究が盛んになり，18 世紀の経済学者としてグラスランの名前が定着することを心から願うばかりである。

　なお，序章で述べたとおり，グラスラン（Graslin）は，本来「グララン」と表記されるべきであるが，日本国内の先行研究における表記に従い，本書では「グラスラン」としてきた。しかし，近い将来，日本国内でも「グララン」という表記に移行する可能性があることを改めて指摘して，筆を擱くことにする。

あとがき

　本書は，2020年3月に早稲田大学大学院経済学研究科において博士号を受けた博士論文「Graslinの経済思想―主観価値理論の先駆者―」に，その後の研究成果も加筆してまとめたものである。本書は公刊された以下の6本の査読論文をもとにしながらも大幅な加筆修正を加えている。

「チュルゴとグラスランの主観価値理論」『経済学史研究』58巻1号
　　21-48頁，経済学史学会，2016年.
「18世紀フランスの主観価値理論―チュルゴとグラスランを中心に」
　　『BULLETIN』第30号43-58頁，日仏経済学会，2016年.
「ダイヤモンド・パラドックス　―フォルボネとグラスランの1767年に
　　おける『到達度』」『BULLETIN』第31号29-40頁，日仏経済学会，
　　2019年.
「グラスランの累進的消費税論―消費の規範性と担税能力―」『経済学史
　　研究』61巻1号1-20頁，経済学史学会，2019年.
'Graslin's Subjective Theory of Value as Elaborated in His Debate
　　with a "Blind Enthusiast" of Physiocracy in 1767,' *History of
　　Economics Review* 74, 64-80, 2019.
'Forbonnais's and Graslin's attempted explanations of "the diamond-
　　water paradox" before Adam Smith,' *History of Economics Review*
　　76, 58-71, 2020.

　本書についてはもちろん著者自身にすべての責があるが，もとになった博士論文を完成するまでには，多くの先生方からの温かく親身な御指導と御教示があったことを記した上で，感謝を申し上げたい。
　私は慶應義塾大学通信教育課程で経済学を学び始め，研究者としては一般的ではないスタートを切った。本書のような研究を行う現在の日々が訪れようとは，まったく予想していなかった。それどころか，慶應義塾大学から送られてきた山のようなテキストを見てすぐに後悔したことを，今でもはっき

りと記憶している。

　学士入学だったため専門分野の単位取得だけではあったが，いざテキストを紐解くと，1頁目ですぐに独学の限界を感じ，さっさと退学して経済学から離れることが頭をよぎった（そのときの内容が本書にもつながる「限界効用」だったのは，今にして思えば何という皮肉だろうか）。それでもなんとか卒業することができたのは，慶應義塾大学の通信教育に関わられていた先生方の熱い御指導があったことと，スクーリングに通う多様な人々の姿に感銘を受けたからである。

　通信教育は，科目ごとに，当時は郵送で提出したり返却されたりするレポートが合格してから，キャンパスで行われる試験に臨むことになるが，とにかくレポートが関門だった。1つの科目のレポートを提出してからその合否がコメントとともに返送されるまでに長くかかり，時には半年以上も後になることもあったため，履修スケジュールが立てにくく，モチベーションの維持が難しかった上に，何度も再提出を求められる科目もあって心がくじけた。もちろん再提出が求められるのは私の力不足によるわけだが，ある科目ではレポートが合格するまでに，8回再提出をしなければならず，3年近くかかった。再提出も3回目くらいになると逃げ出したい気持ちがいっそう強くなったが，そんな気持ちが伝わるのか，細部にわたる膨大な量の手書きのコメントを下さる先生もいらしたし，印字した何枚にもわたる長文のコメントを貼り付けて励ましの文言まで附して下さる先生もいらした。顔も知らない私へのそうしたコメントに時間とエネルギーを割いて下さる匿名の先生方の労力を考えると，さっさと見切りをつけて退学してしまうのは，先生方の労力を無駄にしてしまうことになり申し訳ないという気持ちが沸き，続けるモチベーションになっていった。

　また，夏や秋のスクーリングでは，身体的障害を持つ多くの方々がよろけそうになりながら命がけで通っていた。教室の中でも，ある方はベッドに横たわり点滴につながれながら，また，ある方は手足が不自由なために特殊な車椅子に座って口にくわえた筆記具で画用紙のような紙にノートをとりながら，熱心に学ぶ姿を見て，自分の弱さと甘さを痛感して涙があふれてきた。できない理由を並べて退学を考えていた自分がとても恥ずかしかった。

あとがき 223

　こうして何年もかかって，ようやく卒業論文にとりかかれる単位を取得した。勉強を進める中で限界革命に興味があったので，メンガーを卒論のテーマにしたい旨を事務局に伝えたところ，紹介されたのが池田幸弘教授だった。池田先生には，慶應義塾大学卒業後にも，１年間は大学院科目履修生として，その後，私が早稲田大学大学院経済学研究科に進んでからも，早慶の単位交換制度を利用して池田ゼミにずっと参加させていただき，大変お世話になった。この単位交換制度を最も多く利用して早稲田と慶應を行き来していた院生は，たぶん私ではないかと自負している。

　早稲田の修士課程に入るとすぐに，慶應義塾大学の川俣雅弘教授の講義を履修させていただいた。そのときに，川俣先生から本書のテーマとなるグラスランの存在を教えていただき，卒論で扱ったメンガーと同じ主観価値の系譜にあることを理解して興味を持ち，修士論文として研究をまとめることを即決した。

　そして，早稲田では若田部昌澄教授を指導教授として，グラスランの主観価値理論について修士論文をまとめるための指導を受けさせていただくことができた。そこで重大な足かせとなったのが，私のフランス語力であった。18世紀のフランス語で書かれ，本書に示したとおり難解なグラスランの原書を読み解くことは，いくら熱意はあっても，初級程度のフランス語力しかなかった私には，完全に不可能な状態にあった。

　この決定的な致命傷を救って下さったのが，成蹊大学名誉教授でフランス経済史の内田日出海先生だった。内田先生の早稲田での講義や自主ゼミにお邪魔して事情を相談させていただいたところ，内田先生は快くグラスランの原書の解読にお付き合い下さることになった。以来，博士論文完成までの約７年にわたり，まったく稚拙な私の語学力をカバーするために，内田先生が毎週，完全に無報酬の長い時間を割いて助けて下さったおかげで，グラスラン以外の原書も含めて必要なフランス語文献を解読することができた。内田先生の御厚意がなければ，グラスランの研究は『分析試論』の１行目の解読で挫折していたのは間違いない。

　フランス語にも苦労したが，本書で扱ったガリアーニのイタリア語文献の解読については，故渡会勝義教授のゼミや講義に出席しながら御教示をいた

だいた。

　こうして諸先生方のお力をお借りしながら，若田部先生の下で親身な御指導をいただいて，修士論文を完成して博士後期課程に進むことができた。引き続き，若田部先生の監督の下で博士論文を執筆し始めていたが，博士後期課程3年目の年から，若田部先生は日銀副総裁として早稲田大学を離れられたため，清水和巳教授にお世話になっていた。

　そのころからは，ロシア経済史の鈴木健夫名誉教授のゼミにもお邪魔させていただき，広い視野での歴史観を学ばせて頂くようになった。グラスランの「ペテルブルグ論文」の理解に，鈴木先生のロシア経済史観がどれほど助けになったかは述べるまでもないほどである。

　慶應義塾大学では池田先生のゼミの他に，社会思想史の壽里竜教授の原書講読も履修させていただいていた。通信教育課程の学生だったときに受講したたくさんのスクーリングの科目の中で，その熱い授業と詳細な配布資料に最も感動したのが壽里先生の社会思想史の講義だったので，大学院で改めて壽里先生の下で学ばせていただけたことは大変光栄だった。

　さらに慶應義塾大学では，社会思想史の坂本達哉教授の講義にもお邪魔させていただいた。多くの大学でテキストや参考図書として採用されている『社会思想の歴史　マキアヴェリからロールズまで』を上梓なさった坂本先生の定評ある社会思想史の講義は，経済学史と密接にリンクするものであり，思想と経済学の関係について大変勉強になった。

　そして，博士論文を提出しようと決めていた博士後期課程5年目に，坂本先生が慶應義塾大学から早稲田大学に移られ，指導教授となっていただけることになった。坂本先生に博士論文を総点検していただけたおかげで，さらに，博士論文の主査としての労をおとりいただけたおかげで，無事に博士号を取得することができた。

　慶應義塾大学の通信教育課程に入学したころには，冒頭に記したように，自分の力不足と弱さで退学することばかり考えていた私がなんとか卒業でき，さらに早稲田大学で博士号を取得するところまで継続できたのは，上述の先生方と，紙面を割けなかったその他の先生方，また，経済学史学会，社会思想史学会，フランス経済学会その他の学会に御所属の先生方，そして，海外

の学会で出会った先生方，さらには，共に学んでいた学生さんたち，以上の多くの方々に出会うことができ，大変貴重な御指導や御教示と，適切かつ親切なアドバイスをいただけたおかげであり，私は本当にすばらしい幸運に恵まれていたとしか言いようがない。この幸運を恵んで下さったすべての方々に向けて，ここに心からの感謝を記させていただく。

　最後に，本書の編集・出版に際してお世話になった早稲田大学文化推進部文化企画課と株式会社早稲田大学出版部の方々，ならびに，細部にわたり大変重要かつ丁寧なアドバイスを下さった匿名の査読者と校正者の方々に対しても，厚く御礼を申し上げたい。

　　2024 年盛夏の空を見ながら　　　　　　　　　　山 本 英 子

参考文献

外国語文献および邦訳

Abbaye, B.L', *Dissertation qui a remporté le prix a la Société libre et oeconomique de St. Petersbourg, en l'année MDCCLXVIII [electronic resource] : sur cette question-proposée par la même Société, Est-il plus avantageux à un etat, que les paysans possedent en propre du terrein, ou qu'ils n'aient que des biens meubles? et jusqu'où doit s'étendre cette propriété?*, Amsterdam: Marc-Michel Rey, 1769.

Aristotle, *Topica*, Tredennick, H. and Foster, E. S. trans., Loeb classical library. Cambridge, MA; Harvard University Press, 2014. （池田康男訳『トピカ』京都大学学術出版会，2007.）

Banfield, T.C. *Four lectures on the organization of industry; being part of a course delivered in the University of Cambridge in easter term 1844. London*; Richard and John E. Taylor,1845.

Baudeau, N. *Exposition de la loi naturelle*, Amsterdam / Paris: Chez Lacombe, 1767.

Bousquet, G.H. 'Introduction,' in Galiani, F. *De la Monnaie*, Paris: Marcel Rivière, [1751] 1955.

Brewer, A. *The making of the classical theory of economic growth*, London: Routledge, 2010.

Cantillon, R. *Essai sur la nature du commerce en général*, Traduit de l'anglois. Londres [Paris?] : Fletcher Gyles, [1734] 1755. （津田内匠訳『商業試論』名古屋大学出版会，1992.）

Clément, A. and Soliani, R. 'The Work of Nicolas Baudeau: Original and Unrecognised Thought,' *History of Economics Review* 56, 2012, 29-55.

Condillac, É.B. *Le commerce et le gouvernement*, Genève: Slatkine Reprints, [1776] 1970.

Desmars, J. *Un Précurseur d'A.Smith en France*, Paris: Société Anonyme du Recueil Général des Lois et des Arrêts et du Journal du Palais, New York: Burt Franklin, [1900] 1973.

Dubois, A. 'Introduction,' in Graslin, J.-J.-L. *Essai Analytique sur la Richesse et sur l'impôt*, Paris: Paul Geuthner, [1767] 1911, v-xxx.

Dupont de Nemours, P.S. *De l'exportation et de l'inportation des grains*, Soissons / Paris: Chez P.G. Simon, 1764.

—— *Physiocratie, ou, Constitution naturelle du gouvernement le plus avantageux au genre humain*, Leyde / Paris: Chez Merlin, [1767] 1768.

—— *De l'origine et des progrès d'une science nouvelle*, Paris: Paul Geuthner, [1768] 1910.

—— Notice historique sur la vie et les œuvres de Turgot, in *Œuvres de Turgot (Nouvelle éd.)*, vol. 1, Paris: Guillaumin, 1844.

—— 'Prèface,' in *Œuvres de Turgot, Ministre d'État: précédées et accompagnées de mèmoires et de notes sur sa vie, son administratio et ses ouvrages*, t. 1, Paris: A. Belin, 1808.

Endres, A. *Neoclassical microeconomic theory: The Founding Austrian Vision*, New York: Routledge, 1997.

Erreygers, G. 'Turgot et le fondement subjectif de la valeur,' *Cahiers d' économie politique* 18, 1989, 149-169.

Faccarello, G. 'Turgot et l'économie politique sensualiste,' in Béraud, A. and Faccarello, G. eds., *Nouvelle histoire de la pensée économique* 1, Paris: La découverte, 1992, 254-88.

—— 'Turgot, Galiani and Necker,' in Faccarello, G. ed., *Studies in the History of French Political Economy from Bodin to Walras*, London: Routledge, 1998, 120-95.

—— 'Galimatias simple ou galimatias double? Sur la problématique de Graslin,' in Le Pichon, P. et Orain, A. dir., *Graslin: Le temps des Lumières à Nantes*, Rennes: Presses Universitaires de Rennes, 2008, 89-125.

—— 'The Enigmatic Graslin. A Rousseauist Bedrock for Classical Economics?' *The European journal of the History of Economic Thought* 16 (1), 2009, 1-40.

Faccarello, G. and Steiner, P. 'Philosophie économique and money in France, 1750-1776: the stake of a transformation,' *European Journal of the History of Economic Thought* 19 (3), 2012, 325-53.

Forbonnais, F.V.de.. *Éléments du commerce*, Amsterdam: F. Changuion, [1754] 1755.

—— *Principes et observations économiques*, Amsterdam: Chez Marc Michel Rey, 1767.

Galiani, F. 'Della Moneta,' in Custodi, P. ed., *Scrittori Classici Italiani di Econoia Politica*, Parte Moderna, Milano: Destefanis, [1751] 1803.

—— *Dialogues sur le commerce des bleds*, Londres / Paris, 1770.

Gide, C et Rist, C. *Histoire des Doctorines Économiques*, Paris: Societé Anonyme du Recueil Sirey, 1926.（宮川貞一郎訳『経済学説史』東京堂，1936-38.）

Gossen, H.H. *Entwicklung der Gesetze des menschlichen Verkehrs und der daraus fließenden Regeln für menschliches Handeln*, Düsseldorf/ Wirtschaft / Finanzen, [1854] 1983.

Goutte, P.-H. La correpondance entre M. Graslin et M. L'abbé Baudeau, premier recueil d'un débat de «science économique», in Clément, A. dir. *Nicolas Baudeau: Un «philospohe économist» au temps de Lumières*, Paris: Michel Houdiard, 257-87, 2008.

Graslin, J.-J.-L. *Essai Analytique sur la Richesse et sur l'impôt*, Paris: Paul Geuthner, [1767] 1911.

—— Réédition du text de 1911, *Essai Analytique sur la Richesse et sur l'impôt*, Paris: L'Harmattan, [1767] 2008.

—— *Correspondance entre M. Graslin, de l'Académique de S. Pétersburg, Auteur de l'Essai Analytique sur la Richesse & sur l'Impôt. Et M. l'Abbé Baudeau, Auteur des Ephémérides du Citoyen. Sur un des Principes fondamentaux de la Doctrine des soi-disants Philosophiques Économistes*, London / Paris: Chez Onfroy, [1767-68] 1777.

—— 'Dissertation sur la Question proposé par la Société Œconomique de St. Pétersbourg,' in *Dissertation qui a remporté le prix sur la question posée en 1766 par la Société d'Œconomie et d'Agriculture à St. Pétersbourg, à laquelle on a joint les Pièces qui on eües l'Accessit*, St. Pétersbourg, 1768, 109-154.

—— 'Dissertation de Saint-Petersbourg,' in Pichon, P.Le, et Orain, A. dir., *Graslin: Le temps des Lumières à Nantes, Rennes*: Presses Universitaires de Rennes, [1768] 2008, 295-317.

Groenewegen, P. 'A reappraisal of Turgot's theory of value, exchange and price determination,' *History of Political Economy* 2 (1), 1970, 177-196.

—— 'Turgot's place in the history of economics: A bi-centenary estimate,' *History of Political Economy*, 15 (4), 1983, 585-616.

—— *Eighteenth-century Economics: Turgot, Beccaria and Smith and their contemporaries*, London: Routledge, 2002.

Hoefer, J. C. F. *Nouvelle biographie général*, t. 46, Paris: Didot, [1852] 1855-56. 83-85.

Hume, D. *Essays, Moral, Political, and Literary*, Miller, E. F. ed., revised ed. Indianapolis: Liberty Fund, [1752] 1987. (田中敏弘訳『道徳・政治・文学論集』名古屋大学出版会, 2011.)

—— *Exposé succinct de la contestation qui s'est élevée entre M. Hume et M.Rousseau avec les pieces justificatives*, Londre / Yverdon: Félice, 1766. (山崎正一・串田孫一訳『悪魔と裏切者—ルソーとヒューム』筑摩書房, 2014.)

—— *Oeuvre économique*, Say L. ed.. Paris: Guillaumin, 1888.

Hutchison, T.W. *Before Adam Smith*, Oxford-UK, New York: Basil Blackwell, 1988.

Jessua, C. *Histoire de la théorie économique*, Paris : Presses Universitaires de France, 1991.

Jevons, W.S. *The Theory of Political Economy*, London, New York: Macmillan, 1871. (小泉信三・寺尾琢磨・永田清訳『経済学の理論』日本経済評論社, 1981.)

Kauder, E. *A History of Marginal Utility Theory*, Princeton, New Jersey: Princeton University Press, 1965. (斧田好雄訳『限界効用の歴史』嵯峨野書院, 1979.)

Klotz, G. 'La controverse Graslin-Baudeau: Les fondements analytiques du débat,' in Clément, A. ed., *Nicolas Baudeau: Un «philospohe économist» au temps de Lumières*, Paris: Michel Houdiard, 2008, 288-305.

Law, J. *Money and Trade Consider'd; with a Proposal for Supplying the Nation with Money*, London: Lewis, 1720.

Le Mercier de la Rivière, P.P. *L'Ordre naturel et essential des sociétés politiques*, London: Jean Nourse, Paris: Desaint, 1767.

—— *L'Ordre naturel et essential des sociétés politique*, Paris: Paul Geuthner, [1767] 1910.

Luminais, R.-M. 'Recherche sur la vie, les doctrines économiques et les travaux de Jean-Joseph-Louis Graslin,' *Annales de la Société académique de nantes et du département de Loire-Inférieure de Nantes*, t. 32, Nantes: Mellinet, [1861] 1862, 377-450.

Mably, G.B.d'Abbé. *Entretiens de Phocion, sur le rapport de la morale avec la politique;*

traduits du grec de Nicoclès, avec des remarques, Amsterdam, 1763.（貴田晃・野沢協訳「フォシオン対談」『啓蒙のユートピア II』法政大学出版局，2008.）

Maherzi, D. 'Introduction,' in Graslin, J. J. L. [1767] Réédition du text de 1911, *Essai Analytique sur la Richesse et sur l'impôt*, Paris: L'Harmattan, 2008.

Mandeville, B. *The fable of the bees: or, private vices, publick benefits*, London: J. Roberts, 1714.

McCulloch, J.R. *The Principles of Political Economy*, 4th ed. Edinburgh: A. and C. Black, [1825] 1849.

Melon, J. F. *Essai politique sur le commerce, nouvelle edition augmentée de sept chapitres, & où les lacunes des editions précédentes sont remplies*, [1734] 1736.（米田昇平訳『商業についての政治的試論』京都大学学術出版会，2015.）

Menger, C. 'Grundsätze der Volkswirtschaftslehre,' *Gesammelte Werke* Bd. 1, Tübingen: J. C. B. Mohr, [1871] 1968.（安井琢磨・八木紀一郎訳『国民経済学原理』日本経済評論社，1999.）

Meyssonnier, S. *La balance et l'horloge: la genèse de la pensée libérale en France au XVIIIe siècle*, Paris: Les Editions de la Passion, 1989.

Mirabeau, V.R.de *L'Ami des Hommes, ou, Traité de la population*, Avignon, 1761.

—— *Théorie de l'impôt*, Paris?: [1760] 1761.

—— *Philosophie rurale, ou, Économie générale et politique de l'agriculture*, t. 1-3, Amsterdam: Les Libraires associé, [1763] 1764.

Montesqieou, C.-L.de. *De l'esprit des loix*, t. 1, Barrillot: Geneve, 1748.（野田良之他訳『法の精神』（上）岩波文庫，[1989] 2017.）

Murphy, A. E. *The Genesis of Macroeconomics*, New York: Oxford University Press, 2009.

Orain, A. '《Équilibre》 et fiscalité au siècle des lumières, d'économie Politique de Jean-Joseph Graslin,' *Revue Économique* 57, 2006, 955-81.

—— 'Jean-Joseph-Louis Graslin (1727-1790) Un itinéraire dans son siècle,' in Le Pichon, P. et Orain, A. dir., *Graslin: Le temps des Lumières à Nantes*, Rennes: Presses Universitaires de Rennes, 2008a, 29-86.

—— 'Graslin et les physiocrates. Les controverses sur la valeur, l'equilibre et la fiscalité,' in Le Pichon, P. et Orain, A. dir., *Graslin: Le temps des Lumières à Nantes*, Rennes: Presses Universitaires de Rennes, 2008b, 127-45.

—— 'Progressive indirect taxation and social justice in eighteenth-century France: Forbonnais and Graslin's fiscal system,' *The European Journal of the History of Economic Thought*s 17 (4), 2010, 659-85.

—— 'Graslin and Forbonnais, against the *Tableau Économique* (1767),' in *Quesnay and Physiocracy. Studies and Materials*, Paris: L'Harmattan, 2012, 87-111.

—— 'Introduction On the difficulty of constituting an economic *avant-garde* in the French Enlightenment,' *European Journal of Economic Thought* 22 (3), 2015, 349–358.

Palgrave, R.H.I.,*Sir Dictionary of political economy*, vol. 2, London / New York:

Macmillan, 1901.

Perrot, J. *Une histoire intellectuelle de l'économie politique, XVIIe-XVIIIe siècle*, Édition de l'École des Hautes Études en Sciences Sociales, 1992.

Petty, W. A. 'Treatise of Taxes & Contributions,' in Hull, C.H. ed. *The Economic Writings of Sir William Petty* vol. 1, Cambridge: The University Press, [1662] 1899.

Pipes, R. 'Private Property Comes to Russia: The Reign of Catherine II,' *Harvard Ukrainian Studies* 22, 1998, 431-442.

Prescott, J.A. 'The Russian Free Economic Society: Foundation Years,' *Agricultural History* 51 (3), 1977, 503-512.

Quesnay, F. 'Fermier,' in Diderot & d'Alembert ed., *Encyclopédie, ou Dictionnaire raisonné des sciences, des arts et des métiers, par une société de gens de lettres*, vol. 6, Paris: Chez Briasson, 1756, 527–41.

—— 'Fermiers' (Extrait de l'Encyclopédie) in *Œuvres économiques et philosophiques de F. Quesnay, fondateur du système physiocratique*, Oncken A. ed., Francfort: Joseph Baer, Paris: Juls Peelman, [1756] 1888, 159-192. (坂田太郎訳「借地農論」『ケネー「経済表」以前の諸論稿』春秋社, 1950, 79-133. 島津亮二・菱山泉訳「小作人論」『ケネー全集第2巻』有斐閣, 1952, 1-45.)

—— 'Grain' (Extrait de l'Encyclopédie), in *Œuvres économiques et philosophiques de F. Quesnay, fondateur du système physiocratique*, Oncken, A. ed., Francfort: Joseph Baer, Paris: Juls Peelman, [1757 / 1768] 1888, 193-249. (坂田太郎訳「穀物論」『ケネー「経済表」以前の諸論稿』春秋社, 1950, 135-228. 島津亮二・菱山泉訳「穀物論」『ケネー全集第2巻』有斐閣, 1952, 46-130.)

—— 'Impôts,' in Schelle, G. ed., *Revenue de'histoire des doctrines économiques et sociales*, vol. 1, Paris: Armand Colin, [1758?] 1908, 137-86. (坂田太郎訳「租税論」『ケネー「経済表」以前の諸論稿』春秋社, 1950, 349-416.)

—— 'Hommes,' in Deschamps, A., Dubois, A. dir., *Revue d'histoire des doctrines économiques et sociales*, vol. 1, Paris: Armand Colin, 1908, 3-88. (坂田太郎訳「人間論」『ケネー「経済表」以前の諸論稿』春秋社, 1950, 229-347.)

—— 'Le Droit Naturel,' in *Œuvres Économiques et Philospphiques de F. Quesnay, fondateur du système physiocratique*, Oncken, A. ed., Francfort: Joseph Baer, Paris: Juls Peelman, [1765] 1888, 359-77.

—— 'Observation sur l'interét de l'argent,' in *Œuvres économiques de F. Quesnay, fondateur du système physiocratique*, Oncken, A. ed., Francfort: Joseph Baer, Paris: Juls Peelman, [1766] 1888. (坂田太郎訳「金利に関する考察」『ケネー「経済表」以前の諸論稿』春秋社, 1950, 417-428.)

—— 'Du Commerce, premier dialogue entre M. H. et M. N.,' 'Sur les travaux des artisans, second dialogue entre M. H. et M. N,' in Oncken, A. ed., *Œuvres Économiques et Philosophiques de F. Quesnay, fondateur du système physiocratique*, Francfort: Joseph Baer, Paris: Juls Peelman, [1766] 1888, 446-93, 526-54.

—— 'Analyse du Tableau Économique,' in Du Pont de Nemours, P. S., *Physiocratie, ou,*

Constitution naturelle du gouvernement le plus avantageux au genre humain, Leyde / Paris: Merlin, [1767] 1768, 43-98.（平田清明・井上泰夫訳「経済表の分析」『経済表』岩波文庫 2013, 109-46.）

—— 'Problème Économique,' in Du Pont de Nemours, P. S., *Physiocratie, ou, Constitution naturelle du gouvernement le plus avantageux au genre humain*, Leyde / Paris: Merlin, [1766] 1768, 183-234.（平田清明・井上泰夫訳「（第一）経済問題」『経済表』岩波文庫 2013, 147-89.）

—— 'Maximes Générales du Gouvernement Économique d'un Royaume Agricole, Notes sur les Maximes,' in Du Pont de Nemours, P. S., *Physiocratie, ou, Constitution naturelle du gouvernement le plus avantageux au genre humain*, Leyde / Paris: Merlin, [1767] 1768, 105-72.（平田清明・井上泰夫訳「農業王国の経済統治の一般準則とそれら準則に関する注」『経済表』岩波文庫 2013, 219-78.）

Ravix, J.-T. et Romani, P.-M. 'Le «systéme economique» de Turgot,' in *Turgot, Formation et distribution des richesses*, Paris: Flammarion, 1997, 1-63.

Rousseau, J.J. *Discours sur l'Origine de l'inégalité parmi les Hommes*, London: Du Peyrou, [1755] 1782.（本田喜代治・平岡昇訳『人間不平等起源論』岩波文庫, [1933] 2011.）

—— *Le Contrat Social*, Paris: Volland, [1762] 1791.（桑原武夫・前川貞次郎訳『社会契約論』岩波文庫, [1954] 2009.）

Say, J.B. *Traité d'Économie Politique*, Paris: Chez Deterville, [1803] 1819.

Schumpeter, J. *History of Economic Analysis*, New York: Oxford University Press, 1954.（東畑精一・福岡正夫訳『経済分析の歴史・上』岩波書店, 2005.）

Smith, A. Cannan, E. ed., *An Inquiry into the Nature and Causes of the Wealth of Nations*, New York / Toronto: Random House, [1776] 1994.

—— Campbell, R.H. and Skinner, A.S. ed., *An Inquiry into the Nature and Causes of the Wealth of Nations*, Oxford: Clarendon Press, New York: Oxford University Press, [1776] 1976.（杉山忠平・水田洋訳『国富論』岩波書店, [2001] 2004.）

—— *Lectures on Jurisprudence*. Meek, R.L., Raphael, D.D. and Stein, P.G. eds., Oxford: Oxford University Press, 1978.（水田洋訳『法学講義』岩波文庫, 2005.）

Steiner, P. 'Physiocracy and French Pre-Classical Political Economy,' in Samuels, W. J., Biddle, J. E. and Davis, J. B. eds., *A Companion to the History of Economic Thought*, MA / Oxford-UK / Melbourne / Berlin: Blackwell, 2003.

Turgot, A.R.J. 'Plan d'un Ouvrage sur le Commerce, la Circulation et l'intérêt de l'argent, la Richesse des États,' in Schelle, G. ed., *Œuvres de Turgot*, vol. 1, Paris: Alcan, [1753-54] 1913, 376-87.（津田内匠訳「商業，貨幣流通と利子，諸国家の富にかんする著述プラン」『チュルゴ経済学著作集』岩波書店, 1962, 19-27.）

—— 'Eloge de Vancent de Gournay,' in Schelle, G. ed., *Œuvres de Turgot*, vol. 1, Paris: Alcan, [1759] 1913, 595-623.（津田内匠訳「ヴァンサン・ド・グルネー賛辞」『チュルゴ経済学著作集』岩波書店, 1962, 41-60.）

—— 'Les Réflexions sur la Formation et la Distribution des Richesse,' in Schelle, G. ed.,

Œuvres de Turgot. vol. 2, Paris: Alcan, [1766] 1914, 533-601.

—— 'Les Réflexions sur la Formation et la Distribution des Richesse,' in Daire, E. ed., *Œuvres de Turgot*, t. 1, Paris: Guillaumin, [1766]1844, 7-67. (津田内匠訳「富の形成と分配にかんする諸考察」『チュルゴ経済学著作集』岩波書店, 1962, 70-123.)

—— 'Observation sur les Mémoires récompensés par la Société d'Agriculture de Limoges, 1. Sur le Mémoire de Graslin, 2. Sur le Mémoires de Saint-Peravy,' in Schelle, G. ed., *Œuvres de Turgot*, vol. 2, Paris: Alcan, [1767] 1914, 626-65. (津田内匠訳「リモージュ農業協会から賞を授けられた諸論文にかんする所見 1. グラスランの覚書きについて 2. サン・ペラヴィの覚書きについて」『チュルゴ経済学著作集』岩波書店, 1962, 125-48.)

—— 'Valeurs et Monnaies,' in Schelle, G. ed., *Œuvres de Turgot*, vol. 3, Paris: Alcan, [1769?] 1919, 79-98.

—— 'Valeurs et Monnaies,' in Daire, E. ed., *Œuvres de Turgot*, t. 1, Paris: Guillaumin, [1769?] 1844, 75-93. (津田内匠訳「価値と貨幣」『チュルゴ経済学著作集』岩波書店, 1962, 149-63.)

White, M.V. 'Doctoring Adam Smith: The Fable of the Diamonds and Water Paradox,' *History of Political Economy*, 34 (4), 2002, 659-83.

Yamakawa, Y. 'The Transition of Turgot's Theory of Value,' *Waseda Economic Paper* 3, 1959, 30-47.

Young, A. *Voyages en France 1787-88-89 et 90*, Paris: Buisson, 1794. (宮崎洋訳『フランス紀行：1787, 1788 & 1789』法政大学出版局, 1983.)

日本語文献（五十音順）

浅野清「〔『原表』第3版の〕「〔シュリー氏王国経済の〕抜粋」・『解説つき「経済表」』・『箴言』3原稿の対応関係」『東洋大学経済論集』（東洋大学）16-2, 1991, 1-22.

安藤裕介『商業・専制・世論——フランス啓蒙の「政治経済学」と統治原理の転換』創文社, 2014.

井柳美紀「ディドロとその同時代人——『啓蒙専制君主』批判の展開——」『本郷法政紀要』（東京大学）7号, 1998, 67-97.

上原一男「十八世紀におけるイタリア主観価値説の形成——フェルディナンド・ガリアーニ——」『早稲田政治経済学雑誌』（早稲田大学）第208・209合併号, 1968, 419-444.

岡田純一『フランス経済学史研究』お茶の水書房, 1982.

岡田實著『フランス人口思想の発展』千倉書房, 1984.

川俣雅弘「Ferdinando Galiani の希少性価値理論の歴史的位置について」『三田学会雑誌』（慶應義塾大学）81 (2), 1988, 137-55.

——「チュルゴの『価値と貨幣』における価値と価格の理論の公理的分析」『社会志林』（法政大学）57 (3), 2010, 59-89.

小池基之「ケネーにおける『価値』と『剰余価値』」『三田学会雑誌』（慶應義塾大学）74 (5), 1981, 47-61.

是永東彦「アンシャンレジーム期フランス農業における資本主義的生産（下）」『農業綜合研究』28 (3), 1974, 87-145.

坂田太郎「解説」『ケネー「経済表」以前の諸論稿』春秋社，1950.

坂本達哉『ヒューム 希望の懐疑主義』慶應義塾大学出版会，2011.

島恭彦「チュルゴーの租税論（上）」『経済論叢』45 (4), 1937, 90-105.

鈴木健夫『近代ロシアと農村共同体—改革と伝統』創文社，2004.

津田内匠「J.-J.-Louis Graslin についての覚書き」『経済研究』13 (1), 1962a, 80-84.

――「解題—チュルゴの経済思想形成の過程に即して—」『チュルゴ経済学著作集』岩波書店，1962b, 1-18.

手塚壽郎「心理的経済価値説の歴史的研究の一節—チュルゴーの Valeurs et monnaies の想源に就いて」『福田徳三博士追憶論文集』（小樽商科大学）1933, 187-217.

富樫遼大「18 世紀フランスの小麦粉戦争における王権の対応」『クリオ（a journal of European studies）』（東京大学）25, 2011, 49-62.

菱山泉『重農学説と「経済表」の研究』有信堂，1961.

平田清明『フランス古典経済学研究』日本経済評論社，2019.

馬渡尚憲『経済学史』有斐閣，1997.

山川義雄「十八世紀仏蘭西主観価値論の形成—ガリアニ・チュルゴー・コンジャック」『早稲田政経雑誌』（早稲田大学）96, 1948, 39-60.

――「チュルゴーの価値の変遷について」『早稲田政経雑誌』（早稲田大学）163, 1960, 25-46.

――『近世フランス経済学の形成』世界書院，1968.

山本勝市「チュルゴーの価値論」『内外研究』（和歌山高等商業学校）1 (2), 1928, 112-44.

米田昇平「グラスランの経済思想—効用価値説と累進課税の原理—」『下関市立大学論集』（下関市立大学）41 (3), 1998, 165-191.

――『欲求と秩序』昭和堂，2005.

――『経済学の起源—フランス 欲望の経済思想』京都大学学術出版会，2016.

渡辺輝雄『創設者の経済学』未来社，1961.

索　引

あ 行

アリストテレス　3, 123-125
ヴェブレン　15, 63, 68, 134, 168, 214
ヴォルテール　41
エコノミスト　12, 26, 27, 30, 101, 102, 107, 110, 160

か 行

ガリアーニ　3, 6, 7, 9, 13, 14, 66-70, 74, 81, 96, 99, 126, 131, 138, 142, 155, 181, 217
間接税　26, 75, 76, 147, 150-152, 157, 158, 213
カンティロン　68, 148, 150, 160-165, 167, 169, 193, 194, 207
希少（性）　3, 6-8, 16, 48, 51, 60, 61, 70, 74-78, 80, 81, 86, 88-90, 93, 98, 99, 123-128, 132-136, 138-143, 156, 157, 174, 175, 195, 199-201, 203, 205, 206, 208
グルネ　2, 69, 73, 181
経済表　3, 4, 14, 26, 102, 104, 110, 114, 115, 135, 150, 151, 173, 176, 177, 180, 181, 183, 194, 209, 219
啓蒙　1, 4, 8, 39, 43
　　──思想　40, 41
ケネー　1-4, 6, 9, 14, 18, 28, 65, 68, 69, 72, 73, 76, 98, 102, 104, 105, 110, 114, 130, 133, 151, 155, 158, 160, 173-182, 184-198, 201, 202, 204-209, 212, 216, 219
限界革命　1, 2, 6, 8, 10, 15, 16, 99, 129, 215
限界価値　68, 79, 80, 84, 86, 93-96
限界効用　10, 14, 15, 18, 65, 67, 68, 70,

79, 84, 85, 93-99, 124, 129, 142
公益　39, 40, 41, 43, 44, 52, 58-60, 63
交換価値　7, 67, 72, 85, 90, 91, 97, 124-129, 135, 141, 142, 157
効用　2, 3, 6, 11, 14, 15, 54, 70, 74, 76, 88, 89, 99, 123-127, 129, 131-133, 135-138, 140, 141, 143, 154, 155, 190, 215, 218
ゴッセン　10
古典派（経済学）　2, 6, 8, 10-12, 15, 49, 53, 60, 99, 115, 120, 121, 129, 133, 134, 138, 195, 211, 215, 216
コルベール　181, 189, 190
コルベルティスム　68, 72
コンディヤック　3, 6-9, 13, 14, 67, 99, 160, 217

さ 行

最終効用　84, 94, 142
差額関税　9, 18
　　──制度　167, 212
三面等価　116, 219
ジェヴォンズ　2, 68, 70, 84, 94, 129, 142, 155, 219
市場価値　77, 80, 153, 174
市場経済　16, 39, 62
市場メカニズム　16, 47, 55
自然価格　173, 174, 188, 189, 192, 193, 195, 200
自然（の）秩序　39, 45
奢侈　2, 4, 6, 63, 80, 115, 117, 130-132, 134-138, 145-148, 150, 155-157, 161-165, 168, 170, 186, 197, 208, 212, 214, 216
重農主義　39, 40, 62, 130
主観価値　1-10, 12, 13, 15-18, 39, 48, 51,

61, 65-70, 72-76, 84, 86, 89, 98, 99, 101,
103, 114, 120, 127, 129, 134, 145, 146, 153,
155, 170, 176, 194, 208, 209, 211, 212, 214,
215, 217-219

純生産物　　4, 6, 26, 61, 66, 69, 75, 76, 87,
102, 109, 114-116, 130, 132, 153, 154, 175,
178, 180, 201, 202, 208, 209

シュンペーター（Schumpeter）　　4, 16,
70, 97, 99, 103, 131, 148

使用価値　　88, 89, 124-129, 141, 142, 157

商業社会　　2, 8, 39, 40, 44, 62, 63, 174,
211

所有権　　29, 41-46, 48, 58-61, 71

新古典派　　1, 10, 12, 14-17, 63, 68, 120,
123, 157, 211, 215, 216

人頭税　　4, 149

スミス，アダム　　1, 2, 9, 11, 22, 68, 69,
72, 123, 124, 127-129, 134, 142, 143, 148,
149, 157-159, 170, 212

絶対価値　　76, 80, 88, 90, 124, 139-142,
157

相対価値　　7, 8, 51, 60, 67, 76, 77, 79, 80,
82, 85-87, 90-94, 124, 135, 136, 139, 141,
142, 156, 157, 158, 192, 203

た　行

タイユ　　150, 151

担税能力　　5, 26, 76, 145, 146, 148-150,
152, 155, 168, 169, 212, 214

チュルゴ　　3, 6, 7, 9, 10, 12-14, 17, 26-28,
61, 65-75, 86-93, 96-99, 101, 120, 152, 154,
155, 158-160, 177, 178, 182, 183, 208, 211,
213, 214, 217, 219

直接価値　　77, 90-92, 135

デカルト　　208

デュポン・ド・ヌムール　　3, 11, 27, 28,
65, 72, 104, 105, 120, 151, 158, 177-180,
196, 218

土地所有権　　39

土地単一税　　4, 26, 27, 75, 101, 104, 116,

117, 130, 134, 145, 149-151, 153, 155, 157,
160, 213

富　　　11, 16, 26, 29, 67, 71, 75-78, 80-82,
85-87, 89-91, 93, 96, 99, 109, 112, 113, 131,
134-136, 139, 140, 154, 156, 161, 164-166,
175, 195, 202-204

は　行

ヒューム　　46, 105, 119, 193, 207, 218

費用価値　　2, 3, 6, 7, 9, 13, 18, 65, 66, 71,
72, 98, 99, 103, 114, 120, 214, 215, 218

フィジオクラート　　4, 9, 12, 18, 27, 28,
41, 62, 65, 66, 68, 69, 72, 76, 87, 101-106,
114-116, 119, 127, 130-132, 134, 145,
150-153, 155, 157, 159, 160, 166, 169, 171,
173, 176, 177, 180, 181, 183, 184, 194, 196,
202, 203, 207, 208, 212, 213, 215, 216, 218
219

フィジオクラシー（重農学派）　　1, 3, 4,
6, 7, 9, 12, 18, 25-28, 61, 62, 65, 66, 68, 70,
72, 73, 75, 98, 101-105, 110, 113-115,
117-121, 130, 134, 136, 149, 151, 160, 161,
174, 175, 178, 179, 181, 194, 200, 209, 213,
215-218

フィジクラシー　　116, 173, 190

フォルボネ　　18, 25, 123, 124, 129-138,
140-143, 149

付加価値　　14, 116, 146, 198, 219

分業　　39, 43, 45-47, 49-52, 55-57, 59, 60,
62, 63, 211

ペティ　　149

ボードー　　28, 101-105, 107, 108, 110-113,
117-120, 151

ホモ・エコノミクス　　63

ボワギルベール　　2

ま　行

マーカンティリスト　　11, 166, 196, 207,
212

マーカンティリズム　　166

マーシャル　2
マールブランシュ　208
マブリ　149, 150, 160-165, 167, 168
マンデヴィル　131
マン，トーマス　193, 194
ミラボー　30, 68, 104, 105, 110, 151, 160,
　177, 178, 184, 185, 193
ミル，J・S　2
無償の贈物　134, 153, 202
ムロン　2
メルカンティリスム　178
メンガー　2, 8, 18, 66, 70, 83-85, 88, 89,
　93-95, 98-100, 125, 212, 219
モンテスキュー　149, 184

や　行

ヤング　31
欲求　2, 3, 6-8, 11, 16, 42, 47, 48, 51, 55,
　56, 58, 60, 61, 63, 72-83, 85-90, 93, 96-99,
　115, 124, 132-143, 154-157, 174, 195, 197,
　199, 201, 215

ら　行

リカードウ　2, 12, 68, 134
良価　173, 175, 188, 192, 195
累進的消費税　4, 5, 16, 18, 101, 117, 134,
　145-150, 152, 156, 157, 159, 160, 165,
　168-170, 212-214
ルソー　39, 40, 44-46, 60, 61, 119, 161
ル・メルシエ・ド・ラ・リヴィエール
　28, 62, 104-108, 110, 117, 119, 151
レッセ・フェール　69
労働価値　3, 6, 11, 47-49, 51, 52, 53, 61,
　70, 89, 153, 195, 206, 211
ロー　71, 125, 127, 193
ロック　162

わ　行

ワルラス　1, 2, 15, 68, 86, 134

Graslin's economic theory and thought:
An eighteenth-century forerunner in the subjective theory of value

YAMAMOTO Eiko

This study focuses on the subjective theory of value, which Frenchman Jean-Joseph-Louis Graslin (1727–90) proposed 100 years prior to the marginal revolution period of the 1870s, and examines the contributions of Graslin's economic theory and thought.

Since the Aristotelian era, subjective issues such as desire, utility, and scarcity have been recognized as the concepts of value. Thereafter, in the history of economic thought, Galiani, Turgot, and Condillac, who emerged in the second half of the eighteenth century, have been considered the forerunners of the subjective theory of value. However, Graslin put forth a more pioneering concept of the theory than did the abovementioned scholars.

In the late eighteenth century, physiocracy was prevailing in France. The physiocrats argued for a metaphysical agricultural system based on Quesnay's "Tableau économique" (1758), regarded only agriculture as "productive," and proposed a land single-tax plan that taxed only net product from land.

Graslin criticized physiocracy and the land single-tax plan, presenting a progressive consumption tax plan as an alternative and the subjective theory of value as the logical ground in his "Analytical Essay on Wealth and Tax" (1767).

Since Graslin's theory has no affinity to physiocracy and the following classical economics, his contributions have been relegated. However, Graslin deserves a position in the history of economic thought as an essential pioneer in the subjective theory of value—a status that his contemporaries could not achieve. Moreover, as an important local government official, Graslin discussed how societies develop economically. He also possessed the practical skills needed to achieve large-scale regional and urban development.

The examination of how Graslin tried to overcome the problems at the time will remind us that economics today also exists in the same historical course as the contributions and controversies of the eighteenth century.

著者略歴

山本　英子（やまもと　えいこ）

東京生まれ。
1983年3月，桐朋学園大学音楽学部演奏学科ピアノ専攻卒業。
1998年，オーストラリア国立大学大学院修了，Graduate Diploma in Music (piano performance) 取得。
2012年3月，慶應義塾大学経済学部卒業。
2015年3月，早稲田大学大学院経済学研究科修士課程修了。
2020年3月，早稲田大学大学院経済学研究科博士後期課程修了，博士（経済学），専攻は経済学史。
成蹊大学，明治学院大学，その他の大学で非常勤講師。

早稲田大学エウプラクシス叢書 48

グラスランの経済学
18世紀における主観価値理論の先駆者

2024年12月27日　　初版第1刷発行

著　者……………山本　英子
発行者……………須賀　晃一
発行所……………株式会社　早稲田大学出版部
　　　　　　　　　〒169-0051　東京都新宿区西早稲田 1-9-12
　　　　　　　　　TEL03-3203-1551　　https://www.waseda-up.co.jp
装　丁……………笠井亞子
印刷・製本………中央精版印刷株式会社

©Eiko Yamamoto 2024 Printed in Japan　　ISBN978-4-657-24805-3
無断転載を禁じます。落丁・乱丁本はお取替えいたします。

刊行のことば

　1913（大正２）年、早稲田大学創立 30 周年記念祝典において、大隈重信は早稲田大学教旨を宣言し、そのなかで、「早稲田大学は学問の独立を本旨と為すを以て　之が自由討究を主とし　常に独創の研鑽に力め以て　世界の学問に裨補せん事を期す」と謳っています。

　古代ギリシアにおいて、自然や社会に対する人間の働きかけを「実践（プラクシス）」と称し、抽象的な思弁としての「理論（テオリア）」と対比させていました。本学の気鋭の研究者が創造する新しい研究成果については、「よい実践（エウプラクシス）」につながり、世界の学問に貢献するものであってほしいと願わずにはいられません。

　出版とは、人間の叡智と情操の結実を世界に広め、また後世に残す事業であります。大学は、研究活動とその教授を通して社会に寄与することを使命としてきました。したがって、大学の行う出版事業とは大学の存在意義の表出であるといっても過言ではありません。これまでの「早稲田大学モノグラフ」「早稲田大学学術叢書」の２種類の学術研究書シリーズを「早稲田大学エウプラクシス叢書」「早稲田大学学術叢書」の２種類として再編成し、研究の成果を広く世に問うことを期しています。

　このうち、「早稲田大学エウプラクシス叢書」は、新進の研究者に広く出版の機会を提供することを目的として刊行するものです。彼らの旺盛な探究心に裏づけられた研究成果を世に問うことが、他の多くの研究者と学問的刺激を与え合い、また広く社会的評価を受けることで、研究者としての覚悟にさらに磨きがかかることでしょう。

　創立150周年に向け、世界的水準の研究・教育環境を整え、独創的研究の創出を推進している本学において、こうした研鑽の結果が学問の発展につながるとすれば、これにすぐる幸いはありません。

2016年11月

早稲田大学